名家视点 第5辑

信息素养的研究与实践进展

《图书情报工作》杂志社 编

海洋出版社

2014年·北京

图书在版编目（CIP）数据

信息素养的研究与实践进展/《图书情报工作》杂志社编. —北京：海洋出版社，2014.4

（名家视点. 第5辑）

ISBN 978-7-5027-8825-4

Ⅰ.①信… Ⅱ.①图… Ⅲ.①信息学-研究 ②情报检索-研究 Ⅳ.①G201 ②G252.7

中国版本图书馆CIP数据核字（2014）第041906号

责任编辑：杨海萍

责任印制：赵麟苏

海洋出版社 出版发行

http://www.oceanpress.com.cn

北京市海淀区大慧寺路8号　邮编：100081

北京旺都印务有限公司印刷　新华书店北京发行所经销

2014年4月第1版　2014年4月第1次印刷

开本：787 mm×1092 mm　1/16　印张：19.5

字数：337千字　定价：46.00元

发行部：62132549　邮购部：68038093　总编室：62114335

海洋版图书印、装错误可随时退换

《名家视点丛书》编委会

主 任：初景利
委 员：易 飞　杜杏叶　徐 健　王传清
　　　　王善军　刘远颖　魏 蕊　胡 芳
　　　　袁贺菊　王 瑜　邹中才　贾 茹
　　　　刘 超

序

《名家视点：图书馆学情报学档案学理论与实践系列丛书》第5辑由海洋出版社2014年正式出版，与广大读者见面。本辑丛书包括四本书：《开放获取的现在与未来》、《信息素质的研究与实践进展》、《计量学研究的发展与创新》、《新媒体环境下的网络舆情研究与传播》。

这一辑丛书是由《图书情报工作》杂志社策划编辑的，是从几年《图书情报工作》所发表的论文经过整理加工后形成的，不仅反映了《图书情报工作》近些年所发表的文章的一些特点，更是很大程度上反映了图情理论研究和图情业界所关注的一些重大问题，也表明了图情理论研究的重要成果和图情实践的重要发展，为读者系统地了解这些领域的总体发展变化和研究现状提供了很好的参考。

开放获取是国际学术界近十多年来所关注和推动的重大问题，不仅是出版模式的变革，而是学术交流体系的重大改变。图书馆始终在这场变革中占用重要地位，也应该发挥更加重要的作用；信息素质一直是图书馆用户教育的重要内容。随着信息环境的变化，信息素质的内涵、教育模式、教育手段都在发生变化。无论信息媒介如何变化，信息素质教育都将是图书馆的重要使命和必备能力；文献计量学、信息计量学、网络计量学、科学计量学、知识计量学等相关学科的快速发展，给图情档领域提供了强大的工具和动力。计量学的研究正在不断走向深入，并深刻地影响着图情档理论、方法、模型与实践；网络舆情的研究随着新媒体环境的出现而愈发引起包括政府和相关机构的高度重视，也吸引了广大的研究人员的积极参与。《图书情报工作》已经发表了不少这方面的文章，来稿也还在源源不断。在不少图情机构，网络舆情的监控与分析，已经成为一项重要的情报研究或咨询服务。

时代总在变，理论研究也必须与时俱进，保持理论与实践的互动。我们期待这一专辑的出版，能引起人们对这些问题的高度关注，并作为研究的起点，将相关的研究推向深入。当然，我们还期望通过利用这一专辑的内容，深刻认识并积极创新图情的业务模式与业务体系，加快图情业务结构的调整和图情机构的转型发展，适应当前和未来科研、教育和社会对图情服务的新要求，在新的发展中发挥更加主导的作用。图情工作一定会在新的环境变化中有更大的作为，产生更大的影响力，做出更大的贡献。

感谢海洋出版社的出版，感谢所有的论文作者，感谢所有关心、阅读、利用《名家视点》丛书的同仁！

初景利

《图书情报工作》杂志社社长、主编、教授、博士、博士生导师

2014年1月26日　北京中关村

目 次

理 论 篇

嵌入式信息素质教育服务 …………………………………… 张冬荣(3)
嵌入学位论文撰写过程的信息素质教育研究 ………… 张 玲 初景利(19)
面向创新的信息素养教育规划与实践——以上海交通大学图书馆为例 ………
………………………………… 高 协 宋海艳 郭 晶 李 丽(29)
跨媒体信息素养的概念、特点及对图书馆的意义 ……………… 黄丹俞(38)
研究生与本科生信息素养教育比较 …………………………… 杜 红(48)
Library 2.0 的实践领域:信息素养教育和终身学习 …………… 束 漫(56)
E 时代公民健康信息素养教育和服务研究 …………… 赵爱平 贾 翌(65)
论国民信息安全素养的培养 …………………………………… 罗 力(73)
"七商"与图书馆员素养提升 ………………………… 赵爱平 陈恒玉(81)
通识教育视野下的本科生信息素养教学改革 …………………………
……………………… 王宇芳 李晓玲 符礼平 许美荣(90)
高校信息素养教育体系构建:基于整合的视角 ………… 詹泽慧 梅 虎(99)
信息素质导航图研究基础 …………………………………… 张 玲(109)

实 践 篇

活动理论框架下的合作式信息素质教育活动系统研究 ………… 张 莉(123)

农转城新市民信息素养与城市社会融合度的神经网络映射模型……
………………………………………………………………吴诗贤　张必兰(138)
学科信息素质教育平台的构建与启示——以 Scitable 协作学习平台为例 ……
…………………………………………………李彦昭　陈朝晖　郑　菲(147)
嵌入中科院研究生学位论文研究过程的信息素养现状调查研究……………
………………………欧阳峥峥　吴　鸣　刘艳丽　张杰龙　宋秀芳(156)
创新的 ADAI 研究生信息素质教学模式的设计与实施…………………………
……………………………………………………………张玲玲　赵　静(170)
基于信息共享空间的大学信息素养教育……………………盛兴军(177)
大学生媒介素养与高校图书馆服务功能拓展………………钟进华(185)
大学生信息素质课程"三层次"设计——高校图书馆组织教学探讨…………
……………………………………………………………………李　军(192)
基于现象图式学的发散性信息素养课程教学模式探索……………………
………………………………………………………王宇芳　李晓玲(199)
素质提升阅读水平　阅读促进素质提高——从高校大学生课外阅读调查谈起
………………………………………张康华　赵　岚　徐军英(208)
从视觉文化素养谈高校图书馆的视听服务………………钟进华(215)
广东省职业技术院校学生信息素质调查研究………………………………
………………………………………………回雁雁　张　静　蔡奕强(222)
穗港两地中小学生信息素养教育比较研究…………杨恒平(232)

评 述 篇

国内信息素质教育课程评析与建议……………………林　芳(245)
英国高校信息素养标准的改进与启示——信息素养七要素新标准解读………
……………………………………………………………………杨鹤林(255)

信息素养研究领域全景分析——以1990—2009年SCI、SSCI和A&HCI发表论
　　文为例 ………… 吴　鸣　张杰龙　王　丽　刘艳丽　欧阳峥峥(266)
我国高校信息素质教育发展新动向 ……………………………………………
　　………………… 彭奇志　李　利　沈艳红　严而清　张逸新(276)
国内外信息素养标准研究现状与展望 ……… 娜　日　吴晓伟　吕继红(286)
医学领域信息素养的发展及其标准化评估实践研究综述 ………………
　　………………………………………………… 杜　建　张士靖(294)

理 论 篇

番外票

嵌入式信息素质教育服务[*]

张冬荣

摘　要　嵌入式信息素质教育工作是学科服务嵌入科研一线、嵌入教学一线的重要工作内容和工作模式，是通过目标、内容、环境和机制4个方面的嵌入，实现围绕"创新型科研工作流"来支持关于科学研究、专业教育与学习的图书馆服务工作，是借助先进的技术工具，与数字知识环境和相关知识服务密切耦合所开展的有体系的、协作式的、互动的信息素质教育工作。分析中国科学院国家科学图书馆信息素质教育服务体系及哈佛大学教学支持服务这两个典型案例，认为嵌入式信息素质教育工作是一种融入过程、面向问题的教育模式。

关键词　信息素质教育　学科馆员　学科服务　嵌入式学科服务
分类号　G252　G258.6

信息素质的概念最早由美国的 Paul G. Zurkowski 于 1974 年提出[1]，是指"人们在工作中进行的信息资源利用的培训，掌握各种信息工具以及利用信息资源解决问题的技能。"目前被广泛接受的主流定义是美国图书馆协会（ALA）对信息素质概念的定义[2]，即"识别所需信息，并能有效地定位、评价和利用所需信息的能力"。近年来随着信息环境的变化和研究的深入，人们对信息素质的概念有了新的认识，认为信息的检索、评价和利用已经不是信息素质的全部内涵，信息素质被认为是数字学习和终身学习的必备能力[3]。

社会教育是图书馆基本社会职能之一。因此，开展信息素质教育是图书馆责无旁贷的社会责任和主要业务职能，是图书馆用户教育的核心内容。在当前新的信息环境下，图书馆信息素质教育需要不断创新与发展，根据用户的不同特点和个性化需求，重组信息素质教育知识内容，构建全新的教学方法与技术环境。将图书馆开展信息素质教育的本质根植于培养学生

---

[*]　本文系国家社会科学项目基金项目"图书馆嵌入式学科服务的理论与方法研究"（项目编号：10BTQ001）研究成果之一。

的信息意识、信息知识、信息技能、信息道德，以"授之以渔"的方式引导用户掌握科研工作的研究方法，推进信息素质教育计划，提升信息素质教育水平。

嵌入式信息素质教育是学科服务工作的重要内容，是嵌入式学科服务的主要元素，应该渗透在学科服务工作链条中的每一环，不可能一蹴而就，也非一劳永逸，需要一个渐进和发展的过程，要与科研用户的类型、需求和行为等特点相匹配，开展嵌入式的信息素质教育服务。

1 嵌入式信息素质教育的概念与特点

多年以来，图书馆开展的信息素质教育是以图书馆资源与服务的介绍宣传和充分利用为核心，主体形式是文献检索课教学，有相对固化的教学体系和教学方法。从内容上讲，虽然信息的检索、分析与利用本身就是科研工作的一部分，但变化中的学术信息环境需要的不仅是相关文献的获取，而是更多涉及科技趋势的分析、潜在知识的挖掘、科研线路的设计、复杂数据的处理、高效传播的利用。从形式上讲，单一的、单向的课堂式、讲座式教学模式很难保证能针对性地解决科研或学习过程中的问题，信息素质教育工作游离在科研过程之外，使得这种离开真实工作和学习环境、孤立地传授或者介绍或教育的效果差强人意[4]。因此，嵌入式信息素质教育模式作为一种融入过程、面向问题的教育模式被提出来，尝试以一种更为"解渴"的教育工作模式，推进和拓展信息素质教育的内容与方法。

1.1 嵌入式信息素质教育现状

在国内外嵌入式信息素质教育模式实践中，与专业课程结合的"课程教学信息指导"（course integrated instruction）和"嵌入课程教学"（embedded into the curriculum）是最主要的两种方式，它们将信息素质教育融入到专业课程教学当中，学科馆员以普通教师用户的身份，开设信息素质教育课程，提供读者学习培训服务，用户可以通过课程学习来全方位地提高自己的信息素养技能[5]。嵌入专业课程的信息素质教育则更具有针对性，有利于提高学生的专业素养，可以很好地支持专业学习课程的信息资源与服务需求。以下选择美国几个较为典型的案例描述嵌入专业课程的教学支持内容与类型，如表1所示：

表1 嵌入专业课程的教学支持服务内容与类型

序号	高校名称	嵌入课程	教学支持内容与类型
1	马里兰大学[6]	基于地区人群的医学信息分析课程	类型：课件 内容：涉及论文写作的步骤、论文的写作风格与语法、论文的引用和来源文献4个独立的内容模块
2	纽约城市大学史泰登岛学院[7]	低年级护理专业学生"文化探索"课程	类型：授课、课件、讨论组、扩展阅读资料 内容：常见的护理专业信息资源检索方法、权威网站资源的利用、远程利用图书馆数据库、学术论文写作格式和学术道德等
3	史丹森大学商业管理学院[8]	会计专业课程	类型：课件、扩展阅读资料、机房实习指导 内容：学术资源的使用指南
4	俄克拉荷马大学[9]	高年级地球微生物课程	类型：面授教学 内容：微生物、地质学、环境化学和自然科学专业信息资源与查询；评估学生的信息搜索、评价和利用能力
5	美国奥斯汀皮耶州立大学[10]	"多媒体能力"远程学位联机课程	类型：课程资料 内容：将用户教育、馆员指导融合进课程，负责设计IL教学及评估，将重点放在培养学生高级的IL能力上，如ACRL的"IL五标准"，涵盖了与信息的存取和利用相关的法律、经济、道德和社会问题
6	普渡大学[11]	林学专业课程	类型：教学资料 内容：协助教师确定课程所需专业信息资源，包括全文数据库、参考图书、政府资料、多种相关网站，梳理并协助检索和利用；对学生完成作业所利用的资源做好统计与评价

  这种嵌入专业课程的信息素质教育方式，可以保证信息素质教育内容与专业课程学习相结合，有针对性地解决学习过程中的信息问题，从而成为一种围绕任务需求的学科信息素质教育，其教育内容可以被快速传递、吸收并发挥作用，解决真实问题，教育效果也可通过合作课程的学习效果进行统一评估[9,12]。

  除了嵌入课程教学之外，也有部分高校图书馆开展了基于研究课题的嵌入式信息素质教育[13]，如美国州立西佐治亚大学（University of West Georgia）图书馆将信息素质教育嵌入到"全球研究"的课题中[14]。还有部分高校图书馆，如明尼苏达大学图书馆，将信息素质教育的内容与教材组织与用户的具体任务需求关联起来，以提高信息素质为出发点，开发了开源软件工具 Assignment Calculator[15]，帮助和培训用户在规定时间内完成诸如"撰写试验报告"、"海报制作"、"准备宣讲报告"等任务。国内的张玲[16]、刘艳丽[17]、欧阳峥峥[18]、马建霞[19]等分别以研究生学位论文撰写为核心任务，分析研究生信息素质需求与教育实施方案。由于研究生用户学习期间的具体任务具有多样性，遇见的问题非常多，实际学习和科研活动中的方法、过程和工具不断变化，不同的工作任务和工作环境需要不同的信息素质知识内容，很难预期通过短期局部的信息素质教育，能够完全解决用户当前与未来的所有问题。但是，这种与问题或与任务关联的嵌入式信息素质教育代表了一种新的发展方向。

可见在数字科研环境下，超越文献检索培训，拓展并包括有关情报分析、科学工作方法培训在内，重构信息素质教育内容体系的需求是现实的、迫切的，用户需要的是嵌入科研过程的信息素质教育，是与科学工作方法融为一体的、以科研实践中的具体实际问题为导向，寓教于科研实践的全方位嵌入式信息素质教育。嵌入式信息素质教育应在借鉴传统信息素质教育的基础上，分析用户类型、需求与行为特点，围绕"创新型科研工作流"来支持关于信息素质、科学研究、数据分析、科研道德规范等的教育活动，并借助先进的技术工具，与数字知识环境和相关知识服务密切耦合，开展有体系的、协作式的、互动的信息素质教育。

1.2 嵌入式信息素质教育的特点

嵌入式信息素质教育方式，是学科服务推进个性化、知识化服务的核心工作内容，是一种新型、适应当今用户需求特点的信息素质教育方式。其特点主要体现在：

1.2.1 嵌入式信息素质教育是面向科学素质教育的教育内容体系

传统的信息素质教育主要以图书馆资源服务为内容主体，关注的是信息检索、信息利用等教育内容。而嵌入式信息素质教育与用户科研工作流相结合，面向未来科学研究的新型需求，包括科学研究的工作方法、学术规范、实验标准、分析工具、数据管理、学术伦理等多种素质教育等，大大拓展了信息素质教育的内容体系，涉及科学研究的各个方面，成为推动信息素质教育向科学素质教育发展的重要台阶，为未来科学素质教育奠定了实践基础。

1.2.2 嵌入式信息素质教育是以用户为中心的信息素质教育方式

在分析用户学科属性、科研背景的基础上，把握科研人员、教师、研究生等不同类型用户在各种科研任务中的信息需求特点与演变规律，设计信息素质教育的内容，使信息素质教育与用户需求紧密绑定，避免与用户的需求、问题相脱节，提供面向问题、面向任务的有针对性的信息教育与培训服务。

1.2.3 嵌入式信息素质教育是符合用户信息行为习惯的信息素质教育方式

嵌入式信息素质教育通过适应用户科研行为习惯特点，与用户熟悉的资源、方法、环境、技术等相融合，使得用户在自己最喜欢使用的数字资源中、最熟悉的网络技术中，随时发现和利用到学科馆员所提供的信息素质教育服务。

1.2.4 嵌入式信息素质教育是开放式信息素质教育的工作模式

传统信息素质教育是课程教学、培训讲座、自修自学作为其主要的3种主要教育模式，嵌入式信息素质教育强调网络技术的引导作用，通过技术工具的使用，促进信息素质教育的"泛在化"，扩大教育受众的范围，打破传统培训依赖单个教师、固定教室和孤立课本（课件）的局限，变孤立、分散的培训为开放、关联的教育体系，变单向被动教育模式为双向互动、共享用户创造力的教育模式。

2 嵌入式信息素质教育的实现模式

随着科学的不断发展进步，科研环境发生巨大变化，学术交流体系也更趋复杂，用户在科研过程中遇到的具体问题，不再局限于信息的查询、获取，而是涉及实验方法创新、实验现象解读、海量数据分析、科研成果交流、学术论文写作等各个方面。科研人员开始更多地关注研究热点和资助机会的发现，开始使用新的方法进行研究，开始尝试前所未有的交流渠道和同行交流学术信息，开始运用不曾用过的信息工具挖掘信息，开始认识到信息过载带来的筛选和评价问题，这种科研环境对科研用户的信息素质提出了新要求。

因此，针对用户的信息素质教育需求专业化、个性化、任务化、问题化和综合化方向发展的方向，图书馆必须适时调整信息素质的教学内容和方式，顺应和把握用户信息需求发展趋势，真正培养用户所需的信息技能。随着信息素质教育服务在图书馆服务中的作用着越来越大，嵌入式信息素质教育的内容呈现出学科化、问题化的趋势，教育方式与手段也越来越个性化和多样化，使得用户更感兴趣、更易接受、更方便使用。

2.1 目标嵌入

嵌入式信息素质教育将围绕科研创新工作流，逐步将信息素质教育的目标与科研创新目标融合起来[2]。

- 目标一：围绕图书馆资源服务，以培养信息需求识别与信息获取、评价、管理和利用能力为目标[20]；
- 目标二：聚焦科研工作方法，导引或系统帮助科研人员产生、凝练、扩展和应用知识去解决问题、研究问题、制定决策及理性思考（critical thinking）等，以培养科学方法能力为目标[21]；
- 目标三：面向科研创新能力，以培养科研人员建立和发展认识科学的本质与局限，洞悉科学诉求的过程，掌握学科之间的本质关联与基本概念，理解科学技术中社会、文化和伦理道德的影响因素等能力为目标[22]。

2.2 内容与环境嵌入

面向创新能力的、开放的嵌入式信息素质教育，应将信息素质教育内容从信息的检索、获取、分析与利用，逐步扩展到科学活动本身更为关注的科技趋势的分析、潜在知识的挖掘、科研线路的设计、复杂数据的处理、高效传播的利用等各种科学研究技能方面以及与此过程紧密相关的信息分析、知识发现、数据处理和学术伦理等诸多方面的知识和方法上来。

2.2.1 嵌入学科专业内容

跨学科和交叉学科的学习和研究越来越普遍，用户需要更加专业化的指导与支持。各国在通用信息素质能力标准体系的基础上，有针对性地根据学科差异，制定了具有学科特点的信息素质能力标准，从而使信息素质教育能够呼应不同学科深度研究的需求，满足跨学科和交叉学科的学科关联关系的需求，制定具有学科专业属性的信息素质教育内容，开展嵌入学科和专业领域的信息素质教育成为必要。

2.2.2 嵌入科研学习过程

根据英国科学与技术设施研究理事会（STFC）提出的面向未来的数字科研环境下的科研工作流模型，科学研究是一个从分析研究趋势、产生研究思路、设计和组织项目、申请项目、进行实验（广义的实验）到数据收集组织、数据分析、研究成果发布交流、成果保存的连续工作流[22]；张晓林教授也曾提出一个科研活动的知识生命周期，包括把握趋势、探索解决路径、执行解决方案和知识组织与交流[23]，并根据STFC科研工作流绘制了知识研究知识流程[24]。国内外的研究成果表明，科研遵循着共有的核心研究行为和工作流程（发现、收集、创造和共享）（见图1）。

同样，研究生作为信息素质教育用户的主体，对新型科研信息流具有更高的适应力，更愿意接受并且尝试使用新工具、新方法。但如果能够在他们

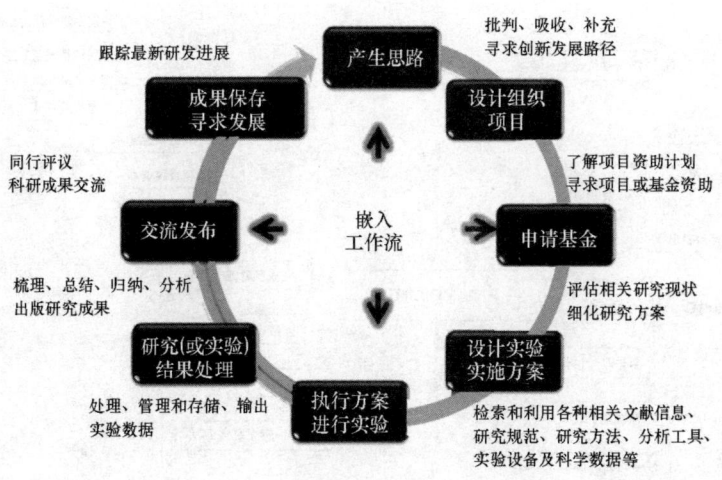

图 1 科学研究工作流程与信息需求

完成学习任务的过程中,在他们遇到具体问题时,给予其发现信息、评价信息、使用信息、跟踪信息的有关工具、方法和知识的介绍,就可以有针对性地为其解决困难,切实提高他们的科研效率和水平,这也将从根本上提高研究生信息素养教育的效率,改善教育效果,从而影响整体科研人员的信息素养。张玲通过分析研究生科研学习任务的信息需求情境,提取信息素质相关知识单元与研究生典型工作任务之间的内在联系,构建信息素质导航图(见图2),从而为信息素质教育嵌入研究生典型工作任务中提供了依据[25]。

信息素质与用户所处的信息环境和用户所要完成的工作任务密切关联,用户类型和学习属性不同,科研学习过程中的信息需求也存在差异,应细化用户信息素质教育的粒度,锁定院系、研究所、试验室、教研室、项目组、个人等不同层级的用户群,剖析科学研究中信息流的发展变化规律,凝练出不同学科研究实践中捕捉学术信息流的特点,围绕科学研究的数据信息流或用户学习的任务流,与科研项目进展及用户学习进度结合起来,确定信息素质教育的内容,构建合理、适用、实用的面向科学工作方法信息素质教育内容框架。

2.2.3 嵌入教学过程

研究生作为信息素质教育的主要用户群体,更倾向于将信息素质教育培训与日常学习结合在一起,一方面可将信息素质教育刚性地与研究生学习考核绑定,采用约束机制推动和强化信息素质教育的普及;另一方面,可将信

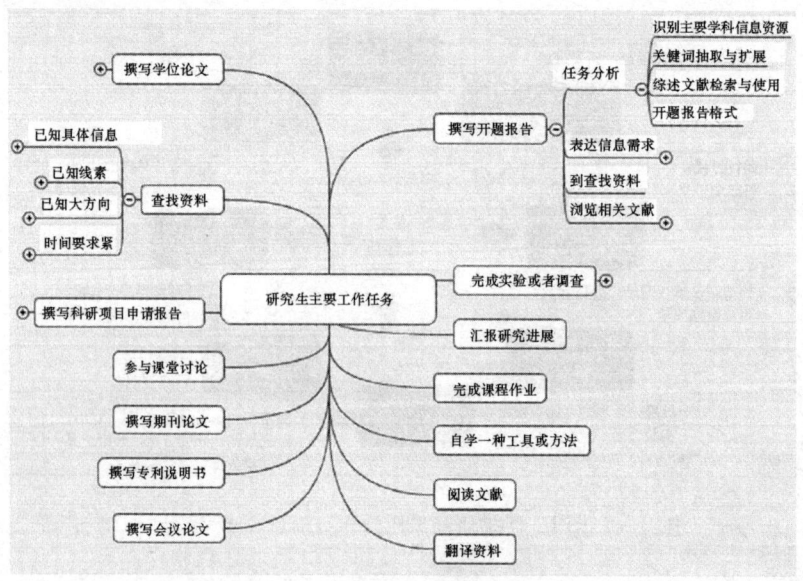

图 2　研究生主要工作任务流[26-27]

息素质教育嵌入到专业课程教学过程当中，以学习任务中的现实问题拉动研究生信息素质教育的需求与热情，从而在"推"和"拉"两个方面促进信息素质教育服务落地生根，发挥作用，为教学和学习提供更好的支撑。近年来，国内外大学图书馆界为此做了不少努力并取得了积极成果，例如嵌入课程的电子教学参考服务、多媒体开发支持、学科信息门户及信息素质教学等。随着学科馆员服务机制的建立，上述服务有力地支撑了课程教学工作，主要服务形式包括：

• 开设信息素质培训课程：学科馆员以普通教师用户的身份，开设信息素质教育课程，为读者提供培训服务。

• 嵌入专业课程体系：由学科馆员与专业教师合作，将信息素质培训内容嵌入到院系的专业课程教学中。

• 教学参考咨询服务：学科馆员围绕本校核心专业教学方向，以网络交流工具（如 Blog、WiKi、SMS、Meebo、MSN、QQ 等）为主要服务手段，面向老师与学生提供针对性的教学资源筛选、课程作业指导等咨询服务，用户可以通过网络随时随地获取咨询和帮助。俄亥俄大学图书馆学科馆员根据课程需求制作了课程指南（Course Guides）[28]，集成图书馆专业信息资源、参考咨询服务等，帮助学生解决学习过程中最常见的文献信息问题，建议学生在课程学习过程遇到困难时，优先登录课程指南，从中获取答案与服务支持。

● 建立基于网络的学术信息资源导航：学科馆员利用诸如 LibGuides、Wordpress 等网络工具构建学科信息导航网站，把用户常用的各类信息资源分类汇总，便于用户一站式检索和使用，同时，学科馆员可利用其各种功能版块嵌入多种资源（视频、RSS、实时咨询等），使之成为教师教学与学生学习信息查找的主要工具。耶鲁大学图书馆学科馆员根据学科领域制作系列研究指南（Research Guides by Subject），为学生提供 11 个领域 53 个主题的研究指南，以帮助师生充分利用图书馆资源与服务支持教学与学习[29]。

● 嵌入虚拟学习环境的教学支持服务方式：虚拟学习环境（virtual learning environment，简称 VLE）是一种基于网络和多媒体工具建立的新型教育环境，目前有影响力的 VLE 平台主要有 Web Course in a Box（WCB）、Blackboard、eCollege、WebCT、Moodle 等。嵌入 VLE 的信息素质教育，为学生的自主学习创造了条件，有利于培养其终生学习能力，达到信息素质教育的效果，对图书馆员、教师和学生都有重大意义。Pamela Alexondra Jackson 对图书馆员利用课程管理系统的现状进行了调查，结果表明图书馆员利用课程管理系统有利于培养学生的信息素质能力，提升图书馆员的服务能力，并且建议要在全校范围内进行合作，以促进学生的学习[29]。Rob Lenholt 等人探索了在大学内部三个部门的合作下，成功地利用 Blackboard 上载与指定课程资源建立链接的 Word 讲义，提供图书馆利用指导培训[8]。学科馆员如能充分挖掘和利用 VLE 所提供的诸多课程元素与功能，如发布通知、作业题库、讨论区等，可大大提高工作效率，使图书馆资源服务与教学环境紧密结合，而不是与之割裂分离，从而使学生利用丰富的课程资源，如教学课件、自测题、参考资源等，实现自助学习，延伸教学空间与交流空间，提高学生学习的自由度，丰富课程教学资料，扩展教学的时空范围。

2.2.4 嵌入网络环境

数字网络时代新技术的发展，使得教师、学生、科研人员、图书馆员以及一般用户等不同角色的人相互交织、相互联系在一起，并使其拥有了更具个性化的网络空间，用户都有自己熟悉、常用的信息环境。调查显示，图书馆并不是用户首选的信息环境[30]，因此，信息素质教育不能局限在图书馆内，而要根植在用户自有或熟悉的环境中，包括他们自己的资源环境、交流环境、工具环境等，利用网络技术（如 Web 2.0、Learning 2.0 等），通过开发嵌入式工具条、网络插件、建立网络社区、交流组、博客、微博等，充分发挥用户主动创造知识的积极性，充分利用用户已具备的社区交互能力，改变以往教与学相分离的情况，通过建立协同工作机制，提供良好的环境和技术支持，加强教与学的交互和协作，使信息素质教育泛在化，促进用户实现主动学习、自助学习和协作学习，形成开放、灵活、有吸引力、可持续的用户信息素质教育服务机制。

2.3 机制嵌入

嵌入式信息素质教育需要刚性的制度与机制保障。因此，信息素质教育服务只有与现有的服务、人员、岗位绑定，将信息素质教育工作融入日常各项学科服务工作与产品当中，使参考咨询、学科资源试用评估、资源保障分析、学科情报研究、信息环境建设等工作不仅成为信息素质教育的有效手段，也成为传递新型信息素质教育理念、构建新型信息素质教育内容体系的平台。主要包括：

2.3.1 建立支持嵌入式信息素质服务的责任机制

建立图书馆员（主要是学科馆员）与用户之间的责任绑定关系，明确学科馆员在信息素质教育工作中的责任要求，与日常学科服务工作融合，建立信息素质教育服务的工作制度与工作标准，一方面针对责任服务对象用户，承担联系、调研、策划、组织等工作，将信息素质教育与培训推进到教研一线，并与科研工作流结合起来；另一方面针对教学支持需求，承担信息素质教育课程的设计、授课工作，并积极推进与研究生学习考核要求的绑定，推动信息素质教育嵌入专业教育过程。

2.3.2 建立保障嵌入式信息素质服务的考核机制

与学科馆员信息素质教育工作责任机制相结合，建立经常性、制度化的评估与考核要求，不仅可以避免嵌入式信息素质教育流于形式，保证服务落到实处，取得实际成效，还有利于规范学科馆员信息素质教育服务活动，促进教育产品共享，提高服务质量。根据 Lindauer 信息素质教育评估指标[36]，按信息素质教育服务类型（包括学分课程、在线课程、培训讲座、研习讨论会及个性咨询学习等）、学习环境（包括图书馆嵌入 VLE 和学校课程规划等）、学习成果（包括学生信息素质能力测试、调查、自我评估等）3 个方面对图书馆信息素质教育服务进行综合评估，并将之与学科馆员的发展、激励关联起来，同时也与图书馆制定嵌入式信息素质教育的整体设计规划关联起来，使信息素质教育规范化与制度化，形成长效机制。

3 嵌入式信息素质教育案例

3.1 中国科学院国家科学图书馆嵌入式信息素质教育服务实践

中国科学院国家科学图书馆自2003年首次推出"到馆一小时"用户培训活动以来，经过不断的发展和完善，建立了相应的学科服务与用户教育培训工作机制，从以图书馆资源服务为内容主体的、零散的、被动的用户培训服务，逐步推进到发展以用户科研学习信息流为内容主体的、体系化的、互动的用户信息素质教育服务工作，取得了一定的成效，积累了相应的实践经验。

在嵌入式信息素质教育服务机制方面，中国科学院国家科学图书馆与中国科学院研究生院（现名"中国科学院大学"）共同建立"研究生信息服务工作协调小组"，面向中科院研究生院、各教育基地，推进稳定、常态的信息素质教育合作服务协调机制，建制化地建立学科馆员与责任研究所的研究生部（研究生会、人教处等研究生工作单元）的责任服务关系，固化到所面向研究生的培训工作机制，并积极推进与研究生在所学习考核要求的绑定，推动信息素质教育的嵌入。

在嵌入式信息素质教育服务组织上，结合学科服务"融入科研，服务一线"的到所服务，针对研究所、试验室、项目组、个人等各级细粒度的用户需求，按类型、按需求推出多种教育与培训方式或组合方式，形成与研究室学术活动相配合、与项目组课题进展相结合、与研究生学习进度相契合的精细化信息素质教育服务方式。基于 Web 2.0 及社交网络技术，加强网络化的信息素质教育环境建设，完善网络参考咨询服务系统，开设服务博客与微博，建立或加入研究所用户（研究室、组及研究生）QQ交流群，与重点用户建立MSN、飞信等点对点在线服务联系，通过与用户的实时交互，提供网络咨询指导。国家科学图书馆建设的"中国科学院国家科学图书馆开放信息素质教育服务平台"（http：//il.las.ac.cn）围绕"创新型科研工作流"提供关于信息素质、科学研究、数据分析、科研道德规范等的教育培训活动，综合组织信息素质教育的各类素材，融汇相关的培训、咨询、检索、信息推送、社区网络研讨等多种服务，使之成为促进学科馆员合作共建、学习共享且可定制移植的教育培训支持平台。

2006年，国家科学图书馆在研究生院开设"科技文献和网络资源实用技巧"学分课程，该课程超越传统的"文献检索"课程的单一技术式介绍与培训，依据"信息素质"教育框架体系，帮助研究生学习在数字信息时代，如何在学习和科研进程中进行信息的发现、识别、获取、分析、评价、管理、利用和交流，推行研究生信息素质教育。在该课程的基础上，国家科学图书馆继续扩展和深化对研究生信息素质的教育，使研究生信息素质适应数字化时代和 e-science 时代的要求，包括：①扩大课程覆盖范围，改革教学模式，推出空中课堂、Learning Commons 研讨小课堂等；②以工程硕士"信息检索"必修课程为抓手，积极推进按学院开设具有学科专业属性的信息素质教育课程；③深化针对专门信息能力和专门信息工具（包括 EndNote、SCI、情报分析、专利分析、专门科学数据资源、专门科技会议信息资源等非传统文献资源和超越"检索获取"的信息分析利用能力）的课程体系研究与设计，开设新型信息素质教育课程。

嵌入式信息素质教育在教育内容、教育方式、教育手段等方面，都有更进一步的要求，国家科学图书馆结合学科馆员学科与技能的优势特长，有部署、有要求地培养学科馆员的特殊技能，深入学科专业研究，融入科研项目进程，契合用户学习进度，灵活使用各种新型网络技术和交互工具，将嵌入式信息素质教育学科化、个性化、知识化、技术化的需求与学科馆员能力发展建设工作结合起来，培养学科馆员成为"学科通"、"工具通"、"专有知识（如专利知识）通"、"专有技能（如专利分析）通"等，联合数据资源提供商，挖掘和汇聚科研专业人员的智慧，促进科研人员参与到教育培训工作当中，以团队的力量应对嵌入式信息素质教育的复杂需求和深度需求。

3.2 哈佛大学嵌入教学支持服务[31]

哈佛大学图书馆以支持哈佛大学学术发展为根本服务目标。2009 年底，哈佛大学改革工作组对 73 个图书馆就"图书馆在未来的 5-10 年内的 3 个主要的工作目标是什么"进行调查，结果显示"加强对教、学、研的支持"成为排在第一位的工作目标。

以哈佛大学商学院图书馆为例，该馆自 2008 年以来调整了工作目标和策略，确认的目标有三点，其中与教、学、研的紧密结合是放在首位的。根据这个目标，哈佛大学商学院图书馆调整了 6 项工作策略，再次强调了密切地与教、学、研结合的工作策略。为保证目标的实现和策略的实施，哈佛商学院图书馆优化组织结构。在馆长的领导下，55 人共分为图书馆馆藏、图书馆服务、馆务运行、信息管理服务、信息产品等 5 个工作部门或团队，其中投入人力最多的是课程服务 5 人，研究服务 8 人，信息管理服务 5.8 人，其中，负责课程服务和研究服务的馆员，对他们学历、能力和工作经验的要求缺一不可。

在政策、人员的双重保障下，哈佛大学商学院图书馆教学支持服务取得了突出的成绩。从 2007 年的 3 门课程服务，快速增长到 2008 年的 34 门课程服务、2009 年的 78 门课程服务。哈佛大学商学院图书馆的教学支持服务分为两个不同层次：一个是基本课程服务项目，另一个是深度课程服务项目，其中深度课程服务是通过图书馆员与教授密切沟通、联系合作，把信息资源、技术和个人智力融入课程教学全过程，在课程设计、学科发展、课程规划及学习资源方面提供来自图书馆的帮助。如表 2 所示：

表 2 哈佛大学商学院图书馆提供的嵌入教学支持服务

基本课程服务项目	深度课程服务项目
• 教学准备服务：基于授课内容的最新信息－商业案例、企业及其领导人；课堂演示内容的展示如展览＼图表＼图像； • 技术帮助； • 课程网站/网页/平台建设； • 课程教材、教辅材料及视听材料等收集查找及保留； • 提供全文链接或信息导航	• 全程跟踪服务：与信息研究专家一起共同提供深度的专题服务； • 信息产品和学习资源的定制：为教师提供情报收集及相关领域的调研分析、预测报告、决策参考方案等； • 学生研究作业、课堂学习活动和项目内容设计； • 课程平台链接和课程阅读参考教参的设计； • 教师课堂研究报告所需研究技能以及如何查找相关资源

4 嵌入式信息素质教育服务的问题与发展

在图书馆嵌入式信息素质教育服务的研究与实践过程中，涉及技术问题、法律问题、管理问题、人员问题等多种问题。2001 年 JISC 资助开展的"信息资源和学习研究门户：链接数字图书馆和虚拟学习环境"项目[33]从英国高等教育学习者的视角出发，分析了关于链接课程管理系统和数字图书馆的非技术问题、机构问题和最终用户问题。OCLC 白皮书《图书馆和 E-learning 的促进》就图书馆和学习管理系统环境整合所面临的技术、标准等问题进行了专门的论述[34]。Penny Carnaby 分析了数字图书馆和 e-learning 整合涉及的经济问题、著作权问题、5C（即 connection，content，confidence/capatility，collaboration，continuity）等问题[35]。Kristie Saumure 和 Ali Shiri 指出，数字图书馆与课程管理系统两大信息空间的整合主要涉及技系统、资源以及人三大问题[36]。

因此，推进嵌入式信息素质教育工作与嵌入教学支持的学科服务，应特别关注如下方面：

• 加强合作。图书馆要努力和科研管理部门、教务管理部门、信息系统管理部门、研究院所或院系展开合作，使决策层及各相关部门认识到图书馆嵌入式信息素质教育服务的必要性，促进科研教学过程与图书馆资源服务体系的整合，制定有效合作机制，促进学科馆员、图书馆资源提供商、科研教学管理人员之间的协作。

● 人员队伍。建立学科馆员制度，规划学科馆员队伍建设方案，充分挖掘图书馆现有人员队伍的潜力，加大高素质人才的引进，推动学科服务进程，使学科馆员积极走进科研一线、走进课堂，与科研人员和教师开展充分的交流与合作，提供基于学科、嵌入课题、嵌入课堂的深层次、个性化的图书馆服务，使馆员认识到嵌入式信息素质教育是实现学科服务的重要途径，是图书馆深化服务的有效渠道，是提升图书馆及其图书馆员在高校以及师生中地位的重要方式。

● 技术支持。积极推进图书馆集成化、定制化、工具化系统的开发，从而有效利用新技术（如 Web 2.0、云计算等）实现低成本、高效率的嵌入。

● 效果评估。嵌入式信息素质教育的学科服务具有重要的现实意义和价值，但同时也需要耗费大量的人力、物力，为了确保获得较高的投入产出效益，对嵌入效果进行科学的评估成为必不可少的环节。

信息素质是数字时代人们进入社会的先决条件，是人们终身学习、自主学习的必备基础。嵌入式信息素质教育极大地方便了读者，提高了图书馆的服务效率，它将更大程度地满足广大读者对信息服务的需求，显著提高用户对图书馆服务的满意度，进一步扩大图书馆在教育文化事业中的作用，服务前景会越来越广阔。

参考文献：

[1] Behrens S J. A conceptual analysis and historical overview of information literacy [J]. College and Research Libraries, 1994, 55(4): 309 – 322.

[2] American Library Association. American library association presidential committee on information literacy – Final report [M]. Chicago: ERIC Clearinghouse, 1989.

[3] Wikipedia. Information literacy [EB/OL]. [2012 – 07 – 01]. http://en.wikipedia.org/wiki/Information_literacy.

[4] Lloyd A. Information literacy different contexts, different concepts, different truths? [J]. Journal of Librarianship and Information Science, 2005, 37(2): 82 – 88.

[5] Warmkessel M M, Mccade J M. Integrating information literacy into the curriculum [J]. Research Strategies, 1997, 15(2): 80 – 88.

[6] Stone V L, Bongiorno R, Hinegardner P G, et al. Delivery of Web – based instruction using Blackboard: A collaborative project [J]. Journal of the Medical Library Association, 2004,

92(3):375-377.

[7] Xiao J. Integrating information literacy into Blackboard:Librarian-faculty collaboration for successful student learning [J]. Library Management,2010,31(8/9):654-668.

[8] Lenholt R, Costello B, Stryker J. Utilizing blackboard to provide library instruction:Uploading MS Word handouts with links to course specific resources [J]. Reference Services Review,2003,31(3):211-218.

[9] Brown C, Krumholz L R. Integrating information literacy into the science curriculum [J]. College & Research Libraries,2002,63(2):111-123.

[10] Gibson N S, Chester-fangman C. The librarian's role in combating plagiarism [J]. Reference Services Review,2011,39(1):132-150.

[11] Savery J R. Overview of problem-based learning:Definitions and distinctions [J]. Interdisciplinary Journal of Problem-based Learning,2006,1(1):Article-3.

[12] Winner M C. Librarians as partners in the classroom:An increasing imperative [J]. Reference Services Review,1998,26(1):25-29.

[13] 胡芳,彭艳. 美国高校图书馆开展嵌入式信息素质教育的实践及启示 [J]. 图书馆建设,2011(12):79-82.

[14] Stevens C R, Campbell P J. Collaborating to connect global citizenship, information literacy, and lifelong learning in the global studies classroom [J]. Reference Services Review,2006,34(4):536-556.

[15] University minnesota libraries assignment calculator [EB/OL]. [2012-07-01]. https://www.lib.umn.edu/help/calculator/.

[16] 张玲,初景利. 嵌入学位论文撰写过程的信息素质教育研究 [J]. 图书情报工作,2011,55(13):16-19.

[17] 刘艳丽,吴鸣. 嵌入研究生学位论文研究过程的信息素养教育策略研究 [C]//《图书情报工作》杂志社第23次图书馆学情报学学术研讨会. 海口:《图书情报工作》杂志社,2010.

[18] 欧阳峥峥,吴鸣,刘艳丽,等. 嵌入中科院研究生学位论文研究过程的信息素养现状调查研究 [J]. 图书情报工作,2011,55(13):10-15.

[19] 马建霞,田晓阳,吴新年,等. 嵌入研究生科研过程的信息素质教育探索 [J/OL]. [2013-10-11]. http://ir.las.ac.cn/handle/12502/4704?mode=full&submit_simple=Show+full+item+record.

[20] Edmund N W. The scientific method today [EB/OL]. [2012-07-01]. http://scientificmethod.com/index2.html.

[21] Garfield E, Lederberg J. Essays of an information scientist [M]. Philadelphia:ISI Press,1977.

[22] STFC. The e-infrastructure for the research lifecycle [EB/OL]. [2011-11-25]. http://epubs.stfc.ac.uk/bitstream/3857/science_lifecycle_STFC-poster1.pdf.

［23］ 张晓林. 从数字图书馆到 E – Knowledge 机制［J］. 中国图书馆学报, 2005, 31(4):5 – 10.

［24］ 张晓林. 研究图书馆 2020:嵌入式协作化知识实验室?［J］. 中国图书馆学报, 2012, 38(1):11 – 19.

［25］ 张玲. 信息素养导航图在研究生信息素养教育中的应用研究［D］. 北京:中国科学院研究生院, 2011.

［26］ 张玲. 信息素质导航图研究基础［J］. 图书情报工作, 2011, 54(1): 105 – 109.

［27］ 开放信息素质教育服务平台［EB/OL］.［2012 – 07 – 01］. http://il. las. ac. cn.

［28］ Ohio University Subject and Course Guides［EB/OL］.［2012 – 07 – 01］. http://libguides. library. ohiou. edu/cat. php? cid = 12884.

［29］ Jackson P A. Integrating information literacy into Blackboard: Building campus partnerships for successful student learning［J］. The Journal of Academic Librarianship, 2007, 33(4): 454 – 461.

［30］ OCLC. Perceptions of libraries and information resources (2005)［EB/OL］.［2007 – 06 – 19］. http://www. oclc. org/content/dam/oclc/reports/pdfs/Percept_all. pdf.

［31］ UCCS Kraemer Family Library. Information literacy program assessment［EB/OL］.［2013 – 07 – 01］. http://www. uccs. edu/library/services/infolit/assessment. html.

［32］ 朱强. 变化中的美国大学图书馆服务与管理——几所美国大学图书馆访问观感［C］//全国图书馆学博士生论坛资料. 北京:北京大学信息管理学院,2011.

［33］ Currier S, Brown S, Ekmekioglu F C. INSPIRAL: INveStigating portals for information resources and learning［EB/OL］.［2012 – 07 – 01］. http://eprints. rclis. org/13184/1/strathprints014142. pdf.

［34］ OCLC. Libraries and the enhancement of e – learning［EB/OL］.［2012 – 07 – 01］. http://www5. oclc. org/downloads/community/elearning. pdf.

［35］ Carnaby P. E – learning and digital library futures in New Zealand［J］. Library Review, 2005, 54(6): 346 – 354.

［36］ Saumure K, Shiri A. Knowledge organization trends in library and information studies: A preliminary comparison of the pre – and post – web eras［J］. Journal of Information Science, 2008, 34(5): 651 – 666.

作者简介

张冬荣,中国科学院国家科学图书馆研究馆员,硕士,E – mail:zhangdr@ mail. las. ac. cn。

嵌入学位论文撰写过程的信息素质教育研究

张 玲[1] 初景利[2]

(1. 哈尔滨工程大学图书馆 哈尔滨 150001；
2. 中国科学院国家科学图书馆 北京 100190)

摘 要 从分析硕士研究生学位论文负面评审意见入手，结合硕士研究生学位论文生产过程，分析信息素质在该过程中的体现，提出利用信息素质导航图嵌入学位论文撰写过程进行信息素质教育的方案。

关键词 信息素质导航图 学位论文 用户教育

分类号 G252

1 引 言

学位论文是学位申请者本人在导师的指导下独立完成的研究成果。学位论文生产过程可以分为选题、开题、实验或调查、中期考核、撰写、修改、盲审、答辩等几个阶段。每个阶段的主要工作任务不同，选题阶段需要广泛阅读相关综述性文献，同老师频繁交流。当确定具体细节方向后，按照开题报告格式准备开题，开题通过是开题阶段结束的标志。随后研究进入实质阶段，进一步检索和阅读文献、设计实验或调查、完成实验、解释试验现象等环节依次进行，期间可能穿插着中期考核。同时撰写工作或者已经开始或者准备开始，中期考核之后论文撰写工作必须开始，撰写完成之后要经过几次修改，直到答辩结束。因此，论文撰写是完成学位论文过程中耗时比较长的一个阶段。本文调阅了哈尔滨工程大学 2010 年毕业的以理工科为主的硕士研究生论文盲审评阅意见 202 份，归纳总结了负面评阅意见，访谈了 3 位硕士生导师以及 18 位来自于 5 所高校已经毕业的研究生，结合《图书情报工作》

---

* 本文系《图书情报工作》杂志社 2010 年出版基金重点资助项目"嵌入研究生学位论文研究过程的信息素养教育研究"（项目编号：2010CB02）研究成果之一。

杂志社出版基金项目"嵌入研究生学位论文研究过程的信息素养教育研究"针对中国科学院12个研究所的120位硕、博士研究生进行的调查访谈，梳理了研究生撰写阶段的起点、经常遇到的问题或者困惑，通过定性分析，结合多年针对研究生的信息素质教育实践，剖析产生这些问题的原因，探讨利用信息素质导航图有针对性地进行信息素质教育的可行性。

2 学位论文质量评价

学位论文是对研究生进行科学研究或承担专业工作的全面训练，是培养创新能力，培养综合运用所学知识分析问题、解决问题能力的重要环节。撰写学位论文是研究生培养过程中的核心任务，研究生培养质量主要体现在学位论文的质量上。但是近年来论文质量滑坡已是公认的事实，有专家认为："我国的硕士生学位论文普遍存在文献综述和分析不充分，研究方法不够科学严谨，创新性不够或者缺少创新性等问题"[1]。为此，各高校陆续建立论文开题报告查新制度、论文中期考核制度、论文预答辩制度、论文抽查制度、优秀论文评选制度、高水平论文发表制度等。有的学校还利用学术不端检测系统，对学生论文进行测度。本文归纳总结了2010年毕业的硕士研究生论文盲审评阅意见202份，其中负面意见主要体现在7个方面。

2.1 学术道德与学术规范方面

论文格式不规范；抄袭；所论述的问题在问卷中没有提及，有杜撰嫌疑；数据来源不明；图示使用不规范，没有题头；缺少研究规范。

2.2 创新方面

创新不足；创新不明显；综述缺少归纳总结，几乎没有个人见解。

2.3 参考文献方面

参考文献不真实；参考文献中缺少核心期刊和权威著作；外文参考文献数量少；近三年参考文献不足；文献研究单薄，研究设计以及方法的选用没有显示出对新成果的借鉴和尝试；文献调研不够，参考文献过少；引用的参考文献与论文相关性不大；参考文献信息不完整，缺少页码。

2.4 论文结构、逻辑论证方面

论文只有结果没有结论；论据不能支持论点；论文结构失衡，没有主要介绍自己的研究成果；逻辑结构不严谨；论文题目和内容不符；章节题目和内容不符；综述与论文主体分离，关联性不强；论述层次上有罗列关系而没有逻辑关系；缺少对研究发现的讨论。

2.5 研究方法与数据或者实验方面

研究方法单一；数据和结果之间不匹配；实验过程描述过于笼统，应给出具体的实验过程、参数设置以及说明；实验结果中缺乏对数据以及图形详细的分析与比较；没有具体模型和数据就给出仿真结果；实验结果缺少分析与比较；数据分析方法简单；数据分析不够透彻，不能支持结果；缺少实验条件和对比实验的介绍。

2.6 选题方面

选题过宽；选题过窄；选题有意义，但缺少新意；选题不够明确，研究对象不清。

2.7 其他问题

研究内容超出应有的学科范围；结论与现实不符；语言不顺畅；工作量不足；概念混乱；中英文摘要不一致；关键词抽取不当；标题过长。

3 信息素质在学位论文撰写过程中的体现

以上 7 个方面专家负面意见产生的原因很多。学术氛围、培养环境、治学态度、知识基础、导师水平等是主要原因；除此之外，研究生的信息素质不高也是重要原因之一，这与图书馆的信息素质教育不够、手段落后有着直接的关系。

信息素质主要体现在利用信息解决实际问题的能力。随着信息环境的变化，信息素质教育的内容不断演进，有些知识单元的内涵得以充实，有些知识单元内容逐渐萎缩，有些知识单元逐渐退出历史舞台，有些知识单元是昙花一现，有些知识单元得以重新归类，有些知识单元正处于孕育成长阶段。整体上说，信息素质教育内容不断完善，有将科学素养、数据素养、技术素养融合的趋势①。下面结合针对研究生的访谈总结，分析信息素质在研究生撰写学位论文过程中的体现。

3.1 学位论文撰写过程概述

研究生学位论文撰写过程差异很大，时间短的可能只用 1 个月就可完成论文，其他时间就是继续课题研究或者找工作；有的人则花费的时间很漫长，占据了绝大多数的时间。导师基本上都是把硕士研究生的学位论文当做学术

---

① 张玲. 未来的关键技术及其发展趋势与挑战——2009 年 Horizon 报告要点. 图书情报工作动态, 2009 (4): 13–15.

训练的一个过程。但导师之间差别也很大,有的导师忙于自己的科研和教学工作,对学生学位论文撰写的具体过程并不关注,学生有问题可以随时联系导师;有的导师全程悉心指导,对研究生撰写学位论文过程中可能出现的问题了如指掌。研究生求学动机各不相同,有些想就业,花太多时间做论文对就业起的作用很有限,而且很多时候撰写学位论文与求职时间冲突,因此学校的底线要求成为一些导师和学生的最高标准。

整体上讲,撰写学位论文是研究生第一次承担目标明确、时间周期相对比较长、独自完成、对外关联度不大、普遍比较重视、有一定难度的学术训练任务。综合多年来国内外的研究成果,本文将信息素质教育的内容概括为18个方面,这18个知识单元框架包含127个具体的知识单元(具体内容略),在撰写研究生学位论文的过程中需要用到其中的8个方面(见表1)。

表1 信息素质相关知识单元框架

序号	知识单元框架	需要程度
1	准确地分析和描述自己的信息需求	一定需要
2	信息的类型、特点与分布(如图书、期刊、会议、学位论文、专利、标准、科技报告等)	可能需要
3	主要信息源及其使用技巧	一定需要
4	利用图书馆的基础知识	不一定需要
5	信息检索的方法和技巧	可能需要
6	获取原文的方法	一定需要
7	科学数据获取与使用方法	一定需要
8	跟踪最新信息与追溯信息的方法	一定需要
9	如何评估所获得的信息	一定需要
10	文献阅读与管理软件(如Endnote)	一定需要
11	信息挖掘和文献分析的方法	可能需要
12	学术论文写作与投稿的技巧	一定需要
13	专利申请与专利文献撰写	不需要
14	利用网络进行学术交流的途径(如个人主页、社交网络的应用)	不一定需要
15	合理使用与学术规范	可能需要
16	团队知识共享技术方法	不一定需要
17	个人和团队学术成就的评价方法	不需要
18	核心学术期刊及其评价方法	可能需要

3.2 学位论文撰写起点与工具

伴随着设计实验或者调查方案的确定，学位论文撰写就要开始（动笔时间差异很大，最迟也要在中期考核之后开始动笔）。有研究生从开题报告的大纲开始一章一章撰写，也有人以已经积攒的小论文为核心，不断整理、拓展、完善。有学者认为从大纲开始写论文是最有效率的一种方式[2]。有人认为找到一篇合适的学位论文，在此基础上模仿其结构、语言，可以节省很多时间。为免去一些繁琐的文字格式调整工作，可以利用现成的论文模板作为撰写起点。有些人不了解论文模板的功能，也有些单位没有论文模板可供下载。具有良好信息素质的研究生了解论文模板的使用、文献阅读技巧、合理使用信息、避免抄袭的方法等具体知识单元，并且可以灵活使用这些知识。

Office 办公软件中的文字编辑工具是研究生论文撰写的主要工具。研究生是比较愿意尝试新工具的群体，已经有研究生利用 Word 以外的文字编辑软件撰写学位论文，例如 RJ TextEd、PDF editor、EmEditor、staroffice 等。多文档切换、页签等新兴功能，使学位论文撰写越来越便捷。随着自我知识产权保护意识的增强，为防止他人直接拷贝，有些研究生在完成学位论文撰写之后，需要利用撰写工具将文档转换成具有防复制、加密等特点的文档，例如 PDF 图片等。因此，了解学位论文涉及的版权问题、具有图表文字处理工具的综合使用能力日益重要。

3.3 学位论文撰写过程中的困惑

3.3.1 论文字数和创新

硕士学位论文字数一般在 10 000 – 50 000 之间，博士学位论文字数一般在 80 000 – 100 000 之间。有些学位授予单位明确规定字数要求。有的研究生认为字数要求过多，导致撰写过程过长。为了凑字数花时间，可能还有抄袭风险。这个困惑与信息素质关系不大，了解学术道德规范，懂得合理使用信息即可。

有些研究生认为创新点提炼很难，有时很纠结，随着论文的进展有时信心十足地认可创新点，有时会自我否定创新点甚至怀疑研究的价值。有研究生对硕士学位论文创新点的数量要求困惑，不好把握什么程度的差异才叫创新。因此，研究生需要了解创新点论证方法。

3.3.2 阅读和引用参考文献

一些核心文献需要反复阅读。阅读笔记整理方法差异很大。有些人用 Word 文档按照时间顺序积累，有些在参考文献管理工具中作注释。有些看过的文章印象不深,想引用其中了一些观点,还不能确定来自哪篇文章。有些人撰写之前参阅的一些文献,动笔写作需要参考引用这些文献时,发现需要重新查找,很费时间,而且论文结构或者顺序调整时,插入的引用序号总要调整,引用的参考文献成为论文撰写和修改过程中的累赘。这些问题在很大程度上体现了研究生信息素质的高低。了解了文献阅读技巧、参考文献管理工具的使用、插入参考文献的方法、笔记注释整理、第一手资料辨识、文献可靠性权威性评价等知识单元,综合应用这些知识,既可以摆脱困惑,提高论文撰写效率,又可以在一定程度上提高论文质量。

3.3.3 论文修改

有研究生认为论文初稿形成之后,修改过程很煎熬,导师的标准总是很高。一旦论文成型,有些修改意见不现实,接近于颠覆性的修改意见就意味着对一段时间以来工作的部分否定;有些修改意见所提及的问题是论文选题或者实验方案设计带来的,一旦实验或者调查完成,修改就意味着数据造假。这方面的问题是很致命的。选题不合适这种先天不足,不是靠修改可以弥补的,具有信息素质的研究生要懂得论文修改的原则以及数据规范,切不可无原则地修改。

3.4 学位论文撰写中的信息素质导航图

综上所述,提炼研究生学位论文撰写过程的两条主线,即有论文积累和无论文积累(学位论文通常有发表小论文的要求,因此撰写过程还需要考虑这一方向性需求)。从这两条主线出发,将信息素质相关知识单元按照使用的大致顺序关联起来,形成信息素质导航图[3](见图1)。

该导航图中包含25个具体知识单元,它们是文献管理工具的具体用法、文献管理软件种类、文献管理软件主要功能、创新点论证、参考文献著录规则、论文的类型与组成、文献阅读技巧、插入参考文献的方法、合理使用信息、学术规范、避免抄袭的方法、期刊评价方法、核心期刊定义、目标期刊的选择、目标会议的选择、投稿流程、被引用、数据可视化、论文涉及的版权问题、学术道德、图表文字编辑工具、内容评价、抄袭检测结果分析、抄袭检测工具、模板的使用。其中比较常用的是学术规范、阅读技巧、目标期刊选择、参考文献著录规则、文献管理工具的具体用法、创新点论证等具体知识单元。

在学位论文开题通过之时,不论有无小论文积累,都要关注以学术道德和学术规范为首的一系列具体知识单元。如果撰写小论文是取得硕士学位的必要条件,则一定要关注以期刊评价方法为首的一系列具体知识单元。研究

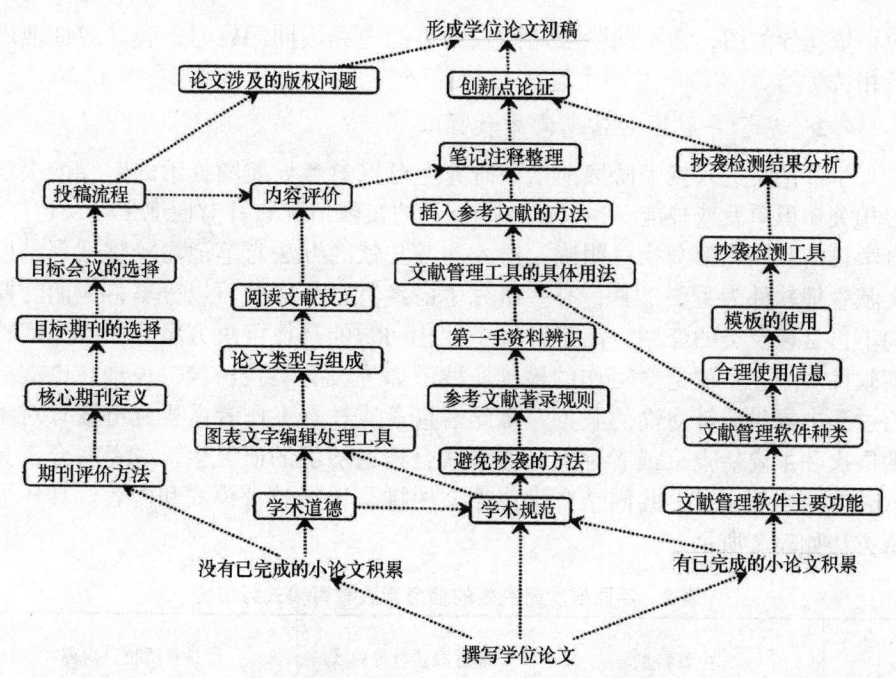

图1 撰写学位论文过程中的信息素质导航

生的研究背景差异很大,一些很有研究经验的学生已经写过若干论文,需要关注以文献管理软件主要功能为主的一系列较新知识单元。

4 嵌入学位论文撰写过程的信息素质教育方案

4.1 撰写学位论文阶段需要的信息素质教育

学位论文撰写阶段不是学位论文的生产全程,选题、开题和实验阶段不在学位论文撰写过程之中。嵌入研究生学位论文撰写过程的信息素质教育,要在撰写起点、工具和困惑分析的基础上,提炼具体教育内容,其中以工具使用、学术规范以及参考文献管理和使用为主要内容。有调查显示,目前研究生主要通过与导师、师兄师姐、课题组内其他老师研讨或者通过网络从文献阅读中解决遇到的问题。一年级研究生以课程学习为主,第二年进入实验室之后要以自学和接受培训为主。真正嵌入研究生学位论文撰过程的信息素质教育应该以自学为主,自学与培训相结合。信息素质教育工作者提供教育素材,供研究生有针对性地自学,同时针对撰写过程中出现的共性问题,开设培训讲座。嵌入学位论文撰写过程的教育素材不能是知识单元的罗列,而应该依托导航图,在不同阶段遇到或者可能遇到不同问题时,有针对性地进行相关学习。

4.2 基于导航图的信息素质教育

学位论文进入撰写阶段前后,研究生可以参考导航图提示的路线依次学习相关知识单元或技能,也可以依据自己的实际情况有针对性地学习,这样,自学目的和内容都会相对明确。插入参考文献的方法与笔记注释整理都是以文献管理软件为主要工具,有些研究生已经有很多经验可以分享,他们需要的不再是普及类的介绍,而是针对个性化问题的具体解决方案。介绍文献管理软件应用于学位论文写作的最佳实践,如果没有实践经验,很难在论文撰写过程中提供有针对性的服务,因此信息素质教育工作者需要分析教育对象的层次和主要特点,或者独立,或者联合精通层次的研究生,或者联合工具软件专业培训人员,共同结合学位论文的撰写选择教育模式和内容。具体分析方法如表2所示:

表2 不同层次研究生的信息素质教育模式与内容

研究生层次	主要特点	信息素质教育模式	信息素质教育内容
新手	需要详细指导,需要频繁迅速的成就感和有规律的反馈。	课堂教学、规模培训、网络课堂,强调互动性、知识的关联性以及成就感的体现。	围绕某一具体问题,工具、资源、概念、规则传授。
高级初学者	对基本步骤和单独的任务已经熟悉,而且可以把它们进行有机的组合。	小范围的培训、自学,强调针对性。	需要确实有利于任务的完成,不是概念和规则的详细描述,而是概念、规则工具的具体综合应用。
胜任	可以组合一系列任务以达成某个目标。也许任务的组合顺序不是最佳的,但是通常都可以发挥作用。	个性化或者针对课题组的培训、自学,强调经验交流。	抽取共性任务、发现过程的差异,体现信息素质的综合价值,所谓的最佳实践是该阶段的重点。
精通	已经具备了在直觉中形成解决方案主要部分细节的能力,之后就可以根据自己先前的经验积累来对解决方案进行映射。	网络课堂、小组讨论,强调启发互动性。	最新的、探索研究性的工具、资源、方法。在相互影响之下,探索比较成熟、稳定的信息素质教育内容。
专家	数年的努力才能达成直觉自发的状态。	同行交流、研究型学习。	总结、分享,促进信息素质教育事业发展。

信息素质教育工作者依托网络或者学科服务设计并发布信息素质导航图，组织或者关联相关课件或者教学内容，指导不同层次研究生广泛自学。这种依据导航图融入研究生真实工作场景、结合具体问题的信息素质教育形式，突破了课堂教学的时间和人数的局限，拓展了传统以文献资源使用和检索技巧为主要内容的信息素质教育内容。

5 结 语

很多人对"研究"的认识有局限，以为研究就是设计问卷或实验、展开研究或实验、回收问卷或数据、清理数据、做统计分析、书写论文的过程[4]。殊不知，研究的过程就是信息素质提高的过程。为提高信息素质教育效果，需要将信息素质教育嵌入研究过程。但是研究生在研究过程中通常不会产生明确的信息素质教育需求，需要教育工作者充分了解研究过程，依托信息素质导航图，开展自学和培训相结合的信息素质教育。

嵌入学位论文撰写过程的信息素质导航图与嵌入选题、开题过程以及嵌入实验研究过程的信息素质导航图，一起构成嵌入学位论文生产全程的信息素质导航图。明晰了教育内容的信息素质导航图，可以刺激教育需求和学习欲望。以信息素质导航图为基础的信息素质教育，其形式和内容都与传统信息素质教育有所不同，信息素质教育工作者不仅仅是在讲台上发挥作用，更重要的是要在深入实践、准备教育内容上展现才华。

信息素质导航图是一个新生事物，需要信息素质教育工作者不断总结实践经验，细心观察教育效果，深入实际提炼教育需求，不断修正和完善。可以相信，嵌入研究生学位论文生产过程的信息素质导航图不仅是研究生自学的辅助工具，而且也是信息素质教育工作者延伸、重组教育内容的指南。

参考文献：

[1] 叶善文. 高校硕士学位论文质量与影响因子关联度的实证分析. 宁波大学学报(理工版), 2010, 23(2): 126 – 132.

[2] Whitesides G M. Whtiesides' group: Writing a paper. Advanced Materials, 2004, 16(15): 1375 – 1377.

[3] 张玲. 信息素质导航图研究基础. 图书情报工作, 2011, 54(1): 105 – 109.

[4] 布斯. 研究是一门艺术. 陈美霞, 译. 北京: 新华出版社, 2010.

作者简介

张 玲,女,1969年生,研究馆员,博士研究生,副馆长,发表论文10余篇,主编教材2部。

初景利,男,1962年生,教授,博士生导师,编辑出版中心主任,发表论文100余篇。

面向创新的信息素养教育规划与实践*

——以上海交通大学图书馆为例

高 协 宋海艳 郭 晶 李 丽

摘 要 针对高校图书馆学科化服务中的重要内容之———信息素养教育,阐述上海交通大学图书馆在 IC² 创新服务模式下,多类型、多层次、全方位信息素养教育的具体实践,包括学校公选课、馆内滚动培训、新生入馆教育、特色专题讲座、信息专员计划、多种嵌入式课程等的多维拓展,并结合具体案例,探讨深度嵌入教学与科研过程的全面融入式教学的创新实践。

关键词 信息素养教育 学科化服务 嵌入式教学 高校图书馆 最佳实践

分类号 G250

信息素养教育是高校图书馆的职能领域之一。从 20 世纪 80 年代起,国外"信息素养"(information literacy)理论及其范例逐渐引起了国内学界的关注,并促使传统的"文献检索课"开始寻求发展的突破口,信息素养教育也随之成为国内高校图书馆争相推进的重要工作。

近年来,改革教学模式和培养创新人才的迫切需求,进一步促进了高校图书馆信息素养教育的创新发展。信息素养教育不仅已被提升至培养人的创新素质的层面,更显现出融入高校整个教育体系的必然趋势。与此同时,"学科化服务"理念和学科馆员制度的引入和推广,为高校图书馆提供了信息素养教育创新发展的平台。越来越多的高校图书馆开始设置信息素养教育配套课程及各类培训讲座,甚至进行嵌入式教学的探索与实践。

上海交通大学图书馆(以下简称"上海交大图书馆")在学科化服务的 IC² 创新服务模式下,也进行了信息素养教育的拓展与创新,进行常规课程与培训的改革,策划与开设专题性、个性化的各类培训讲座和创新计划,甚至

---

* 本文系 CALIS 三期建设项目"馆员素养培训与资质认证"(项目编号:03 - 4223,03 - 4224)研究成果之一。

探索支持教学与科研的嵌入式教学。在这一过程中，上海交大图书馆逐渐形成了多类型、多层次、全方位的信息素养教育规划，并进行了全面融入式教学的课程创新实践。

1 IC² 创新服务模式下的信息素养教育规划

从国外信息素养相关理论的发展来看，美国大学与研究图书馆协会（Association of College & Research Libraries，ACRL）在 2000 年发布的《高等教育信息素养能力标准》，为许多国家的高等院校信息素养教育和评价提供了指南。该标准规定学生需要具备决定所需信息、获取信息、评估信息、利用信息以及合理合法使用信息的五大能力[1]。此外，经典的信息素养教育模型"Big6 技能"[2]和研究周期模型也为国内高校图书馆开展信息素养教育提供了规划指导和实施方向。

作为国内开展学科化服务较早的高校图书馆之一，上海交大图书馆首创了 IC² 创新服务模式，主张"信息共享空间"（information commons）与"创新社区"（innovation community）两种理念的职能互补和整体优化[3]，并将信息素养教育作为学科化服务的重要内容之一，以读者需求为导向，提倡信息素养教育的多层次、多维度的拓展与创新。从培养基本信息技能出发，立足启迪学生的创新思维，上海交大图书馆在实践中进行着信息素养教育内容与模式的转变和探索，逐渐形成了"普及——拓展——深入"三大层面的信息素养教育规划（见图 1）。

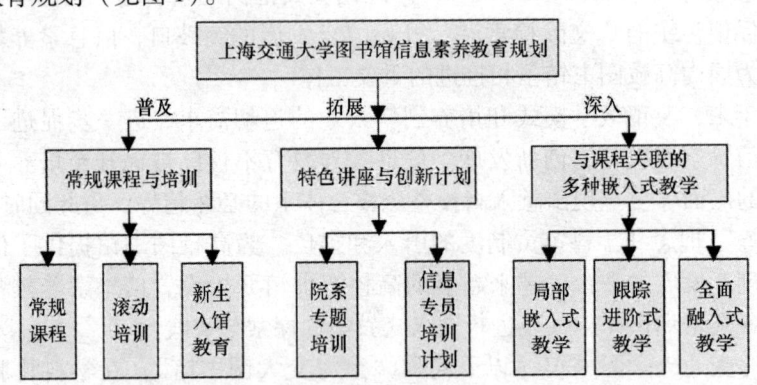

图 1　IC² 创新服务模式下的信息素养教育规划

1.1　信息素养教育的普及——常规课程与培训

常规课程与培训是上海交大图书馆在全校范围内普及信息素养教育的基

础内容，包括常规课程、滚动培训、新生入馆教育三大方面[4]。

1.1.1 常规课程

常规课程由图书馆面向全校本科生群体开设，并根据不同学科、不同类型规划培训课程。目前，常规课程分为通识核心课、公共选修课和专业限选课，分别针对理工科生与文科生，具备相应的学时和学分。以通识核心课"信息素养与实践"为例，课程的改良与创新主要表现在：扩展文献管理软件、写作规范与学术道德等贴合需求的教学内容；增加互动讨论、实践与调研等灵活多样的教学形式。同时，该课程提倡采用学生分组学习方式，并将最终成绩根据不同教学形式按比例考核评定。这些措施激发了学生的兴趣和参与热情，也培养了学生的自主学习能力和创新能力。在每年全校的课程评价中，图书馆常规课程的教学效果高于全校平均水平。

1.1.2 滚动培训

滚动培训是图书馆自2008年每学期定期推出的滚动式信息素养系列培训。该培训是常规课程的有力补充，其特点是面向全校师生，培训讲座实行网上报名预约制度，并设有专门的成效反馈平台。滚动培训每学期设有20余场讲座，采用90分钟的授课与上机练习相结合的方式。讲座内容既有馆藏资源利用和信息技能培训，也按照不同学科开设学术前沿追踪、项目基金申请、科技论文写作等培训，同时也增加多种热门软件培训。这些培训内容全由读者自主选择，只有网上报名预约满10人的讲座才会开讲。从每学期读者预约和课后反馈情况来看，滚动培训中的热门讲座占大多数，基本满足了读者不断变化的信息素养需求。

1.1.3 新生入馆教育

新生入馆教育是图书馆每年9至10月面向新生、新教工提供的入馆指导和培训。在学科化服务的推动下，入馆教育显现出尊重需求、形式多样的特色。入馆教育由以"如何利用图书馆"为主题的培训讲座和实地参观活动两部分组成，前者针对本科生、研究生、教职工等不同对象，实行分详简、分学科的多版本定制，学科馆员实地走访各个院系进行讲解；后者采用院系班级预约制度，由学科馆员和志愿者共同承担讲解任务。在网络新技术的支持下，新生入馆教育设有专门的网上专栏，提供内容丰富的入馆指南和网络课件。每年图书馆都会收到大量的院系邀请和师生预约，入馆教育的接受度和好评度普遍较高。

1.2 信息素养教育的拓展——特色讲座与创新计划

在 IC^2 创新服务模式下，上海交大图书馆的信息素养教育与学科化服务得到了有效的融合。从学科专业的角度出发，学科服务团队探索并拓展了信息素养教育，开展了内容和形式多样的特色讲座与创新计划，集中表现在院系专题培训和信息专员培训计划两大方面。

1.2.1 院系专题培训

院系专题培训是图书馆学科服务团队根据对口院系、科研团队或创新社群组织的需求，为其定制的专题性、个性化的信息素养培训。图书馆现有工学、生医农理和人文社会科学 3 个学科服务部及其 10 个专业方向的学科服务团队。各学科服务团队通过与院系师生的沟通与交流，能够迅速响应读者需求，有效促成与院系师生的合作，灵活组织和实施各类培训。

在摸索与实践中，各学科服务团队逐渐形成了专题培训的个性与特色，具有代表性的有：①"走进实验室"系列，将培训空间扩展至科研团队实验室，为科研人员提供个性化培训与实时咨询；②双语系列，将培训语言扩展至英文，为国际化院系师生提供全英文的培训教学与咨询解答；③专利系列，将培训内容扩展至专利，面向理工科师生举办专利类培训与活动，搭建专利知识学习与交流平台；④"开启学术之路"系列，将培训内容扩展至国际期刊投稿，面向理工科研究生，邀请国际期刊主编传授写作、投稿及评审经验，助力学术科研成果的发表。据不完全统计，2011 年各学科服务团队推出的专题培训约 70 讲。个性化、针对性强的院系专题培训最受师生欢迎，并在师生的支持下实现了可持续的发展。

1.2.2 信息专员培训计划

信息专员培训计划是图书馆在信息素养教育上的创新举措。它突破传统的普遍式培训模式，特别针对各院系科研团队，培养一批具有较高层次信息素养能力的科研人员，作为图书馆与科研团队之间的纽带，延伸图书馆的学科服务能力，同时为科研团队提供更为专业的信息服务及科研辅助。

信息专员培训计划作为 IC^2 创新支持计划的内容之一，从 2009 年至今已成功举办三期。该计划以"融入学科团队，助推教学科研"为主题，由科研团队推荐硕士生、博士生或青年教师，参加图书馆组织的短期密集培训。培训内容涉及信息素养的各个方面，更注重课题调研、态势分析等有助于科研的知识与技能。参加培训并通过测试的信息专员将享有图书馆授予的特殊权限，同时履行反馈科研需求、参与学科资源建设、服务科研团队等职责与义务。该计划自实施以来在全校的普及面不断扩大，已培养了上百个科研团队的 649 名信息专员。这些信息专员不仅发挥了个人信息素养在学习和科研上的优势，而且促进了所在科研团队整体信息素养的提升。

1.3 信息素养教育的深入——与课程关联的多种嵌入式教学

根据美国大学与研究图书馆协会（ACRL）的界定，嵌入式教学是指把图书馆及其资源的利用教学作为学科课程目标的有机组成部分[5]，也称为"与学科的整合式教学"或"信息素养与专业课的渗透式教学"。嵌入式教学一般分为相关、完全两种方式，前者是馆员对专业课的部分或局部介入；后者是馆员对专业课的全面参与[6]。上海交大图书馆在理论研究的基础上逐渐形成了多种嵌入方式并存的教学实践，取得了一定的成果。

1.3.1　局部嵌入式教学

学科馆员针对某一专业课程的师生需求，量身定制信息素养教学内容，一次性、集中式讲授课程所需的知识与技能，代表性课程有人文传媒学科的"英文报刊导读"、电子电气学科的 ACM 班的"科研实践"。

1.3.2　跟踪进阶式教学

学科服务团队跟踪某一学科本科生 4 年的学习课程，策划与定制进阶式的培训内容，按大一至大四的不同学习阶段，由浅入深地渐进式地开展培训与咨询服务，代表性课程为理学学科的"致远学院本科生全程培训"。

1.3.3　全面融入式教学

学科服务团队针对某一专业课程，与授课教师紧密合作，参与教学目标制定、课程规划、作业设计、成绩评定等自始至终的全过程，代表性课程为机械动力学科的新生研讨课"可再生能源的高效转换与利用"。

2　全面融入式教学的创新实践

在嵌入式教学中，部分或局部介入专业课程是学科馆员及其团队较易开展且常用的方式，许多高校图书馆都在局部嵌入式教学上进行实践并取得成效，但全面参与专业课程的实践却属于少数。上海交大图书馆则在全面融入式教学方面进行了有益的尝试与创新——开设新生研讨课"可再生能源的高效转换与利用"（以下简称"嵌入式新生研讨课"）。自 2008 年至今，该课程逐步从局部嵌入课程发展至全面融入课程策划、教学和考核各个环节，取得了阶段性的成果与实践经验。

2.1　规划设计

嵌入式新生研讨课的规划与设计是实现全面融入式教学的重要一环。在此之前，采取适当的合作战略，取得全馆上下的支持以及发挥团队协作的力量，都是必要的前提和因素。

关注学校教学改革或创新政策，从学校重点学科的核心课程或者名师课堂入手，是极为重要的战略。上海交大图书馆找到同样注重学生信息素质的教学名师王如竹教授,一起合作开展嵌入式教学。在实践过程中,该课程获得了馆领导的顶层指导、学科服务的机制保障以及文献资源、技术系统、人员队伍、宣传推广等各方面的支持。团队协作则能够汇集众人的智慧和力量,帮助课程在规划设计上不断创新,在组织实施上顺利开展。

2.1.1 课程规划

如何使信息素养教学内容符合专业课程的需求,如何使用技术和设施,如何合理分配教学时间,如何设计学习效果评价指标,如何根据反馈修正课程规划等,都是开展全面融入式教学必须思考的问题。上海交大图书馆的学科服务团队与课程教学团队融为一体,制定了嵌入式新生研讨课的教学宗旨,即"明确一条主线:人才培养;突出两个重点:创新课堂、促进研讨;发挥三块职能:科研习惯启蒙培养、专业知识系统掌握、演讲表达综合提升;实施四大准则:名师保障、服务支撑、兴趣导向、持续创新"。

2.1.2 课程设计

在课程设计上,需要重点把握课程知识点、明确课程教学目标以及合理分配课程学时。嵌入式新生研讨课以可再生能源的类型、技术、应用为知识点,不偏离专业课程本身的教学内容;以让学生学会科研、学会总结、学会表达、学会团队合作为教学目标,注重文献资料收集与利用、科研论文写作、演讲表达等信息素养与综合能力的培养。在整个课程学时的分配中,图书馆专题课有 4–5 次,馆员辅导学生分组研讨 2 次,馆员点评学生作业 3–4 次,创新课程公开观摩 2 次,基本覆盖课程、作业、活动、考核等各个教学环节。课程设计三大方面见表1。

表1　嵌入式新生研讨课课程设计

把握课程知识点	明确课程目标	合理分配课程学时
①可再生能源 太阳能、风能、生物质能、海洋能、地热能…… ②清洁能源(化石能源的清洁利用) 煤的清洁利用(煤气化、CCS)、天然气、天然气水合物…… ③核能(新能源技术) 中国 CO_2 减排的近中期必然选择	①总结能力(文献资料收集、整理与分析) ②表达能力(提出问题与解决问题、PPT 汇报与演讲、科技论文写作) ③团队合作能力(分组研究分析、如何分解工作、如何整合工作) ④科学研究能力	①图书馆专题课 4–5 次(文献检索、科技论文写作、PPT 制作、文献管理软件应用……) ②学生分组学习研讨 2 次(馆员辅导和点评) ③小组专题汇报课堂 3–4 次(教师与馆员点评) ④创新课程公开观摩 2 次(教师与馆员点评及考核)

2.2 组织实施

在全面融入式教学的实施过程中,"嵌入教学"与"嵌入考核"是学科馆员及其团队需要把握的两条主线。

2.2.1 嵌入教学

嵌入教学首先体现在对课程"专业知识、信息素养、写作指导、研讨互动"四大模块的清晰划分。在后三大模块中,均组织实施了相应的嵌入式信息素养培训。在研讨互动模块,策划与实施生动多样的创意课堂,如模拟国际会议、辩论赛、DV展示等,并根据每一届学生的不同需求进行调整,进一步提升其信息素养与综合能力。"嵌入教学"四大模块如图2所示:

图2 "嵌入教学"四大模块

此外,搭建实体与虚拟服务平台,进行覆盖课内、课间、课后的全方位咨询与辅导,也是嵌入教学的具体表现。充分利用图书馆的技术工具与虚拟空间,如学科博客、LibGuides课程交流平台等,锻炼学生信息资源收集、整理、利用与分享能力。同时,在学生分组学习的过程中,学科馆员及其团队扮演教师助教与信息咨询专家的双重身份,全程引导学生发现问题、分析问题与解决问题。

2.2.2 嵌入考核

嵌入考核主要体现在将图书馆、信息素养、综合能力等方面的考核指标纳入学生成绩,包括平时成绩、各项作业成绩以及期末成绩等各组成部分。具体考核指标包括图书馆的利用、虚拟交流平台的使用、参考文献的著录格式等。将这些考核指标融入学生成绩,有利于引起学生的重视以及评估教学效果。

2.3 成效反馈

全面融入式教学的实施取得了良好的效果与课程影响力。在课程所培养的120名学生中，许多学生在以后的学习与科研中表现出色。一些学生因课程培养出兴趣，选择进入能源专业领域；一些学生合作翻译外文文献《2030开启新能源时代》，获得了学术界的好评。

从授课教师的反馈来看，该课程培养的学生在信息素养、科研能力、总结能力、表达能力等各方面都得到了锻炼与提升，既能够独立判断与思考，也具备团队合作能力。同时，学生在平常的资料搜集、论文写作等过程中能够合理下载、正确引证、尊重版权，这些知识产权意识的形成有利于学生养成良好的科研习惯与学术精神。

从学生的反馈来看，课程培养的学生普遍认为，在课程中激发了对专业领域的研究兴趣，学习的主观能动性大大提高；获得了信息检索、信息利用等技巧，为今后的科研活动打下了基础；学会了分工协作，锻炼了在团队中解决问题的能力；同时，更有自信表达自己的观点与想法，有助于创新能力的养成。

此外，每一年的学生作业和课程成果均制作成光盘得以保存，至今已形成连续4年的课程资料。2010年，以该课程为核心的学校本科教学改革项目申请立项，成为课程之外的科研项目。从2008年至今，嵌入式新生研讨课已逐渐成为新生研讨课系列中的典型课程，受到学生的喜爱以及教师的观摩借鉴。

3 结 语

信息素养教育是高校图书馆非常重要的服务内容之一。当面临图书馆课程及培训逐渐被压缩、被边缘化的危机时，高校图书馆应首先重视内部的改革与创新。开展学科化服务在如今看来，不失为突破传统局限、推动图书馆发展的好途径，同时能够开拓信息素养教育的创新思路。除了图书馆内部的革新，信息素养教育还需要学校及院系的重视与支持。馆员与教师开展多层次、多类型的合作，才能促进信息素养教育与专业课程的进一步融合，实质性地提高师生的信息素质、学习能力甚至是创新能力。

上海交大图书馆在IC^2创新服务模式下开展的信息素养教育，实现了在类型、层次等方面的多维拓展，成为其学科化服务的特色之一。但在今后的实践中，仍有值得改善和需要创新的地方。在常规课程与培训上，应注重多媒体技术的运用，开发在线学习、多媒体读者指南等。在特色讲座与创新计划上，应进一步发掘师生需求，提倡内容的自由组合与形式的不拘一格。在嵌入式教学上，应立足于专业课程本身，选择最适合的嵌入方式，关注教学系统设计、教学策略和教学方法的优化。未来，基于网络的信息素养教育，将会对图书馆提出包括虚拟教师、数字化协作等方面的更高要求与挑战。

参考文献:

[1] Information literacy competency standards for higher education[EB/OL]. [2012 - 05 - 28]. http://www.ala.org/acrl/sites/ala.org.acrl/files/content/standards/standards.pdf.

[2] Murray J. CyberConnect: Use the Internet with Big6 skills to achieve standards[J]. TechTrends, 2007, 47(1): 18 - 21.

[3] 郭晶, 黄敏, 陈进, 等. 上海交通大学图书馆学科服务创新的特色[J]. 图书馆杂志, 2010, 29(4): 32 - 34.

[4] 上海交通大学图书馆讲座与培训[EB/OL]. [2012 - 05 - 20]. http://www.lib.sjtu.edu.cn/list.do?articleType_id=50.

[5] 龚芙蓉. 国外高校信息素质教育之"嵌入式教学模式"的思考与启示[J]. 图书馆论坛, 2010, 30(3): 147 - 149.

[6] 汤莉华, 潘卫. IC2创新服务模式下的嵌入课程式信息素养教育[J]. 图书馆杂志, 2010, 29(4): 43 - 44.

专家点评(点评人: 林佳 清华大学图书馆研究馆员):

本文详细介绍了上海交通大学图书馆的信息素养教育规划, 从"普及"到"拓展"继而到"深入", 建立了全方位、立体的教育模式, 兼顾广度与深度, 采用灵活多样的形式, 在保证大面积学生受益的同时开展有针对性的专业化、个性化信息素养教育活动, 并将信息素养教育与学科服务有效融合, 收效显著。他们的理念和实践, 特别是文中提及的"信息专员培训计划"和"全面融入式教学"对国内高校图书馆开展信息素养教育工作具有很好的借鉴意义。

作者简介

高协, 上海交通大学图书馆助理馆员, 硕士, E - mail: xgao@lib.sjtu.edu.cn;

宋海艳, 上海交通大学图书馆馆员;

郭晶, 上海交通大学图书馆副研究馆员, 副馆长, 博士;

李丽, 上海交通大学图书馆学科馆员, 硕士。

跨媒体信息素养的概念、特点及对图书馆的意义

黄丹俞

摘 要 介绍跨媒体信息素养的概念,阐述其所包含的多种媒体、交流和互动三大要素的内容,对跨媒体信息素养与其他素养特别是信息素养进行辨析。在此基础上,探讨跨媒体信息素养对图书馆的意义及图书馆的跨媒体信息素养理论与实践方案,认为图书馆应该关注跨媒体信息素养发展,并对其理论和实践进行更深层次的研究。

关键词 跨媒体信息素养 信息素养 图书馆

分类号 G251.4

近几年,讨论21世纪素养问题的相关英文学术文献中有一个词汇经常与"media literacy"、"information literacy"等相伴出现,书写为"transliteracy",在网络工具书海词中的中文释义为"利用多种媒体的读写能力"。作为一个外来衍生词,"transliteracy"的前缀"trans-"一般表示"横跨、贯穿"的意思,而"literacy"在从属词汇中如"information literacy"中等通常被译为"素养",综合其释义和词结构,笔者将"transliteracy"译作"跨媒体信息素养",以方便讨论。

截至2013年6月,在谷歌学术搜索中输入关键词"transliteracy"搜索全球学术信息,共获得575条结果,学术成果数量逐年递增;若限定为只搜索中文学术信息,则仅获得1条结果:来自南京大学信息管理学院的穆向阳讨论了云计算背景下跨媒体信息素养和认知模式之间的关系,介绍了跨媒体信息素养的概念,但因主题所限,并没有深入系统地探讨跨媒体信息素养,也未讨论跨媒体信息素养对图书馆的意义和影响。可见,跨媒体信息素养是一个新兴的概念,国际上对其理论和实践的研究处于起步与上升阶段,而国内对这一概念的研究则基本为空白,缺乏研究团队和研究成果。虽然跨媒体信息素养理论尚未成熟完善,但我们可通过认识跨媒体信息素养和研究发展跨媒体信息素养理论来更好地思考现有的信息素养理论及其他素养体系,从而给图书馆的信息服务和信息素养教育带来新的思路与方向。

1　跨媒体信息素养

跨媒体信息素养最早由加利福尼亚大学圣巴巴拉分校英语系教授艾伦·刘（A. Liu）的跨媒体研究项目组提出。该项目组成立于2005年，由人类学、社会科学和工程学的多名学者组成，主要研究在线阅读的技术行为和社会人文行为。新媒体领域的教授苏·托马斯（S. Thomas）参加了该项目的第一次会议并共同提出了跨媒体信息素养的概念。他们将表示用最相近的另一种语言或字体来书写或打印一个字母或单词含义的单词"transliterate"变异成新词"transliteracy"，用来表示跨越不同平台、工具或媒体（从刻记符号和口头语言到手写体、印刷体、电视、广播和电影再到数字化社会网络）进行读、写、互动的能力。这种能力包含有计算机素养、数字化素养、文字素养、图片素养等多种素养，强调利用多种素养来完成不同平台、工具或媒体之间的切换和跨越，以获得更佳的信息获取体验[1]。

2　跨媒体信息素养的内容

跨媒体信息素养并不是一项全新的素养技能，而是包含多种素养的综合能力。各种素养之间不存在优先等级，具有同等重要的价值，其核心目标是寻求将现有的各种素养进行融合、交互及综合运用的模式和方法，可将其分解为多种媒体、交流和参与互动这三个基础要素来阐述跨媒体信息素养的具体内容[2]：

2.1　多种媒体

跨媒体信息素养强调高效的信息获取需要多个信息源，包括刻记符号、口语、手写稿、绘画、印刷物、音频播放器、电视、电脑、移动手持设备等所有用来记载和传递信息的媒体和载体。但需要说明的是，具有使用多种媒体来获取信息的能力只能算是多媒体素养，并不能称之为跨媒体信息素养。跨媒体信息素养更注重个人在获取信息时能在多种媒体间利用一定的主观意识和技术手段进行切换、跨越、融合的能力。这种主观意识指的是摆脱以往各媒体之间相互割据甚至有点对立竞争的态势，充分认识纸本与数字媒体、专家与互动百科、图书馆与网络之间各自的优势；技术手段则包括语音转换技术、跨媒体检索技术、云计算技术和二维码识别技术等现有或未来的科学技术的社会应用，帮助更好地实现媒体间的切换和跨越。总之，在主观意识驱动和技术手段推动下，多种媒体完成有效跨越，各种信息源互为补充，融会贯通，实现便捷、立体和全面的信息体验。

2.2 交流

信息在流通中存在，任何个人或机构均是信息流中的一个节点。因此，我们对于信息的利用并不止于获取信息，更重要的是交流信息。跨媒体信息素养强调信息交流的重要性，要求通过对各种信息交流过程中信息组织及呈现的结构和特点的充分认识与掌握来判断信息价值和信息流向，且不被一种或两种特定的信息交流模式所羁绊，能游刃有余地选择合适的信息交流方式。

跨媒体信息素养的理念是寻求和融合现有信息交流类型的新方式，虽然它十分重视新技术所带来的新的信息交流模式，但不只是基于计算机技术的信息交流方式，而是包含所有的信息交流方式和方法——选择从书籍或者是从专业人士那里获取信息；突破时空限制通过视频或音频设备来获取或亲临现场去获取信息；通过开设博客或是发表学术论文传递信息；利用计算机实时通讯技术进行分享或通过电话或面对面进行分享信息……总之，通过听觉、嗅觉、视觉、触觉甚至味觉所能感知到的一切信息交流方式均可为我们所用。

2.3 互动

互动有两层含义：一是指各种信息源之间的互动，二是倡导一种参与性学习文化，在互动中获取所需信息和学习。

各种媒体或各种信息源之间并不是孤立的、无关联的，而是可以建立桥梁和联系，并能有触发作用，取得 1 + 1 > 2 的功效。跨媒体信息素养其实比较弱化某一个平台、工具和技巧的具体内容，它更加强调的是"跨"——平台的跨越、工具的跨越和技巧的跨越，我们需要的是在不同媒体间快速有效地进行切换的技巧和能力，从而使得不同信息源之间能良性互动。

除了能准确判断信息的类型，并通过合适的方法和途径去获取信息，我们还需要了解和掌握如何通过合适的途径去分享和发布信息，即参与互动。人类最原始的信息交流模式其实也是互动型的，在文字尚未普及的时候人们只能依靠面对面的对话辩论来沟通交流。现在的互动越来越复杂和多样化，除了面对面或点对点的简单互动，我们更多地是通过某一平台或某一媒体进行多对多的复杂互动。因此，跨媒体信息素养要求具有一定的判定能力去判断平台性质、媒体特征、受众特点、道德隐私等多方面的因素，科学地融入到整个信息流的发生过程中，成为其一部分，并受益其中。

3 跨媒体信息素养与其他素养的辨析

3.1 从读写素养到多种素养的演变

据牛津英语词典，英语"illiterate"（文盲）这个词出现于 1556 年，即古腾堡印刷术发明后的一百年左右。在此之前，很多人只会读不会写，更多的人读写都不会，人们通过口头交流和篆刻标记符号来传递信息。印刷革命后，出版业日益兴盛，固定模式下的印刷形态建立起了一个相对稳定的信息秩序和阅读模式，具有读写能力（literacy）的人数增长迅速，读写能力逐渐成为判断个人是否能适应文明社会的一个重要指标。西方国家认为"literate person"是15岁以上具有读写能力的人[3]，而文盲（illiterate）则特指那些不具备读写能力的人；20世纪八九十年代我国教育部对个人脱盲的标准是农民识1 500个汉字，企业和事业单位职工、城镇居民识2 000个汉字，能够看懂浅显通俗的报刊、文章，能够记简单的账目，能够书写简单的应用文[4]。由此可见，彼时的东西方国家，所要强调的只是读写素养，普遍的文盲与非文盲的判定标准只是关于印刷或书写形态下文字数字的解码能力。

随着计算机网络技术和以数字化为支撑体系的新媒体的发展，信息交流呈现出非线性多维度交互特性，各种信息根据不同人的不同需要重新组合，原有的信息秩序被打破，形成了新的信息秩序和阅读模式。在这种社会背景下，仅仅具备读与写这两种能力显然已无法适应现代社会的信息需求，正如美国著名的未来学家阿尔文·托夫勒（A. Toffler）在其著作《未来的冲击》中引用心理学家赫伯特所言——"21世纪的文盲不是指那些不会读写的人，而是那些不会学习、不会消除原有知识、不会重新学习的人"[5]。世纪之初，联合国也十分应景地重新定义了新世纪的文盲标准，除了传统意义的文盲，另外增加了不能识别现代社会符号和不能使用计算机进行学习交流的两类功能性文盲。

21世纪的素养，除了具备基本的读写能力（literacy），我们还需要具备不同的素养去去解码各类信息，如科学素养（scientific literacy）、健康素养（health literacy）、经济素养（economic literacy）等针对不同内容主题的素养以及视觉素养（visual literacy）、文本素养（text literacy）、计算机素养（computer literacy）、媒体素养（media literacy）、数字化素养（digital literacy）等适用于不同载体类型的素养。这些素养从不同的侧重点强调新世纪学习所需要掌握的知识背景和技能技巧，帮助我们在这个传播手段日新月异，多媒体、多终端、多网络、多平台融合交互的全媒体时代通过不同方式和方法来进行阅读，获取信息。为实现快速精准地获取、利用和发布信息，我们还需要一定的技术和方法实现不同媒体之间的切换和跨越阅读，因此对这些素养，往往需要交叉组合使用，才能实现全媒体环境下各类信息的获取。

3.2 信息素养与跨媒体信息素养

信息素养的概念最早是在1974年由美国信息产业协会主席保罗·泽考斯

基（P. Zurkowski）提出，指的是利用大量的信息检索工具及主要信息源使问题得到解答的技术和技能。1989年美国图书馆协会对其进行了简单定义，认为信息素养包括以下内容：能够判断什么时候需要信息，懂得如何获取信息以及如何评价和有效利用所需信息[6]。随着时代的发展，信息素养理论也在不断发展，成为图书馆领域研究关注最多、发展最为全面的素养理论，具有完善的理论体系、指标模型和实践培训方案。英国国家和大学图书馆协会（SCONUL）下属的信息素养咨询委员会（ACIL）于2011年更新升级了信息素养的7项核心指标模型，分别为信息需求识别、信息需求研究、检索策略计划、信息获取、信息评价、知识管理和知识展示与创新[7]。纵观信息素养的定义与指标模型，信息素养也是一种综合能力，包含了多种素养，如科学素养、经济素养、媒体素养等。

同样是包含了多种素养，但跨媒体信息素养和信息素养所包含的素养类型却不太一样，跨媒体信息素养融合的是各种用于信息传播交流的素养，而信息素养则涵盖了帮助有效评价信息的素养（见图1）[8]。因此，跨媒体信息素养并不是一个与信息素养重复的无用理论，也不是一个替换信息素养的更为先进的理论。跨媒体信息素养和信息素养分别从交流技巧和评价技巧两方面共同组成了现代社会的素养要求。信息素养强调的是如何合理利用各种工具和技能去评价信息，其主要关注点是对内容的评价与获取，对于信息传播的载体特性和传播类型及互动模式并不注重；跨媒体信息素养主要关注的是信息载体，强调需要在多种媒体或载体之间交流互动，寻求获取和融合现有信息传播类型的新方式，倡导破除纸本与数字化对立的观念，弱化各种载体间的区别与分类，将所有和读、写、互动相关的素养统一融合。

比如，一个老教授对电脑网络、博客、数字出版这些新兴事物并不是特别熟悉，因此当他需要一篇专业文献的时候，他没有选择从电子期刊数据库获取那一篇文献，而是选择了纸质期刊上阅读那一篇文献。我们不能说他不具备信息素养，因为他能够确定他所需信息所在的范围，并有效地获取了信息，而且能根据他丰富的学术经验去判断该文献的权威性与价值性，并将其融入他原有的知识体系。我们只能说他更加偏好从纸质期刊获取印刷型的文献。不论是电子期刊库里的文档还是纸质期刊上的文章，都是同一个文献，不会影响我们对该信息内容的评价。但是，我们可以说该教授的跨媒体信息素养不够，他并不知道或并不在意这同一个文献信息将会在多个不同的媒体中出现，倘若他能游刃于社交网络、博客与数字出版平台这些新兴媒体之间，他可以更便捷、更高效地去获取该信息，并可以将单向阅读纸本文献这一行为变为双向交流互动行为。

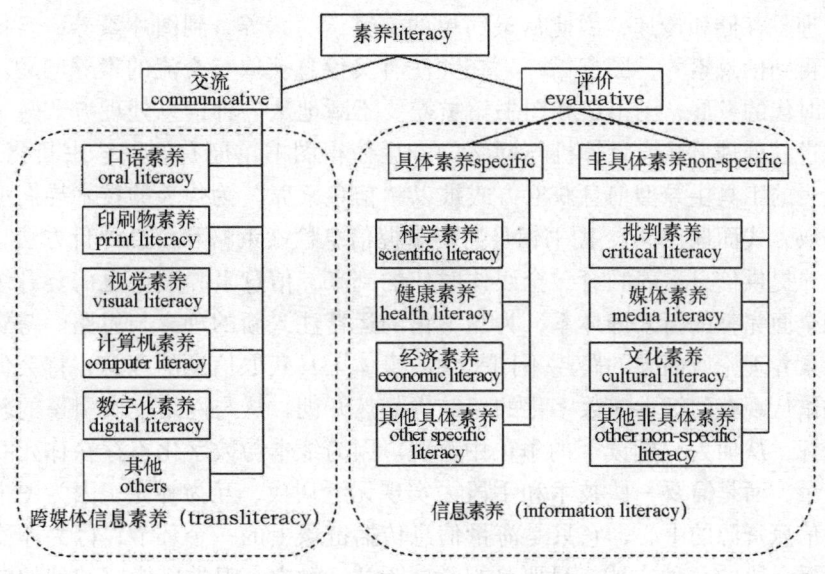

图 1 跨媒体信息素养与信息素养的辨析

跨媒体信息素养与信息素养两者之间的区别是信息素养最终的关注点是信息内容及对其的评价,跨媒体信息素养关注的是信息载体及其之间的交流[9];跨媒体信息素养提供获取信息的通道,信息素养教授人们甄别与评价使用信息的技巧。当今社会,我们需要跨越各种媒体进行信息交流,需要在各种社会化媒体上创造各种形式的信息,这时候所需要的技巧、能力并不止于评价与获取,而是更需要在各种载体间切换跨越,参与互动。

因此,跨媒体信息素养强调交流的重要性,是对现有信息素养评价体系的补充。

4 图书馆与跨媒体信息素养

4.1 跨媒体信息素养对图书馆的意义

跨媒体信息素养不是一个产生于图书馆领域的概念,虽然很多图书馆员从没有听说过跨媒体信息素养这一名词,但不代表他们不熟悉其潜在或根本的含义,许多图书馆员其实一直在做这方面的实践活动,只是在此之前没有人去专指性地去表达这类现象而已。对跨媒体信息素养的明确定义和研究将会对图书馆未来的服务理念和业务方向有一定的影响作用。

图书馆的使命和职能定位是为用户提供信息获取及交流服务,对信息进行处理、存储和传递，因此从最简单的文字读写素养，到图片素养、媒体素养，再到信息素养，图书馆一直在关注有关信息获取与交流的素养问题。为顺应时代的发展，图书馆和图书馆员需要不断地从一种信息处理方式转为更为先进的处理方式。计算机与网络的产生使得图书馆原有的以"书目指南"为代表的工具主导型信息获取方式被以"信息素养"为代表的技术导向型信息获取方式而取代[10]，图书馆员需要掌握信息检索策略和信息评价方法，并为用户提供信息素养教育。全媒体时代的到来，信息素养理论也需要升级为更为全面完整的新素养体系，为图书馆的运营注入新的理念与思路。跨媒体信息素养理论所倡导的跨越不同平台、媒体工具获取信息的理念，将会促使图书馆从现有的纸本或数字化的纠结中豁然开朗，从与网络搜索引擎的较量中释怀，从何为"阅读"的争论中解脱。因为纸本与数字化不存在你死我活的较量，而是需要一些技术和手段去实现无缝切换、互为补充；因为图书馆不是信息资源的中心，它只是海量信息传播链条上的一个环节；因为印刷只是传播手段的一种方式，只要是视觉、听觉、触觉、嗅觉所能感知到的一切都可以是获取信息的来源。

因此，跨媒体信息素养将会给图书馆及图书馆员带来新的生机与方向，实现多种信息多种媒体的跨越与融合。

4.2 图书馆的跨媒体信息素养理论与实践方案

面对跨媒体信息素养这个全新的概念，图书馆与图书馆员可以做的事情有很多：

首先，图书馆需要进行进一步的思辨，结合图书馆的知识体系进一步完善跨媒体信息素养理论。美国的汤姆·艾普利（T. Ipri）和波比·纽曼（B. Newman）等图书馆人士于2009年左右率先加入了研究跨媒体信息素养的行列，认为图书馆一直以来都关注各种读、写和其他接受信息的能力，图书馆员应该了解关注跨媒体信息素养。汤姆·艾普利撰写论文《介绍跨媒体信息素养：它对学术图书馆的意义》将跨媒体信息素养正式介绍给图书馆领域，阐述跨媒体信息素养将会如何影响图书馆及图书馆员[11]。他们成立了图书馆与跨媒体信息素养项目（Libraries and Transliteracy Project，LTP），通过博客网站来讨论跨媒体信息素养，并在2011年美国图书馆协会的年会上召开了一场题为"为什么要跨媒体信息素养？"（Why Transliteracy？）的讨论会，讨论了跨媒体信息素养的含义及对图书馆业务和服务的实际意义，旨在扩大跨媒体信息素养在图书馆领域的影响力[12]。近日，法国的图书馆界也开始了对跨媒体信息素养的讨论，认为跨媒体信息素养是信息素养与媒体素养这两种素养研究的新高度[13]。其他的图书馆员可以在他们的研究讨论基础之上继续研究、完善，将跨媒体信息素养发展得更具有实际操作意义。

其次，图书馆员需要努力培养自身的跨媒体信息素养，为用户提供跨媒体的信息服务。国外图书馆界流传着这么一句话：一间满是书的屋子只能叫做书房；一间空屋子如果里面有一名图书馆员在，就是一座图书馆了（a room full of books is simply a closet but that an empty room with a librarian in it is a library）[14]。由此可见，图书馆员的素养水平和业务技能对用户的意义十分重大。具有跨媒体信息素养的图书馆员，会不断吸收新的传播形式和媒体形态，从而具备跨媒体信息组织的理念和处理能力，通过新理念新技术为用户提供跨媒体阅读的解决方案提升信息服务。

最后，随着图书馆对跨媒体信息素养理论研究的深入，尝试将跨媒体信息素养转换为可教授的培养方案。如美国图书馆协会下属的美国学校图书馆员协会（American Association of School Librarian，AASL）将2012年秋季论坛的主题设为"跨媒体信息素养与学校图书馆项目"，帮助学校图书馆的馆员认识跨媒体信息素养，并掌握相关的技巧去协助年轻人适应现代化学习[15]。正如现如今大多数的高校图书馆承担了大学生信息素养的培养任务一样，图书馆有义务为用户提供全方位的跨媒体信息素养培训，使其了解新旧媒体的特性和优缺点，了解和接受新媒体新趋势，并具备跨越不同平台、工具或媒体进行读、写、互动的综合信息获取能力。

5 跨媒体信息素养的发展趋势和未来展望

经过几年的研究发展，跨媒体信息素养被越来越多领域的人所接受认可，在辐射广度上有了一定的发展。在地域方面，除了在美国各地区，跨媒体信息素养学者前往印度、中国和法国等国布道宣讲，同时也吸纳不同文化背景下的素养特性以充实跨媒体信息素养的理论；在学科方面，跨媒体信息素养的研究人员遍布传媒、信息技术、教育和图书馆等不同学科领域，使不同学科的方法论与研究方法融合到跨媒体信息素养的理论体系建设中。跨媒体信息素养的理论深度与实践应用也在稳步发展前行中。在系统的理论支撑下，跨媒体信息素养的研究团队力求将先进理念转化为实际可行的应用技巧或指标模型。2013年3月15日在纽约州立大学帝国州立学院举办了名为"从出生到参加工作间的跨媒体信息素养"的学术会议，会议邀请幼儿园、小学、中学的相关教育工作者和大学老师、图书馆员以及21世纪素养指导委员会的成员一起讨论跨媒体信息素养的理论与实践问题，探究跨媒体信息素养如何嵌入到求学者从出生到参加工作前的所有求学阶段的教育教学中[16]。

有关图书馆与跨媒体信息素养的学术讨论较为火热，但是成熟的学术论文产出现在并不多，还有待通过更多的学术探讨去创建更具有实践意义的理论体系和操作体系。

参考文献：

［1］ Thomas S, Joseph C, Laccetti J, et al. Transliteracy：Crossing divides［J/OL］.［2013-04-14］. http：//firstmonday. org/ojs/index. php/fm/article/view/2060/1908.

［2］ Wilkinson L. Skills that transfer：Transliteracy and the global librarian［EB/OL］.［2013-04-14］. http：//librariesandtransliteracy. wordpress. com/2011/12/05/skills-that-transfer/.

［3］ Thomas S. Transliteracy and new media［M］//Adams R, Gibson S, Müller Arison S. Transdisciplinary Digital Art：Sound, Vision and the New Screen. Berlin：Springer, 2008：101-109.

［4］ 国务院. 扫除文盲工作条例［EB/OL］.［2013-04-14］. http：//www. moe. edu. cn/publicfiles/business/htmlfiles/moe/moe_620/200408/1383. html.

［5］ Toffler A. Future shock［M］. New York：Random House, 1970：271.

［6］ 孙平, 曾晓牧. 认识信息素养［J］. 大学图书馆学报, 2004(4)：34-37.

［7］ 李婷婷, 谷秀洁. 英国高校信息素养教育进展［J］. 图书与情报, 2012 (1)：48-55.

［8］ Wilkinson L. Reorganizing literacy［EB/OL］.［2013-04-24］. http：//senseandreference. wordpress. com/2011/09/19/reorganizing-literacy/.

［9］ Wilkinson L. Information literacy vs. transliteracy：Lessons for library instruction［EB/OL］.［2013-04-14］. http：//librariesandtransliteracy. wordpress. com/category/ala-2/.

［10］ Farkas M. Information literacy 2.0［EB/OL］.［2013-04-14］. http：//americanlibrariesmagazine. org/columns/practice/information-literacy-20.

［11］ Tom I. Introducing transliteracy What does it mean to academic libraries?［J］. College & Research Libraries News, 2010, 71(10)：532-567.

［12］ Stubbs J. Observations on the 2011 ALA annual conference by a first-time attendee and reports on transliteracy and Wikipedia programs［J］. Journal of Electronic Resources Librarianship, 2011, 23(4)：414-417.

［13］ Frau-Meigs D. Transliteracy as the new research horizon for media and information literacy［J］. Medijske Studije, 2012, 3(6)：14-26.

［14］ Lankes R D. The atlas of new librarianship［M］. Cambridge, MA：MIT Press, 2011：16.

［15］ AASL 2012 Fall Forum［EB/OL］.［2013-04-14］. http：//www. ala. org/aasl/conferencesandevents/fallforum/fallforum.

［16］ Thomas S. Transliterate Spaces at 3Ts 2013：Transliteracy from cradle to career［EB/OL］.

[2013 – 04 – 14]. http://nlabnetworks.typepad.com/transliteracy/2013/03/transliterate – spaces – sue – thomas – 3ts – 2013 – transliteracy – from – cradle – to – career.html.

作者简介
  黄丹俞,南通大学图书馆馆员,E – mail: huangdanyu@ ntu. edu. cn。

研究生与本科生信息素养教育比较

杜 红

摘 要 以美国大学和图书馆协会提出的相关标准为参考,比较研究生与本科生信息素养教育要求的异同,提出研究生信息素养的具体要求。通过对研究生和本科生信息素养能力状况进行调查分析,从加强宣传培训、开设适合研究生的文献检索课程、发挥导师和学科馆员作用、利用图书馆资源优势等方面,阐述以科研为导向、提高研究生信息素养能力的相关对策和建议。

关键词 研究生 本科生 信息素养 比较

分类号 G203

1 引 言

信息素养在当代科技迅速发展和信息资源极其丰富的环境下变得越来越重要。各国高校都把信息素养教育作为学生能力培养的重要内容之一,相关机构也纷纷制定标准,用以评价个人信息素养能力,指导高校信息素养教育的实践。代表性的标准,国外主要有美国大学和图书馆协会(Association of College and Research Libraries, ACRL)在2000年提出的《高等级教育中信息素养教育标准》[1],澳大利亚与新西兰的高校信息素养联合工作组(Australian and New Zealand Institute for Information Literacy,ANZIIL)在2004年颁布的信息素养能力指标体系[2]以及英国的国家与大学图书馆标准协会(Society of College, National and University Libraries, SCONUL)在1998年提出的信息素养能力模式等;国内主要有清华大学图书馆和北京航空航天大学图书馆共同设计的《北京地区高校信息素质能力指标体系》等[3]。这些标准对指导和促进高校开展信息素养教育发挥了重要作用。但目前的标准主要针对本科生,要求相对也比较宽泛,对研究生没有提出明确的要求。在当前我国研究生培养模式中,与科研相结合是主要的培养方式之一。科研是研究生的重要任务,对信息的利用需求以及信息素质教育的要求也更高。因此,有必要通过比较研究生与本科生信息素养教育的不同要求,提出加强研究生信息素养能力培养的对策和建议。

2 研究生与本科生信息素养要求比较

鉴于目前我国还没有统一的信息素养标准，暂以 ACRL 标准为参考来比较对研究生与本科生信息素养要求的异同。ACRL 标准共包括 5 个一级指标、22 个二级指标、86 个三级指标，从信息需求、信息获取、信息评价、信息利用、信息道德等方面提出了高校学生信息素养能力标准[4]。这些可作为本科生信息素养要求的基本标准，笔者对照这些标准，根据研究生教育的要求，提出了研究生信息素养的具体要求，见表1。

表1 研究生与本科生信息素养要求比较

项目	ACRL 标准 （本科生参照）	研究生信息素养的具体要求
信息需求	能确定所需信息的种类和程度。	1. 了解本学科领域相关研究热点和前沿，能根据需求发现问题，合理选题，确认研究方向。 2. 正确认识各种不同类型和格式的相关学科国内外专业数据库、学术搜索引擎，了解相关网站、数据系统、声像及纸质资源等信息源。 3. 了解并合理评估获取信息的成本和利益。
信息获取	能有效地获取所需的信息。	4. 根据信息检索系统的范围、内容和组织结构，选择获取所需信息的最佳途径和方法。 5. 根据研究阶段选定合适学科、信息源、时间范围，确定关键词、同义词和相关术语，合理使用检索系统的命令语言，建构和完善检索策略。 6. 运用检索系统、专业机构、专家或个人在线等多途径获取所需信息。 7. 评估获取的信息，根据需要修改优化检索策略。 8. 有效记录和管理获取的信息。
信息评价	能批判性地评价信息和信息源，并有选择地将信息融入自身的知识库和价值体系。	9. 准确提炼、概括出信息的核心含义。 10. 采用合理方式筛选、鉴别研究所需的信息。 11. 对信息进行统计分析、加工整理、总结归纳，遴选支撑研究课题的重要信息。 12. 合理组织获取的有效信息，对新旧信息和知识进行整合，并融合到自身已有的专业知识系统中。 13. 通过咨询专家等方式验证获取信息的正确性和对信息的理解。 14. 评估获取的信息是否能够满足研究的需要。

续表

项目	ACRL标准 （本科生参照）	研究生信息素养的具体要求
信息利用	能独立地或作为小组成员有效地利用信息完成特定的任务。	15. 有效利用信息，促进和支持研究课题顺利开展。 16. 采用合适的方式总结展示研究成果并有效进行交流。 17. 综合分析所有信息，捕捉学科创新点，探索和提出新的研究方向。
信息道德	理解围绕信息和信息使用的经济、法律和社会问题，并能合理合法地获取和使用信息。	18. 遵守学术道德和学术规范。 19. 尊重知识产权、版权并合法使用。 20. 严格按照引用标准标引。

在研究生与本科生信息素养要求的标准中，对信息意识、信息能力和信息道德的基本要求是一致的。与本科生相比，由于研究生直接参与科学研究，因此对其信息素养的要求更高，主要侧重于科研方法、专业信息获取、评价和利用以及学术道德规范等方面。本科生则着重于信息意识、信息知识和基本信息能力及信息道德的培养，使之具备基本信息素质能力，能够认识信息的作用和价值，对于有效信息具有感知性，能准确表达信息需求，并且能恰当使用检索方法获取所需信息并能正确评价和有效使用。

3 研究生和本科生信息素养调查分析

笔者以信息素养5项基本标准为依据，从信息意识、信息知识、信息能力、信息道德几个方面，对北京理工大学在校研究生、本科生采用填写问卷、提问等方式进行了随机调查，调查对象涵盖不同年级和专业的学生。共计发出问卷220份，收回有效问卷205份，其中研究生98份，本科生107份。分类统计情况如下：

3.1 信息意识方面

调查显示，多数学生的信息意识较强，能够认识到信息素养对于学术研究具有重要意义并注意培养自身的信息意识。除参加有关信息培训方面比例稍低外，研究生的情况总体好于本科生。但在关注所学专业国外研究发展动态方面，研究生和本科生的比例均偏低，特别是研究生在此方面更应加强。如表2所示：

表2 信息意识有关题目的调查统计

比例(%) \ 题目 \ 学生	信息素养对于学术研究的重要性认识		在学习、科研中主动利用相关资源搜集所需信息		关注学科专业国外研究发展动态		参加图书馆相关资源培训	
	能够或一般能	有时或不能	能够或一般能	有时或不能	能够或一般能	有时或很少	能够或一般能	有时或很少
本科生	74	26	64	36	29	71	65	35
研究生	96	4	70	30	38	62	54	46

3.2 信息知识方面

调查显示，整体上研究生的信息知识略高于本科生，但存在的问题亦不容忽视。特别是在多途径获取信息方面，在进行专业学习和研究过程中过多依赖网络信息资源，忽略各种纸质、电子工具书及会议、专利、报告等资源的使用，对馆际互借、原文传递等方式了解不多；研究生盲目检索的现象比较突出，不了解根据研究阶段选择相关信息源，说明其信息知识还需加强如表3所示：

表3 信息知识有关题目的调查统计

比例(%) \ 题目 \ 学生	正确识别相关学科专业各种信息资源		掌握纸质资源、常用数据库等电子资源及图书分类、外文期刊的使用知识		相关专业的中文核心期刊认知		掌握不同学习、研究阶段信息源选择方法		掌握多途径信息获取方法	
	能够或一般能	有时或不能	能够或一般能	有时或不能	能够或一般能	有时或很少	能够或一般能	有时或不能	能够	有时或不能
本科生	63	37	69	31	65	35	23	77	21	79
研究生	76	24	64	36	74	26	28	72	22	78

3.3 信息能力方面

调查显示，多数学生具备一定的信息获取和利用能力，但同时也暴露出研究生在获取深层次文献信息、合理组织和运用有效信息并进行创新等方面，存在较明显的能力不足。其原因主要包括两方面：一是部分研究生在本科阶段没有系统学习过文献检索课程，缺乏专门的信息素养教育，导致信息能力不足；另一方面，本科阶段开展的信息素养教育不能适应研究性学习的需要，而研究生阶段又没有开设专门的课程，缺乏针对科研的信息素养教育。如表4所示：

表4 信息能力有关题目的调查统计

比例(%) 题目 学生	了解检索方法并使用检索策略获取文献信息		根据学习、科研要求调整信息检索策略		对获得的信息进行分析、整理、归纳		合理组织有效信息并应用到学习和研究中		运用所获取信息进行研究性学习并创新	
	了解或部分了解	不了解	能够或一般能	有时或很少	能够或一般能	有时或不能	能够或一般能	有时或不能	能够或一般能	有时或很少
本科生	65	35	64	36	67	33	61	39	42	58
研究生	84	16	69	31	71	29	50	50	44	56

3.4 信息道德状况

调查显示，研究生和本科生在自觉抵制有害信息的侵扰以及合理、合法、规范使用信息方面还需进一步加强。特别是在尊重知识产权及文献引用方面还较普遍地存在认识不清的问题，对研究生需从加强学术道德和学术规范角度加强教育引导。如表5所示：

表5 信息道德有关题目的调查统计

比例(%) 题目 学生	能够做到自觉抵制有害信息的侵扰		能够合理、合法、规范使用信息		尊重知识产权及严格按照引用标准标引		能够自觉清除垃圾信息	
	能够或一般能	有时或不能	能够或一般能	有时或不能	能够或一般能	有时或很少	能够或一般能	有时或不能
本科生	70	30	73	27	59	41	81	19
研究生	72	28	86	14	68	32	83	17

4 对策和建议

目前，国内高校特别是研究型大学一般对本科生的信息素养教育较为重视[5]，能够按照人才培养目标，围绕培养基本信息素质能力，把信息素养教育纳入课程体系和培养方案,开设文献检索课程,加强计算机网络信息检索培训,并积极创造条件,开展课外实践活动[6]。相比之下,对研究生的信息素养教育重视还不够,一般都没有将之纳入研究生培养方案,开设专门检索课程的高校也很少,研究生信息素养教育有待加强。

根据调查分析,笔者建议研究生信息素养教育要与本科生信息素养教育有机衔接。在本科生信息能力素质教育的基础上,结合研究生以科研为主的特点,侧重在科研方法、专业信息获取和评价、期刊评价、学术道德、学术规范等方面开展教育。

4.1 加强宣传培训

开展多种形式的宣传培训活动,介绍图书馆资源与服务。重点推介专业领域常用数据库、中外文核心期刊等,介绍原文传递、馆际互借等多途径获取文献的方法。完善图书馆网络信息平台,建立信息素养教育专题网页,丰富馆藏介绍、学术资源信息导航、电子期刊导航、培训课件等内容,做到及时更新,实现网上共享。

4.2 开设适应研究生需求的文献检索课程

按照培养目标,结合研究生在课题不同研究阶段的需求,确定教学大纲和内容。开发适合研究生使用的教材和电子课件,突出知识的利用与创新。坚持信息检索理论与实践相结合,改革教学手段和方法。结合专业和不同学习阶段嵌入相关科研实例,增强针对性,提高实用性。加强与导师合作,开展多形式、多层次教学,为学生提供实践空间[7-8]。采用定题检索、论文习作等形式进行课程考核,通过点评和交流等不断提高研究生信息素养,达到教学目的。

4.3 发挥导师的作用

导师是研究生培养的主要责任人。要充分发挥好导师言传身教的作用,在学习和研究中培养研究生的信息素养能力和技巧。通过研学结合,利用问题导向、过程导向、研究导向型学习,将信息素养教育融入到研究生培养的每一个环节,使学生在学科专业学习、研究的过程中逐步了解、熟悉和高效运用信息技能,在实践中提高信息素养能力。同时,导师要为人师表,培养学生遵守学术规范、树立良好的学术道德。

4.4 发挥学科馆员的作用

学科馆员具有一定的学科背景,同时受过文献情报专业训练,可配合导师,在研究生课题研究过程中跟踪指导,提高学生的信息素养能力。开题阶段,学科馆员可帮助学生确定检索的学科范围、信息源等,增加检索的准确性;通过查新,验证研究题目的新颖性;在不同研究阶段选取相关信息源,以了解和补充学科领域最新动态信息;学会使用数据库过滤、分析功能,高效筛选与课题密切相关信息。实验阶段的信息跟踪过程中,可辅以数据库的信息定制功能,提高科研效率[9];向学生推荐本学科领域核心期刊及高影响因子期刊,讲解科技论文撰写要求和投稿注意事项。还可配合导师与学生共同做好科研成果的总结和申报。

4.5 发挥图书馆的资源优势

图书馆是开展研究生信息素养教育的主要基地,要充分发挥资源优势,不断优化整合信息资源,开发特色服务,满足研究生信息需求。在继续强化印刷型文献资源建设的基础上,科学、合理地建设电子资源。将馆内文献资源进行深层次加工制作,建立适应研究生信息素养教育的数字化特色馆藏体系。开发与重组网络信息资源,选择重点学科、筛选有价值的网络信息,分门别类地加以组织整序,建立多个分布的学科信息资源门户网站,提供权威和可靠的学科信息导航[10]。在信息检索方面,加大各种异构数字资源的整合,建立方便实用的统一共享平台,满足学生简单、快捷的检索需求,最大限度地减少获取信息的难度,使研究生能够在庞大的网络信息资源面前迅速获得所需信息和服务。此外,要研发移动图书馆系统,使学生通过移动设备了解各种馆藏资源,享受各项服务,使信息素养教育潜移默化地渗透到各个环节之中。

5 结 论

信息素养教育是培养学生研究、分析、解决问题能力的重要途径,是培养创新意识、创新思维和创新能力的重要手段。通过调查分析研究生和本科生信息素养能力状况,比较两者教育现状,笔者认为非常有必要制定统一的研究生信息素养标准,采取多种措施,加强以科研为导向的信息素养教育,提高研究生信息素养能力水平。

参考文献:

[1] 娜日,吴晓伟,吕继红. 国内外信息素养标准研究现状与展望[J]. 图书情报工作,2010,54(3):32-35.

[2] 杜安平. 澳大利亚高校信息素养教育剖析[J]. 情报理论与实践,2008,31(4):637-640.

[3] 仇诚诚. 大学生信息素养及评估标准研究[J]. 图书情报论坛,2011(1-2):38-41.

[4] Information Literacy Competency Standards for Higher Education[EB/OL].[2012-10-18]. http://www.ala.org/acrl/standards/informationliteracycompetency.

[5] 张晓娟,张寒露,范玉珊,等.高校信息素养教育的基本模式及国内外实践研究[J].大学图书馆学报,2012(2):95-101.

[6] 杜红.论创新型人才培养中的信息素养教育[J].西南科技大学学报(哲学社会科学版),2012,29(1):94-96.

[7] 邓要武.加大培训力度 提高研究生文献资源利用水平[J].图书馆工作与研究,2009(1):63-67.

[8] 欧阳瑜玉.美国著名大学图书馆学科服务的特点[J].图书馆建设,2010(12):73-76.

[9] 欧阳铮铮,吴鸣,刘艳丽,等.嵌入中科院研究生学位论文研究过程的信息素养现状调查研究[J].图书情报工作,2011,55(13):10-15.

[10] 徐益,王晓阳.高校图书馆信息素养整合教育研究[J].图书馆,2012(1):116-117,127.

作者简介

杜红,北京理工大学图书馆助理馆员,E-mail:duhong@bit.edu.cn。

Library 2.0 的实践领域：信息素养教育和终身学习

束 漫

(华南师范大学经济与管理学院信息管理系 广州 510006)

摘 要 阐述信息素养是联合国教科文组织优先发展的目标之一，结合政府开展信息素养教育和全民积极终身学习的四个关键领域——学习和教育、卫生与社会服务、商业和经济发展、政府管理与公民权利，探讨 library 2.0 在其中的作用，认为 library 2.0 是开展信息素质教育和终身学习的新平台。

关键词 library 2.0 信息素养教育 终身学习

分类号 G250

图书馆 2.0 的原则是试图去打破障碍，例如时间和地点的障碍，固有做法的障碍，从而使得用户不论在何处，图书馆都能将信息送到他们手中。图书馆 2.0 是一个以用户为中心的范例，关注的是知识、经验、合作、新内容的创新和鼓舞人心[1]。联合国教科文组织认为公共图书馆是推动教育、文化和信息发展的巨大力量，也是通过人的心灵促进和平与追求精神幸福权力的关键要素。《公共图书馆宣言》（1994 年）把信息素养教育作为图书馆的使命之一。在信息技术飞速发展的当今，library 2.0 将会是信息素养教育和终身学习的新平台。

1 信息素养是联合国教科文组织优先发展的目标之一

联合国教科文组织致力于建设知识社会，在开发学习模式、促进文化发展、提升社会参与以及创造发展机遇的进程中，把信息素养当作一项核心任务。全民信息计划（IFAP，Information for All Program）是教科文组织对信息社会的挑战和机会的应对项目，创建于 2000 年，它是一个政府间的方案，世界各国政府承诺将利用信息时代的新机会，通过让民众更好地获取信息来创造一个公平的社会[2]。信息素养是数字时代的一项基本人权，它促进社会上所有国家相互包容和融合。信息素养的核心在于终身学习，允许各行各业的人们寻找、评估、利用和创造信息,有效实现个人、社会、职业和教育的目标。终身学习能使个人、公众、国家实现各自的目标,并利用不断变化的全球环境产生的新机遇共同获益。它帮助人们和他们的机构直面技术、经济和社会的挑战,以扬长避短[3]。

2 信息素养教育和积极终身学习的4个关键领域[3]

伍迪霍顿(Forest Woody Horton,Jr.)先生是美国资深的信息资源管理专家。他在编写的 Understanding Information Literacy: A Primer(《了解信息素养:入门指南》,2008年)中认为:学习和教育、卫生与社会服务、商业和经济发展、政府管理与公民权利这4个领域是政府开展信息素养教育和全民积极终身学习的关键领域。

2.1 学习和教育

学习,在过去往往被强调是要获得记忆性的科学、艺术、人文等课程内容。教育改革的理念在于学习和教育是为了获得生活实践的智慧,而不仅仅是理论。我们面临的挑战是,信息素养是否能解决长期以来学习的难题。信息素养几乎渗透到所有的学科,在正规和非正规教育环境中,应当有效地把信息素养教育融入到整个教育的过程中。信息素养教育的目标是既需要具备理论知识还要有实践能力,要有自觉意识到的信息需求和信息行为,还要有利用特定信息资源或者工具的实际操作能力。

为了在学习和教育领域实现最优的信息素养目标,有5个方面的做法:

2.1.1 教育者和持续的职业发展是培养信息素养、提高学习效果的关键

教育者要有一个培养方案,这些教育者包括教师、图书馆馆员、教员、父母、祖父母和凡是对信息素养和终身学习有影响的社区工作者。要把信息素养教育纳入教学计划的编写中去,并不断更新适合不同层次和地区的信息素养与终身学习的资料。还要改变一些教师和信息专家传统的看法,即只是把有迫切需要解决问题的人当作信息服务的用户,现在应该把每个平常的人当作信息素养教育的对象。

2.1.2 教育政策、教学实践的决策应该基于对信息素养、教育成效和学习成果之间关系研究的基础之上

国际或国家机构的有关信息素养发展水平的评估标准和指标要基于实证研究,鼓励不同国家的研究机构把信息素养水平纳入教育成果评估中。支持基金会、高校、国家研究机构、图书馆、国际合作社联盟与联合国教科文组

织研究组织等长期的研究方案，以揭示信息素养对学生学习、成人正规与非正规教育、社区设置和终身学习的长期影响。研究人员、教育机构、研究型机构要以各种形式提供信息来满足决策者和从业者解决问题的需要。以社区为基础的教育机构应该实施积极的教学方式，如由信息素养支持并能促进信息素养的基于问题的学习、服务式学习和建设性学习。

2.1.3 培养提问的习惯有利于信息素养目标的实现

适当改革教学以实现特殊群体的需要，如妇女、少数民族和其他有特殊需要的土著人、生活在边远和偏僻乡村的居民、囚犯和移民。评估这些教育实践对价值观水平提高的作用，如慷慨、分享，社会责任感，尊重他人，敬业和道德伦理等方面。在当地社区寻找服务式学习的机会，因为这可以帮助学生了解自己以及如何帮助其他人。

2.1.4 建设培育信息素养的教育环境

包括适当的基础设施、明智的领导、扶持政策、建设性的伙伴关系和学习文化，包括语言和文化的多样性。

协调不同的国家区域间的信息素养行动，并利用最佳的方案来进行。适当的基础设施包括图书馆、社区网络和信息通信技术支持。提高决策者对信息素养的正规和非正规教育的方法及重要性的认识。

2.1.5 把信息素养作为学生、教师和认证机构评估的一个重要的标准

把信息素养成果作为评价学生教育培训的重点评价标准，评估和认证的标准应与信息素养与学习成果相联系。

2.2 卫生与社会服务

获得健康信息的权利是一项人权。在提高生活质量成为普遍共识的环境下，所有公民都有权获得良好的保健和医疗。为保障这一权利，所有公民都有权获得有关自身健康、家庭健康和社区健康的相关信息。尤为重要的是要给母亲和儿童必要的保护。所有国家都应确保健康和医疗保健信息基础设施的发展和加强，包括提供课程、节目、出版物、网站、信息中心和干预措施，以加强所有公民的卫生信息素养。主要做法有以下几个方面。

2.2.1 针对一般公众的卫生信息素养教育

应该有针对性地关注青年人（校内和校外）、妇女、男人、老人、弱势群体（包括残疾人）、移民、失业者和那些有特殊需要的人，包括那些拥有危险的职业或在危险地段工作的普通民众的需要。每个国家应制定一系列课程，从学前班开始贯穿整个正规学校教育，让儿童和年轻人意识到他们生活的环

境和自己的行为、健康之间的关系，以鼓励和扶持他们为自己的健康和追求幸福而承担责任。必须建立或加强与现有网络的合作，特别是那些涉及保健信息发展和传播的网络。

2.2.2 针对病人及护理人员的卫生信息素养教育

应鼓励及允许病人和他们的护理人员提问（通常是家庭成员或其他社会成员，但并不绝对），使他们得以更透彻的明白，以便能够给予知情权。如果他们对临床协商或在治疗过程中有问题或疑虑，则要求提供详细联系方式以便跟踪服务。不仅应特别注意提供高质量的，以各种格式和媒介形式存在的易于理解的信息，而且要确保这些正在接受治疗的病人（及其照料者）可以对治疗的进展以及医生期望他们遵守的一些事情有充分的了解。

2.2.3 针对医疗保健从业者的卫生信息素养教育

应该认识到以证据为基础的医疗实践的日益重要性，那些负责设计和提供保健医生的初步培训的人，应在课程范围内，对信息素养的态度、专业知识和行为给予特殊的、明确的重视。所有国家，特别是享有国际和翻译机构援助的国家卫生部门和专业协会，应当确保已经在实践和适当的地方卫生信息素养中持续专业发展保持现行的可行性和评价，使之成为继续营业的前提。医疗、护理及专职医疗专业人员和辅助性专业人员应当接受训练，以改善他们的卫生信息素养以及在病人和社区方面的实践技能，并通过这来了解他们对患者的年龄、性别、教育程度、宗教信仰、种族和文化背景的敏感程度。

2.2.4 针对卫生部门官员和决策者的健康信息素养教育

负责健康管理员的教育和培训的人员应确保在基本和高级课程中包括一系列的健康信息素养技能。国家卫生当局连同有关专业协会应采取措施，以确保决策者和管理者都具备了适当的信息素养的相关技能，以便使他们能够提出高质量的、可行的决策，并在尊重临床医生、患者和广大公众的前提下灵活地履行职责。

2.2.5 针对从事推广健康信息素养的专家的建议

应当建立一个高质量的信息素养实践的中心数据库，供来自世界各地的从业人员使用。这样的信息素养实践可以包括课程和方案、文件和手册、网站和论坛、会议、地点和空间、奖项和荣誉以及工具和资源。列入最佳方案数据库的项目应该由一个国际编辑小组保证其质量；应与论坛和从业人员的专业协会相联接，同时建立一个专用基金以及愿意在合适的高级会议上致辞的专家名册，并提供资源，以支持其参加有关发展中国家和转型经济体的活动。应对不同种类的信息用户（如卫生专业人员或公众）寻求信息的做法进行研究，为信息素养干预措施的设计提供基础。

2.3 商业和经济发展

信息素养教育的第三个"关键领域"是企业和经济发展。在目前的全球化趋势下，经济的发展越来越依赖于劳动力对信息的利用和技能的学习。各国政府在带头提高信息素养的工作的同时，应努力与主要利益相关者建立战略性联盟，包括关键经济部门的商业界和消费者。被列为目标群体、机构的主要利益相关者包括政府、企业实体、教育机构、信息的生产者和供应商、贸易和商务机构、商会、行业协会和非政府组织。主要目标群体包括企业（中小型企业和大型企业）、公共管理部门以及特定目标群体，如失业者、妇女、初创企业、少数民族、移民和消费者。"更智慧地工作，而不是更努力地工作"，这句老话简明地概括出了 21 世纪劳动力的特点。在 19 世纪和 20 世纪的农业和工业革命中，战略性革命资源包括自然资源以及物质资源，而在 21 世纪，知识本身成为了战略性革命资源。我们现在正处于"信息革命"中。在办公室、工厂、实验室或者在家办公的每一个人（包括每一个儿童和成年人），无论是在学校，在工作或者处于其他社会环境中，无论处在生命的哪一个阶段，想要在这个竞争日益激烈的世界中胜出，就必须学会更巧妙地学习和工作。信息素养保证人们现在能够成为独立的学习者和有思辨能力的人。而当他们在一生中能够坚持做到这一点，他们便成为了终身学习者。国际和区域组织，如联合国教科文组织（UNESCO）、经合组织（OECO）、世界银行和国际货币基金组织（IMF）、区域银行、区域性政府间的政治组织，如美洲国家组织和同行在中东、非洲和亚洲/大洋洲，需要在其区域的所有国家实施教育改革，强调终身学习的重要性。具有信息素养教育的企业必须被定义为那些已经学会了如何组织和管理他们的数据、信息和知识流，以便其雇员、供应商、客户和合作伙伴可以很容易地意识到所有这些信息资产的存在，了解它们各自的储存和处理平台、格式和媒介、如何寻找和获取信息、如何检索以及如何使用它来完成企业的最低目标。政府应指定一个领导机构在信息素养和终身学习方案的影响上面牵头开发、部署和测量。牵头先锋机构应分别在国家、区域和国际层面上，协调建立一个资料库，这个资料库应包括最佳做法、专家、工具、相关的内容等。专门的组织机构应挖掘、培养和发展政府、工商企业和经济发展组织在这方面的拥护者，以便更好地采纳和宣传信息素养和终身学习的方案。信息素养与终身学习的倡议应制定在一个国家的全球信息社会的国家议程上，这个议程是为了改革和改进文化、科学、技术、创新与创造力的培养和促进经济与社会的发展等。商业和工业应通过更多地利用远程办公和选择远程办公来探索提供越来越多的机会和工作安排，他们也应运用信息素养的元素来建立特定的行业门户网站。

2.4 政府管理与公民权利

第四个也是最后的"关键领域"就是国家治理和公民。联合国教科文组织认为应该开展以下工作：敦促各国政府创建全国理事会，在省级和地方各级集思广益、汇集规划和促进国家信息文化的想法，并阐明这些想法如何使该国在全球信息化背景下，在国内外，成为一个极具竞争力的成员。敦促各国政府指定一个主导政府部门负责信息素养和终身学习的倡议、这个领域的规划、预算编制和执行，包括定期监测，同时要密切与教育、信息和通信技术、文化和其他有关部门（如当地的发展、商业、农业等）协商合作。敦促教育机构和信息机构，包括图书馆、档案馆和博物馆，建立有助于培养信息化公民的政策和方案，而且要特别关照那些处于不利地位的人们、少数民族及老年人。敦促工商业部门和工会为信息化工作制定相关准则。敦促各国政府针对失业和就业不足的情况，建立信息素养和终身学习政策和方案以提高就业能力和公民参与度。鼓励各国政府，使公共领域信息容易为所有公民取得，包括共享，并鼓励他们更广泛地参与公益和社会组织，共同参与规划公共领域信息的数字化和保护工作。敦促各国政府、教育机构、图书馆、博物馆和档案馆以及其他组织和机构为儿童、青年和成年人开发和传播公民教育方案，其中包括找出并确定如何在立法者和他们所服务的社会团体之间建立和保持更加透明与和谐的关系以及如何让公民更好的参与并在不同的阶段，给立法者就正在审议的、新的和修订的法律、法规和条例相关方面提供一些有用的建议和方案。敦促各国政府制定关于信息素养和终身学习的教育和培训方案以及关于移民人口的公民教育方案，因为他们希望保留而不是失去潜在的生产力移民人口。建立由国家或议会图书馆、信息和通信技术专家及政治学/公共管理专业人士组成的非正式工作组，探讨如何利用信息资源更有效率和更有效地为国家制定良好的法律与公共政策。鼓励各国政府增加他们自己地方（土著）的内容的知识创造，包括扩大用本地语言和方言撰写的知识出版量。

3 library 2.0 是开展信息素养教育和终身学习的新平台

3.1 个性服务改变传统学习和教育方式

library 2.0 是一个信息技术和服务理念结合的产物，用户参与是重点。而为了使用户成为有能力随时随地获取所需信息的人,信息素养教育非常必要。图书馆建立用户信息素养教育专栏,提供给用户"自由学习的课堂",利用可视化的互动的方式,进行信息素养教育,通过个性化定制服务为不同基础的用户提供针对性的教育。

据《公共图书馆资金与技术支持》的简要报告《美国公共图书馆支持教育和学习》的统计,大约83%的美国公共图书馆提供在线家庭作业的资源;73%的图书馆在其社区是唯一一个提供免费网络服务的地方;大约50%的青少年去图书馆上网,而超过了四分之三的家长利用图书馆支持孩子的教育;很多美国人认为,普遍利用公共图书馆计算机的原因在于满足教育的需求[4]。因此,公共图书馆是支持社区中每一个人的信息素养教育和终身学习的重要机构。它们可以利用其自身资源支持和提供各个层次的信息素养教育,提供丰富的资源和场所。

东莞图书馆的市民学习网的宗旨是创建终身学习的服务平台,营造人人学习的城市氛围,体现了library 2.0提供个性学习服务的特点。学习网具有教学管理功能,市民可以自主管理个人学习的信息[5]。这种图书馆学习网为信息素养教育提供了一个公益、开放、多媒体远程学习的平台。

3.2 随时随地提供卫生和健康信息

健康几乎是每个人都很关注的问题。近年来,由于非典、流感对全球民众的生命安全造成了一定的威胁,及时为用户提供特殊情况下的保护知识成为图书馆信息服务的重要内容。同时,随着亚健康人群的增多,日常保健信息的提供也应该是图书馆信息服务的组成部分。

通过图书馆的手机短信服务[6]方式,可以迅速及时地发布特殊疫情下的防治信息。建立互动的信息咨询平台,针对性地回答用户的日常保健咨询,建立卫生健康信息素养的课堂,以提高民众的卫生信息素养,提高民众的生活质量。

3.3 跨界合作参与商业和经济发展

企业等组织应该为各自的信息素养和终身学习的倡议制定一项战略计划、任务和远景,图书馆可以与它们密切协作。Library 2.0可以建立一个跨界合作的平台,一方面积极向企业和企业劳动者进行基本的信息素养教育;另一方面可以根据企业自身的特点,为企业和员工量身定做必要的企业信息素养教育培训课程和实践活动。

商业组织应当提高信息素养和终身学习的意识,建立一个保证其经营活动透明的环境,使企业文化通过现代信息手段在更大范围内得到有效的利用。

图书馆可以帮助企业与信息提供者和生产者之间建立一种合作关系,让企业支持信息素养和终身学习的项目,企业也可以通过信息素养的培训以提升竞争力,增加市场份额,增加国内外贸易以及国内外的直接投资。

3.4 免费开放共享政府信息的公开

公共图书馆的核心功能之一就是提供社会公众获取政府信息的法定通道。随着西方民主制度的发展和完善,政府信息是各级公共图书馆的主要馆藏内容之一,并设立专门的部门来管理和陈列政府信息。例如,澳大利亚建立了正式的政府文献供给项目,包括议会文献分发项目、澳大利亚统计局图书馆扩展计划和澳大利亚政府信息管理办公室图书馆免费分发项目等,这些政府信息分发项目确保了国家图书馆、州图书馆和经选择的公共图书馆和大学图书馆能够得到政府文献的复本,从而保证公众可以通过分布在不同地域的图书馆获得政府信息[7]。

我国国家图书馆建立的国内首个政府公开信息整合服务门户——"中国政府信息整合服务平台"已经于 2009 年 4 月 30 日正式开通,为公众提供查询服务[8]。把政府信息的提供和图书馆 2.0 有效地结合起来,可以更方便、更快捷地提供民众需要了解的政府公共信息,在一定程度上保障了公民的知情权。

4 结 语

信息素养是信息社会的基本人权,公共图书馆是属于全民的公共文化设施,同时 Library2.0 又是图书馆在信息社会借助于 web2.0 的新发展。Library2.0 这个新平台为信息素养教育和终身学习提供了更灵活、深入和持久的途径。

参考文献:

[1] 图书馆 2.0 工作室. 图书馆 2.0:升级你的服务. 北京:北京图书馆出版社,2008.

[2] [2009 – 06 – 26]. http://portal. unesco. org/ci/en/ev. php – URL_ID = 21290&URL_DO = DO_TOPIC&URL_SECTION = 201. html.

[3] Horton F W. Understanding information literacy: A primer. Poxis: UNESCO, 2008.

[4] [2009 – 07 – 02]. Education is job one for U. S. public libraries. http://www. ala. org/ala/aboutala/offices/ors/plftas/Issues_Briefs. cfm.

[5] [2009 – 07 – 12]. http://learning. dglib. cn.

[6] [2009 – 07 – 12]. http://eservice. digilib. sh. cn/wxtg/cellphone/816055. htm.

[7] Missingham R. Access to Australian government information: A decade of change 1997 –

2007, Government Information Quarterly 25 (2008) 25 - 37.

[8] [2009 - 07 - 12]. http://govinfo.nlc.gov.cn/.

作者简介

束　漫，女，1971年生，研究馆员，博士，发表论文40余篇。

E时代公民健康信息素养教育和服务研究

赵爱平[1] 贾曌[2]

(1. 忻州师范学院图书馆 忻州 034000；2. 山西医科大学护理学院 太原 030001)

摘 要 阐述信息素养的概念及其在医学领域的发展，分析加强健康信息素养教育的必要性，通过分析国内外健康信息素养理论与实践研究的现状，结合当前我国公众健康素养以及健康信息素养研究存在的问题，指出E时代健康信息素养教育的服务理念和服务对象、内容及措施，提出要学习和借鉴美国等发达国家在健康信息素养教育和公共卫生管理方面的先进理念、经验教训，突破基本健康知识与技能的局限，将健康信息素养注入到公众健康素养干预的研究之中，积极探索提高全民健康素养的新思路和新方法，提高全民健康素养水平。

关键词 E时代 健康 信息素养 教育 服务

分类号 G250

进入21世纪以来，电子化、数字化、网络化技术的不断发展将我们带入前所未有的E时代，而医学科学的长足进步使医学信息与知识暴增，人口与健康问题日益成为全球关注的焦点。美国等发达国家在公共卫生管理方面的先进思想、经验教训及发展趋势提示我们，公众的健康素养是一个非常值得关注的研究领域，开展对健康素养教育和服务的研究有助于提高公众预防保健的能力、降低住院率、减少医疗费用并增强个体的疾病自我管理能力。卫生部2009年12月公布的"首次中国居民健康素养调查结果"显示，我国居民具备健康素养的总体水平为6.48%，每100个人中只有不到7个人具备健康素养[1]，可见我国居民健康素养水平普遍偏低。提高全民健康素养，是促进群众健康的最具普惠性和最符合成本效益原则的预防措施，其中，提高患者和公众的健康信息素养更是对公共卫生领域的贡献。医学工作者和图书馆员应该承担起公众健康信息素养教育和服务的重任，积极探索提高全民健康素养的新思路和新方法。

1 信息素养的概念及其在医学领域的发展

1.1 信息素养概念的提出及其内涵

所谓素养（也叫素质），是指决定一个人行为习惯和思维方式的内在特质，从广义上讲可包括技能和知识。信息素养是从素养定义的广义上来讨论的。信息素养（information literacy）的概念最早由美国信息产业协会主席保罗·泽考斯基（Paul Zurkowski）在1974年提出，当时的定义为：人们解决问题时利用信息工具或主要信息源的技术与技能[2]。其内涵主要包括信息意识、信息知识和信息能力三个方面，即人们对信息进行识别、获取、处理、表达、利用、创新的知识和能力。

1.2 信息素养在医学领域的发展

健康素养目前最被广泛采纳的定义是：个人能够获取、理解和处理基本的健康信息与服务，并以此做出合理的健康决策的能力。它包含两个层面：一是知识层面，即基本的健康知识与技能；二是能力层面，即健康信息素养[3]。健康信息素养（health information literacy，HIL）来源于健康素养，是信息素养和健康素养两个概念的渗透和融合，并使得信息素养这一抽象概念在医学领域得到了实践[4]。巴德年指出，"未来的医学是指向健康的医学。我可以明确地讲，医学教育在不久的将来不仅是培养医生，还要培养健康设计师、健康指导师，这是所有国家必然的趋势[5]。"国外专家也指出，应该将"信息能力"注入到健康素养的研究中，在医学领域，医学从业人员将不仅仅依靠药物和技术，而且更加依赖知识和信息的更新来战胜疾病，信息素养应该是未来医学医疗实践中的必备技能。

2 加强公民健康信息素养教育的必要性

世界卫生组织（WHO）预言，信息是通往健康的必经之路。健康信息素养是人们参与民主社会、维护与增进健康的必要因素。2007年，中国公民科学素养调查显示，87.4%的公众对医学和健康信息感兴趣[6]，这说明中国公众有了防病保健的意识。遗憾的是，由于公众的健康信息素养缺失，导致出现了一系列公共卫生问题，如预防保健不到位、对自身健康状况知晓度低、疾病自我认识知识贫乏以及高住院率和高医疗费等，同时也导致盲信"神医"和社会上一些不科学的养生保健信息广为流传。2011年4月1日，日本地震引发的福岛核泄漏事故，使中国公众陷入了一场疯狂抢购碘盐的危机，有近六成的人参与了"抢盐事件"。这场危机暴露出的国民健康信息素养问题值得警醒。对此，北京大学社会学系教授夏学銮分析：从根本上讲，这与民众健康素养较低，缺乏基本的防病知识有很大关系。生活水平的提高和医药费用的昂贵促使中国公众渴望获得健康防病知识，但权威的、科学的、准确的信息途径还不通畅，因此有必要充分发挥大众媒体和医学专家以及图书馆员的作用，进一步促进健康教育的开展，有效地传播健康知识，提高公众辨别真伪信息的能力。提高公民健康信息素养虽已受到我国政府和有关部门的关注，但是还需要更加重视公民健康水平的改善和公众获取与理解信息的能力的培育和加强。

3 国内外健康信息素养教育的研究现状及存在的问题

3.1 研究现状

自2003年美国医学图书馆学会（MLA）提出健康信息素养概念以来，健康信息素养被高度关注并成为最近两年国外的一个研究热点。美国国立医学图书馆从20世纪90年代末就开始实现面向大众的健康信息服务的转型，并把它作为一个长期性重点目标。英国、加拿大、澳大利亚等国家也很重视公众的健康信息素养教育及其相关研究，特别是病人健康档案的建立和实践研究。根据布什总统在2004年国情咨文演讲中提出的"总统健康信息计划"，到2014年大多数美国人将拥有个人健康记录。加拿大各省也都致力于发展卫生信息网络，为全体加拿大人提供能够管理和存储他们的个人健康信息的空间。澳大利亚医疗机构和电信联手，也使澳大利亚医疗信息化走在了世界的前列。我国健康信息素养领域的研究还处于起步阶段，关于患者和公众的健康信息素养的课题研究尚不多见，2010年政府出台《中国公民健康素养促进行动工作方案（2008－2010年）》后学者才将研究视角扩大到公众健康素养领域。信息素养和专业素养已成为信息素养教育的大趋势，未来健康信息素养对健康素养的促进作用将越来越大，所以，我国公民的健康信息素养教育研究应引起高度关注。

3.2 存在的问题

世界卫生组织指出，无论是发达国家还是发展中国家，居民健康素养水平普遍偏低。可见，公众健康信息素养低下已成为国内外普遍存在的问题。近年来，美、英等国政府通过政策支持和一系列有效措施促进了公众健康素养的提高，但仍然面临着巨大的挑战。美国《健康国民2010》确定健康素养是疾病预防和健康促进中的一个优先领域，而大多数美国人不具备足够的健康信息素养以预防疾病，保护健康。在英国，超过一半的成年人的健康信息素养无法达到与其医生交流所需的水平,无法对不同来源的健康信息资源加以比较并作出正确的判断[7]。国外公众的健康信息素养教育主要由学术组织和政府机构实施干预,而我国政府主导的公众健康信息获取渠道却不够畅通和完善。2008年,我国教育部人文社会科学基金项目"医学生在线信息素养教育平台"课题组针对全国10所医学院校本科生信息素养能力和42家承担医学文献检索课的院校授课情况的调查显示,无论是医学生教育还是这些院校的文检课教学均存在问题,即对医学生的健康素养教育只局限在基本知识的介绍层面,忽视了对他们获取健康知识的技能的培养。其他高校文检课的教学内容则主要集中在大学生信息素养教育方面,没有涉及健康素养教育特别是健康信息能力培育。同时,公众的健康素养同等重要,健康信息素养教育的对象还应包括患者和公众,而图书馆员在这方面的作用应得到重视和充分发挥。

4　E时代关于公民健康信息素养教育和服务的思考

4.1　相关政策支持

积极的卫生政策毫无疑问地能够促进公众健康素养的提升。发达国家和地区越来越重视从政策上支持公众健康素养的培养。2000年7月,为了保证健康信息的可靠性,英国卫生部发布了国家卫生服务系统规划(National Health Service Plan,NHS Plan),其核心理念旨在为公众"提供健康信息服务,促使公众预防疾病和保持健康"[8]。2004年12月,英国卫生部又发布了"更好的信息,更好的选择,更好的健康"(better information, better choices, better health)(2005-2008)计划[9]。我国卫生部于2008年1月发布了第一份全面界定公民基本健康素养内容的政府文件——《中国公民健康素养——基本知识与技能(试行)》,并首次对中国居民健康素养状况进行了调查,但对公众理解、获取、互动、独立决策和评判等高层次健康信息素养和能力的培养有待进一步的政策支持和实践。因此,我国政府应该从思想上高度重视,宏观上系统规划,政策上积极引导,充分满足公众的健康信息需求。

4.2　"以人为本"、"预防重于治疗"的服务理念

世界卫生组织指出,必须对医学的目的作根本性调整:①把医学发展的战略优先从"以治愈疾病为目的的高技术追求"转向"预防疾病和损伤,维持和促进健康";②只有以"预防疾病,促进健康"为首要目的的医学才是供得起、可持续的医学,才有可能是公平和公正的医学[10]。公正、理性、人权、法制是公民社会的核心价值,每一个公民都应该拥有健康权、知情权和

参与权。首先，健康工作者作为公民社会的一份子，既要在其位，尽其责，还要"以人为本"，用户在哪里，服务就在哪里。其次，我们更应该强调"预防重于治疗"的理念，发展个体的能力，尊重个体的选择，促进公民关注和参与自身的健康管理，使人们认识到最好的医生是自己，最好的药物是时间，最好的保健是笑容，最好的预防是让疾病消除在萌芽状态。

4.3 健康信息素养教育和服务的对象、内容

健康信息素养教育和服务的对象包括：①面向医务人员、图书馆员和师生的教育。医学高校图书馆首先要面向医务人员、馆员及学校师生提供健康信息素养教育，只有他们的素养得到提升，才能在公众的健康信息素养教育方面发挥更广泛的作用。②面向患者与公众的教育。如果公众具备健康素养，就会提高对临床决策的参与度。德国联邦卫生部一项调查显示，如果公民在18岁以前已具备良好的健康素养，德国健康保险福利体制将可节省30%的开支。为此，德国健康教育机构想尽办法提高孩子的健康素养，例如，公立电视台必须保证播出一定比例的健康知识节目，以卡通动画的形式向孩子讲解各种健康知识，如人为什么感冒、癌细胞的秘密等[11]。发达国家的经验表明，健康教育一定要从娃娃抓起，健康信息素养教育和服务对象要从卫生保健提供者扩展至患者、家庭以及普通社区的每一位成员。

健康信息素养教育和服务应针对不同的对象提供不同的教育内容。对于普通的公众用户，可以提供查找资源的服务或建设用户学习平台，为其制定一系列公共卫生教育课程，从学前班开始贯穿整个学校教育，同时要特别关注到老人、弱势群体等有特殊需要的人[12]。而对于医务人员，要加强有关医疗实践和技能的培训，为其提供专业性强的全文服务，具体包括：①基本的健康信息知识、信息意识、信息道德；②各种医学信息资源和信息工具的特点和使用方法；③相关健康信息获取、利用和交流的能力；④健康信息资源管理及研究、评价能力；⑤计算机技术、互联网络的知识和相关技能。

4.4 健康信息素养教育和服务的措施

E时代，Web2.0技术日趋成熟，用户不仅可以利用其他媒体快速便捷地获取健康信息资源，而且能够实现健康信息的交流与互动。例如NHS热线互动就是英国数字电视上的一个健康信息服务互动板块[13]。根据医务人员和公众健康素养的程度可以采取不同的服务模式和措施：①增加对健康领域的资助和投资。例如，美国健康与人类服务部（HHS）2010年的年预算仅次于美国国防部，相当于美国政府年预算的四分之一。该费用主要用于健康信息技术、电子健康档案、医疗效果研究等方面，可见美国对促进国民健康的重视。

②开展包括对医务人员、图书馆员及公众的健康信息素养培训。如面向医务人员和图书馆员介绍医学前沿和文献传递相关知识以及数据库的使用方法等；面向公众举办"居民健康素养知识讲座"、"公民健康素养专题报告"和"健康素养有奖知识竞赛"，促进公民健康素养的提升。③开发健康信息资源网站，确保公众及时查找、获取和有效利用所需知识并能对网上信息进行鉴别和评价。例如，美国国立卫生研究院（NIH）国立医学图书馆开通的MedlinePlus是查找医学信息的权威网站之一；目前，我国的万方医学网也已逐步成为国内医学专业人士查阅医学文献资源的首选和必查网站；同济医学院医药卫生管理学院张士靖老师带领课题组开发了医学生在线信息素养教育网站（http://lib.tjmu.edu.cn/tsgweb1/Article/Article_Show.asp?ArticleID=423），是医学生获取健康信息和参与课程学习的重要平台[14]。④充分发挥医学图书馆员的作用，加强健康教育者与公众、医务人员和患者的双向交流。如利用健康信息与服务网络交流平台，为医务人员提供临床信息咨询服务，为患者特别是困难地区人员和特殊群体提供针对性服务。⑤建立患者健康电子档案，鼓励公众参与治疗决策和健康自我管理。只有公众积极地参与和互动，才能促进整个社会健康信息素养教育的良性发展。

5 未来设想

5.1 国家和政府层面

我国的医疗体制改革应把关注民生、提高居民的健康生活水平作为重要的战略目标。政府部门要明确自身在公众健康方面的主导作用，重视相关政策的制定和提供资金支持，加大对公众健康信息素养研究的投入，优先保障公共卫生基础设施和基本医疗服务到位，保证健康信息传播渠道畅通，促进健康素养水平的提高。同时，还要鼓励和引导企业等社会力量参与到健康信息服务领域。日本、英国等发达国家正逐渐进入老龄化社会，我国也将面临着同样的问题，今后老年人的健康信息素养问题尤其不容忽视。因此，公众健康信息素养教育不但要进医院、进学校、进社区、进家庭，还要进幼儿园和养老院。

5.2 医疗机构和图书馆层面

随着循证医学的发展，公众对临床决策的参与度越来越高。所以，医疗机构要积极营造健康2.0环境，重视健康信息素养教育和培训，与医学院校合作开展个性化服务，提高医疗卫生专业人员的健康素养水平，确保建立一支有能力的公共卫生和医疗保健工作队伍。医学图书馆要主动参与公众健康素养促进项目,提供优质的健康信息资源,搭建健康信息资源服务平台,建立专门的健康科学图书馆,设立公众健康图书馆员,负责公众的健康信息服务,开展多种形式的健康知识普及活动。图书馆员则要提高对职业的认可度,充当健康信息素养教育者的角色,定位自己的服务人群和特色,参与提升公众健康素养的课程培训,让公众尽可能成为现代社会的"健康人。"

5.3 医务人员和公众个人层面

医务人员首先要不断更新医学知识,提升人文素养,接受健康素养、通俗语言和文化适应能力的培训,担负起教育者的职责;其次要有向公众解释重要健康信息,确保信息被充分理解的能力;同时还要有高度的责任心,具备健全的体魄、健康的心态和饱满的精神状态,积极参与到公众健康信息素养的教育和培训活动当中,并运用受众能理解的语言和术语与患者交流,引导人们养成健康的行为习惯和生活方式。公众和医务人员享有同等获取健康信息的权利,每一位公民都会遇到生理、心理和环境等问题,健康教育工作者要认识到这些问题的危害性,积极对患者进行心理疏导,使之通过提高健康素养维护其自身的健康,并能有效利用公共卫生与医疗保健服务,为自己的健康负起责任[15]。

参考文献:

[1] 卫生部公布首次中国居民健康素养调查报告[EB/OL].[2009-12-18]. http://61.49.18.65/publicfiles/business/htmlfiles/mohfybjysqwss/s3590/200912/45121.

[2] 朱蓓.试论信息时代图书情报人员的信息素养[J].中华医学图书情报杂志,2005(2):22-23.

[3] 万方医学网率先关注"健康信息素养"[EB/OL].[2010-04-14]. http://news.xinhuanet.com/tech/2010-04/14/content_13354766.htm.

[4] 杜建,张士靖.医学领域信息素养的发展及其标准化评估实践研究综述[J].图书情报工作,2010,54(6):48-51.

[5] 巴德年.我的医学教育观[N/OL].上海交大报,2010-07-19(3).

[6] 调查:我国居民获取健康信息技能普遍较低[EB/OL].[2010-04-14]. http://medicine.people.com.cn/GB/11366565.html.

[7] 刘小利,张秀梅,李婧,等.国外公众健康信息素养运动的发展及启示[J].数字图书馆论坛,2011(2):12-16.

[8] Department of Health. The NHS Constitution [OL].[2011-10-09]. http://www.dh.gov.uk/en/Publicationsandstatistics/Publications/PublicationsPolicyAndGuidance/DH_4002960.

[9] Department of Health. Better information, better choices, better health: Putting information at the centre of health[OL].[2011-10-09]. http://www.dh.gov.uk/en/Publication-

sandstatistics/Publications/PublicationsPolicyAndGuidance/DH_4098576.

[10] 黄新平. 解决全球性医疗危机须对医学的目的作根本性调整[OL]. [2009-11-18]. http://www.chinavalue.net/Group/Topic/29941/.

[11] 谁来提升居民健康素养[N]. 当代健康报,2011-02-24(23).

[12] 束漫. Library 2.0 的实践领域:信息素养教育和终身学习[J]. 图书情报工作,2010,54(3):36-39.

[13] 张士靖,刘小利,张秀梅,等. 数字知识环境下的健康信息素养教育和健康信息服务——医学图书馆员的新使命[J]. 数字图书馆论坛,2011(2):7-10.

[14] 医学生在线信息素养教育网站开通[EB/OL]. [2010-12-06]. http://lib.tjmu.edu.cn/tsgweb1/Article/Article_Show.asp?ArticleID=423.

[15] 张士靖,周彦霞. 医学图书馆服务的典范——美国 NN/LM 的服务及其启示[J]. 图书馆建设,2008(2):105-109.

作者简介

赵爱平,女,1965 年生,副研究馆员,发表论文 10 余篇。

贾　瑩,女,1990 年生,本科生。

论国民信息安全素养的培养

罗 力

(上海社会科学院信息研究所 上海 200235)

摘 要 对信息安全、信息安全意识、信息素养和信息安全素养进行剖析，发现目前信息素养教育仅重在信息能力的培养，而忽视信息安全素养教育。认为信息安全素养应该包括信息安全意识、信息安全知识、信息安全能力、信息伦理道德等内容。指出国民信息安全素养低下的主要原因，提出有效提升国民信息安全素养的4种途径：推进信息安全法规建设，注重多层次培养体系建设，加强师资队伍、教学资源开发，发挥各类组织优势。

关键词 信息安全 信息安全素养 信息素养 信息安全意识

分类号 G350

信息资源在国家政治、经济、军事以及社会生活中扮演着越来越重要的角色，谁能够及时掌握丰富的信息资源，谁就能占据优势地位。然而，每个硬币都有其两面性，作为信息资源获取的重要平台的互联网也不例外。人类也遭遇到了互联网给国家政治、经济、军事以及文化等领域带来的信息安全问题。信息安全问题不仅仅是一个技术问题，也是一个社会问题。中国互联网络信息中心与国家互联网应急中心在2010年3月联合发布的《2009年中国网民网络信息安全状况调查报告》显示，国内半数网民在2009年曾遭遇网络安全事件，网络下载和浏览成为病毒和木马传播的主要渠道；网民对网络的安全感降低，提供网上个人信息比以往更加慎重；半数网民无法区分各类安全软件的异同；近2 100万网民缺乏密码设置方面的保护意识；近五成的网民不重视网上安全公告，极易引发网络安全事故。该报告侧重解读了2009年网民安全防护软件使用情况、网民遭遇网络信息安全事件情况及网民安全防范意识等[1]。北京谷安天下科技有限公司发布的《2010企业员工信息安全意识调查报告》显示，42.8%的受访者认为个人信息安全意识不足是最大的信息安全隐患，然后依次是缺少安全制度或现有制度未落实、投入或人员不足或缺乏信息安全培训、安全产品功能不足和其他。报告进一步显示，中国企业员工普遍缺乏信息安全意识[2]。另外在 RSA2011 信息安全大会上，不少信息安全专家都认为，众多缺乏安全意识的员工，正在成为黑客突破企业安全防护时最大也最难修补的漏洞[2]。

1 信息安全的概念和内涵

信息安全是一个既古老又年轻的话题，其涵盖的范围很大，大到国家政治军事科技等机密安全，小到如防范企业商业机密被窃取、个人信息泄露等。信息时代的到来更加凸显了信息安全的重要性和紧迫性。目前一般从狭义和广义两个方面来理解信息安全。狭义的信息安全是指信息本身的安全问题，包括信息的保密性、完整性、可用性、可控性及可靠性 5 个方面：保密性是指确保信息仅为那些被授权者获取使用；完整性是指保证信息不被删除、修改、伪造、乱序等，以确保其完整准确；可用性是指保证被授权者可以按需获取使用信息；可控性是指信息和信息系统处于安全监控管理状态；可靠性是指信息系统在规定条件下完成特定功能的概率。广义的信息安全是指社会信息化状态和信息技术体系不受外来威胁和侵害，以此来维持国家政治、军事、经济、文化等系统正常运行的状态。广义的信息安全包括政治信息安全、经济信息安全、科技信息安全、军事信息安全、文化信息安全、生态信息安全、公共信息安全等部分[3]。在不同的历史时期，国家安全有着不同的关注重心。信息化大背景下，信息安全已成为国家安全的一个重要要素，与其他安全要素之间的联系更为密切，已上升成为直接影响国家政治稳定、社会安定的战略性地位。

信息安全的主要威胁有以下 5 种：①计算机病毒，这是一种专门用来破坏计算机正常工作的能够自我复制的特殊程序，是目前人们公认的攻击和破坏计算机软件与数据的最有效工具，是信息安全的主要威胁。②网络入侵，主要是指黑客依靠其高超的电脑技术非法访问对方的电脑内部信息，以达到其不可告人的目的。③信息霸权，主要指互联网一方面加速了各种文化的传播和融合，另一方面也使一个国家的文化受到冲击，人们的价值观和生活方式在各种网络信息的影响下会发生改变。美国经常借助其强大的信息优势向发展中国家推行文化霸权主义。④信息泄露，主要指各种 Web2.0 网站鼓励用户上传和完善个人信息，几乎无限制地发布各种信息，但用户信息保护、信任机制建设相当滞后，相关网站可能为了商业利益出卖用户信息，而有关敌对国家和情报机构通过网络可以获取大量信息用于后续分析。⑤信息的社会化传播。谣言引发的信息安全问题古已有之，但基于互联网的高效社会化网络为谣言的迅速传播提供了便利条件，也为敌对国家、情报机构、恐怖组织、别有用心的各方操纵和制造社会舆论,引发社会危机创造了条件[4-6]。

2 信息安全意识和信息安全素养辨析

在辩证唯物主义看来,意识是社会人对客观存在的主观反映,其具有感觉、知觉、表象等感性形式,也具有判断、推理、分析等理性形式。物质对意识有着决定作用,意识对物质能动产生反作用。信息安全意识具有丰富的内涵:一方面是个体对信息安全问题的全面反映,包括感性认识和理性认识。感性认识层面是指对信息安全问题的基本态度和信息安全现状的情感体验;理性认识层面则是指对信息安全问题的认知,包括对信息安全的重要性、内涵、威胁来源、实现途径等方面的认知。另一方面是关心和维护信息安全的意识取向,具体表现为忧患意识、防范意识、责任意识、保密意识等。

"素养"在《辞海》中的解释为经常修习的涵养,也指平日的修养,如艺术素养,文学素养等。素养的形成有一个程度变化的过程,即从低到高逐步发展的过程。与信息有关的素养讨论源于信息素养。此概念最早是由美国信息产业协会主席保罗·泽考斯基(Paul Zurkowski)于1974年提出的,他认为,所有经过训练并在工作中能善于运用信息资源的人被称为具有信息素养的人,信息素养就是利用多种信息工具及主要信息资源来解答问题的技术和技能[7]。美国国家信息素养论坛在1990年的年度报告中指出[8],信息素养是了解自己的信息需求、承认准确和完整的信息是制定明智决策的基础、能在信息需求的基础上系统阐述问题、具有识别潜在信息源的能力、能制定成功的检索策略并能检索信息源、具有评价信息的能力、能为实际应用而对信息进行组织、具有将新信息结合到现存知识体系的能力、能批判地利用信息并解决问题的能力。国内有学者认为信息素养包括信息意识、信息知识、信息能力和信息道德4个方面,其中信息意识指的是个体对待信息的认识、思想、态度、观念的总和;信息知识是个体具有有关信息本质、特性、信息运动规律、信息系统的构成及原则、信息技术、信息方法等方面的基本知识;信息能力是个体对信息系统的使用以及获取、分析、加工、评价信息并创造新信息、传递信息的能力;信息道德则是在整个信息活动中,用以调节信息创造者、信息服务者、信息使用者之间相互关系的行为规范、社会准则和社会风尚的总和[9]。从国内外有关信息素养的论述来看,主要侧重于如何获取和利用信息来解决问题,而忽视了当前信息安全形势严峻背景下如何有效防护各种信息安全威胁的讨论,而这可由信息素养概念引申为信息安全素养。信息安全素养理应在信息素养的概念体系中占据重要位置。国内明确提出信息安全素养并进行深入分析的较为少见,截至2011年10月,笔者在中国知网、万方数据库和百度搜索引擎检索"信息安全素养"的论文,发现题名包含"信息安全素养"的只有3篇,分别是刘枫的《大学生信息安全素养分析与形成》、王厚奎等人的《从高校网络信息安全谈提升高校教师网络信息安全素养》和鲁亚华的《网络信息安全素养形成的课程化实践》。而以"信息安全意识"进行检索的结果稍多,但题名包含"信息安全意识"的也不多,理论研究成果更少。这和目前国内外信息安全研究的火热现状不相符合。以"信息安全"作为题名在中国知网中检索获得13 859篇相关研究成果,而"信息安全意识"和"信息安全素养"的检索结果共为21篇,前后对比非常鲜明,反映了学术界对从技术层面解决信息安全问题投入较多精力,重技术轻管理的现象比较严重,而尚未真正重视信息安全意识和信息安全素养的研究和培养工作。

目前有关信息安全素养的定义主要源自信息素养,指人们在信息化条件下对信息安全的认识以及对信息安全表现的各种综合能力,包括信息安全意识、信息安全知识、信息安全能力、信息伦理道德等内容[10],该定义对信息安全素养的论述较为笼统,不够具体。信息安全意识的内涵较为狭窄。虽然信息安全意识包含关心和维护信息安全的意识取向,但尚未包含各项行动的实施环节。而信息安全素养的内涵更为丰富,包括后续各种防护能力、信息安全伦理道德和法律法规知识等环节。

3 国民信息安全素养低下的原因分析

3.1 信息安全素养培养主体不够重视

一方面,长期的和平淡化了人们对于信息安全风险的防范意识,保密意识缺乏,认为当前没有秘密需要保守,随意在网络上发布和转发各种信息,无意间泄露有关科技、金融、贸易甚至是军事和政治机密。另有一些人崇洋媚外心理作怪,可能主动给他人送上各种信息;另一方面,很多人会认为信息安全是保卫部门或保密人员、技术人员的事,与自己无关。有些人对国家安全的认识还停留在军事实力上,缺乏对信息安全在国家安全中重要地位的认识,缺乏对"非传统安全"、"综合安全"的认识。

3.2 信息安全素养培养内容和培养形式有待完善

目前我国从事信息安全工作的人员比较少,很多都是从网络管理人员通过自学或短期培训后从事该方面工作的,这极大地制约了信息安全素养培养内容的完善,使得培养内容大多停留在传统保密安全的内容和信息安全技术理论方面的内容,比如军事安全、主权安全、反间谍、黑客攻防、密码学理论等，具体实例也大都是情报、间谍、网络黑客之类，切实贴近人们日常生活的信息安全案例较少，让非信息安全专业的人能够接受的内容更少。这可能更加剧了人们认为是否具有信息安全意识并不重要，信息安全和自身的责任、义务联系不上，信息安全与当前经济安全、文化安全、科技安全等其他非传统安全没有关系。同时，有关培养形式单一枯燥，仅限于有关文件和法规的说教与宣传，这只会让人们认为信息安全意识和素养的普及教育是一种单纯的课堂知识传授和宣传，只是和防火、防盗一样重要的安全教育，由此产生反感和排斥心理，降低预期培养效果[11]。

3.3 各级、各类组织的作用有待进一步发挥

各级、各类党政机关、企事业单位、高校和其他组织并没有充分参与到信息安全素养培养中来。比如有些高校尚未认识到信息安全素养培养的重要性，或者认为信息安全素养培养只是计算机专业和信息安全专业教师的任务，其他学科的教师难以发挥作用，且主要对象只是计算机相关专业的学生。很多高校尚未开设与信息安全素养有关的课程。在新生军训期间，有些院校只进行军事训练和组织纪律训练，缺乏对大学生进行信息安全素养方面的教育，没有让学生一进校门就认识到信息安全的重要性。各级党团组织和协会的力量没有充分发挥出来，较少聘请相关职业部门对从业人员进行培训，让从业人员认清各行业的特殊性、组织性、纪律性和行业的保密要求以及信息安全在该行业中出现过的问题、危害等。

4 提升国民信息安全素养的有效途径

国民信息安全素养培养，应结合信息安全教育的特殊性，以广大国民为培养教育对象，以信息安全知识教育、信息安全素养培养为内容，以各种新的教育理念和教育方法为手段，充分发挥各级、各类组织的优势和作用，最大限度地提升国民的信息安全素养。国民信息安全素养培养主要依靠健全的国家法律保障、良好社会氛围的熏陶以及各级学校和机构教育功能的发挥：国家的法律保障是前提，只有有法可依，才有可能得到更多的重视，才能促进信息安全教育的正规化建设；良好社会氛围是天然的催化剂，一个人人关注信息安全、人人思考信息安全的社会，一定会对这个社会中的人们起到潜移默化的引导作用；学校和其他机构教育功能的充分发挥是关键，通过课堂可以对学生进行系统的信息安全教育，以便他们形成科学合理的信息安全意识，在遭遇各种信息安全威胁时，能够顺利予以化解。具体来说，主要有以下4个方面：

4.1 推进信息安全法规建设，依法加强信息安全管理

近年来，世界上一些发达国家相继出台了一系列有关信息安全的法律法规，比如美国的《联邦信息安全管理法案》、《联邦电子通信隐私权法》，欧盟的《打击电脑犯罪国际公约》，日本的《个人信息保护法》等。我国也适时出台了一些法律，如《国家安全法》、《保守国家秘密法（修订）》、《中华人民共和国计算机信息系统安全保护条例》、《计算机病毒防治管理办法》、《信息安全等级保护管理办法》等，但与信息安全总体建设的要求还有不小差距。因此，应加快信息安全调研工作，抓紧制定完善信息安全工作条例和相关技术性法规，尽快出台《国家信息安全法》或《信息安全条例》，依法加强信息安全管理，提高国民信息安全素养[11-12]。

4.2 建立多层次的国民信息安全素养培养体系

信息安全教育作为一种特殊教育内容，应该从政府层面进行大力倡导和支持，充分发挥各类媒体的宣传作用，尤其是网站和论坛的作用，进行全民宣传教育，使信息安全观念牢牢扎根于人们的大脑。把个人、企业、国家机关、事业单位等都纳入到信息安全素养教育的范围，并开发出有针对性和衔接性的培养计划。其中针对个人，应注重信息安全风险识别能力、信息安全常识和信息安全基本防护能力锻炼；针对国家机关、企事业单位人员，应重点学习法律法规、职业道德、信息安全案例和防护技术，提高信息安全综合素养。特别需要指出的是，要将信息安全教育纳入各级党校、行政学院等干部培训的体系中去，提升广大干部的信息安全素养，提高他们在日常工作中对信息安全工作的重视程度，以便今后推动各类信息安全教育工作[13]。

4.3 加强信息安全素养教育的师资队伍、教学资源开发

在当前背景下，教育工作者自身素质必须要与时俱进。各类教育机构的教师，首先需要系统学习信息安全理论，了解新形势下信息安全的内容和特点。在掌握相关理论和技术的基础上，搜集、梳理相关案例，组织编写教材，做到理论讲解与具体案例相结合，充分发挥教师的主导作用和引导作用。教学资源建设是提升国民信息安全素养的现实保障。教学资源包括开设的各类信息安全课程，且要将这些课程与信息安全素养培养结合起来。目前，北京大学、清华大学、武汉大学等院校都相继设立了信息安全专业的硕士和博士点，并出版了各种相关书籍。武汉大学已从2005年开始在全校陆续开设了4门通识选修课，用于培养大学生的信息安全意识和提高他们基本的信息安全防护能力[14]。

4.4 充分发挥党团、协会等各类组织优势,做好全民信息安全素养教育工作

各级党委、团委要从思想上高度重视信息安全工作,把信息安全素养教育和思想政治教育活动相结合,把信息安全素养培养工作贯穿党员的组织生活过程,组织起各种形式的信息安全教育活动。同时利用党委的权威性,不定期邀请国家信息安全部门、高等院校等相关人员结合自身工作经历,对党员进行信息安全教育。同时,还要发挥各种协会在信息安全普及工作中的作用,比如中国计算机协会计算机安全专业委员会积极参与国家信息安全的战略政策、法律法规、标准规范的研究与制定,积极开展信息安全领域的学术交流、技术研究、人才培训等活动[15]。

5 结 语

信息安全已成为信息时代国家总体安全的基石,中国共产党第十六届四中全会已将信息安全列入国家安全的四大重要组成部分之一。信息安全是当下中国必须认真严肃面对的一个重大问题,如果处理不慎,将严重威胁我国经济安全乃至国家安全。当前那些由最先进的信息安全设备组成的铜墙铁壁由于"人"的缺位很可能不堪一击。全社会应该充分认识到国民信息安全素养教育的重要性和必要性,尽快将国民信息安全素养教育纳入全民素质教育培养体系,同时从各个方面改善信息安全人才的培养环境,培养高层次的信息安全人才,维护国家的信息安全。

参考文献:

[1] 2009 年中国网民网络信息安全状况系列报告[EB/OL]. [2011 - 10 - 18]. http://www.cnnic.cn/html/Dir/2010/03/30/5805.htm.

[2] 国内首份员工信息安全意识调查报告问世[EB/OL]. [2011 - 10 - 23]. http://www.enet.com.cn/article/2010/0915/A20100915729062.shtml.

[3] 张静. 国家安全中的信息安全研究[D]. 西安:电子科技大学,2005:3 - 4.

[4] 王强. 论信息安全在国家安全中的战略地位[D]. 济南:山东师范大学,2006:6 - 12.

[5] 吴佑昕,吴波,张明. 社会化网络隐患对国家信息安全的影响[J]. 当代传播,2010(1):75 - 76.

[6] 吴佑昕,吴波. Web2.0 背景下国家新信息安全问题及对策[J]. 西南民族大学学报,2009(7):151 - 154.

[7] 周健,张静波. 高校信息素养教学模式探讨[J]. 情报杂志,2006,25(10):133 - 135.

[8] 张精理,赵民君,刘小谦,等. 我国信息素质教育现状分析[J]. 情报探索,2011(9):54

-56.
[9] 李国红. 加强信息素养培养的教学实践研究[D]. 长春:东北师范大学,2009.
[10] 刘枫. 大学生信息安全素养分析与形成[J]. 计算机教育,2010(21):77-80.
[11] 季德源,路声杰,姜春义. 关于增强公民信息安全意识的几点看法[J]. 国防,2008(2):54-55.
[12] 左晓. 信息安全立法工作的回顾与思考[J]. 电子政务,2010(7):40-43.
[13] 曹逸川,李韶杰,柳向楠,等. 国外高校信息安全教育现状及研究[J]. 图书情报工作网刊,2010(10):1-4.
[14] 彭国军,黎晓方,张焕国,等. 信息安全意识培养应纳入大学生素质教育培养体系[J]. 计算机教育,2008(31):44-45,31.
[15] 肖红光,谭作文,周亚卉. 论大学生信息安全意识教育[J]. 当代教育理论与实践,2009(8):29-31.

作者简介

罗力,男,1982年生,助理研究员,博士,发表论文20余篇。

"七商"与图书馆员素养提升

赵爱平　陈恒玉

(忻州师范学院图书馆　忻州　034000)

摘　要　介绍"七商"(德商、职商、智商、情商、逆商、心商、健商)的概念并分析其与馆员素养提升的关系，指出现代图书馆对馆员素质的基本要求，探究通过提升"七商"来提升馆员素养的途径，以期为图书馆员提高自身素养以及图书馆在弘扬图书馆精神、促进馆员恪守职业道德、提高文化业务素养、保持身心健康发展等方面提供借鉴。

关键词　七商　图书馆员　素养　提升
分类号　G250

印度著名图书馆学家阮冈纳赞说："不管图书馆坐落在什么地方，开馆时间和设备怎样，也不管图书馆的方法怎样，一个图书馆成败的关键还是在于图书馆工作者"[1]。美国图书馆界也曾有这样的说法：在图书馆发挥的作用中，图书馆的建筑物占5%，信息资料占20%，而图书馆员占75%[2]。由此可见，图书馆员的素质直接影响着图书馆的办馆水平和读者服务的质量。2007年，图书馆员就已入选成为美国25个热门职业之一[3]。而我国由于图书馆职业地位和入职门槛偏低，图书馆员素质普遍不受重视。近年，图书馆界多有关于馆员信息素质教育的探讨，但鲜见对馆员综合素养方面的研究。所以，关注和探究图书馆员综合素养的提升是关系到馆员能否发挥主导作用和图书馆事业兴衰的大事，而将德商、职商、智商、情商、逆商、心商、健商(简称"七商")与图书馆员素养提升结合起来进行研究，探讨现代图书馆对馆员素质的要求以及馆员素养的提升途径，对图书馆在提高管理水平、服务质量和促进馆员恪守职业道德，提高文化业务素养，保持身心健康发展等方面都具有重要的意义。

1　"七商"的概念及其与馆员素质提升的关系

关于"七商"，不同的人有不同的诠释和理解。本文所指"七商"即德商、职商、智商、情商、逆商、心商、健商，其概念及提出者的具体情况见表1。

表1 "七商"的概念及提出者

七商	概念	提出者
德商（moral intelligence quotient，简称MQ）	一种精神、智力上的能力，它决定我们如何将人类普遍适用的一些原则（正直、责任感、同情心和宽恕）运用到我们个人的价值观、目标和行动中去[4]	美国学者道格·莱尼克（Doug Lennick）和弗雷德·基尔（Fred Kiel）于2005年提出
职商（career quotient，简称CQ）	全称职业智商，包含判断能力、精神气质、积极态度的综合智慧，它关乎自我与工作、现状与发展的契合度[5]	Blair Aolsin 2002年6月在美国《商业周刊》首次提出
智商（intelligence quotient，简称IQ）	是人们认识客观世界，改造世界的各种能力的总和。包括观察力、想象力、思维力、记忆力、分析判断力和应变力等基本要素，其中以思维力为核心[6]	德国心理学家威廉·斯特恩在20世纪初提出
情商（emotional intelligence quotient，简称EQ）	是指一个人控制情绪，管理情绪的能力。主要包含5种能力：认知自身情绪能力、妥善管理情绪能力、自我激励能力、认知他人情绪能力以及人际关系管理能力[7]	美国的彼得·沙洛维教授和约翰·梅耶教授首次提出。丹尼尔·戈尔曼1995年《情绪智商》一书中扩展其内涵
逆商（adversity quotient 简称AQ，）	全称逆境商数，一般被译为挫折商或逆境商。是指人们面对逆境时的反应方式，即面对挫折、摆脱困境和超越困难的能力[8]	美国职业培训师保罗·斯托茨1997年提出
心商（mental intelligence quotient，简称MQ）	是维护心理健康、调适心理压力、保持良好心理状态和活力的能力[9]	中国学者赵中川在其著作《心商人生》中提出
健商（health quotient，简称HQ）	是指一个人运用自己的智力保持健康的能力。它包括5个要素：自我照顾、健康知识、生活方式、健康心理和生活技能[10]	加拿大医学专家谢华真教授提出

馆员素质的提升与自身的德商、职商、智商、情商、逆商、心商、健商的高低存在着很大关系，而且起着至关重要的作用。借鉴赵中川先生的比喻，将"七商"的关系形象地比喻为参天大树，那么，"七商"之树应该是一个

整体，枝枝相连、根根维系。德商和心商是根，职商是茎，智商是干，情商是叶，逆商是枝，健商是果。有高尚的道德情操和健康的体魄和心理素质，才能根深叶茂，结出甜美的果实；有良好的职业素养、人际沟通能力和足够的抗压能力，才能经得起风吹雨打，使自己变得更强大。"七商"不是相互对立的，而是互相独立、相辅相成的。"七商"的完美结合，不仅是馆员素质的升华，也是馆员完美人格在图书馆的具体体现。

2 现代图书馆对馆员素质的基本要求

程焕文老师将图书馆精神阐释为两个层次：一是图书馆之职业精神；二是图书馆之事业精神（即爱国、爱家、爱馆、爱人）。职业精神是基础，事业精神是升华[11]。信息时代，用户在变，技术在变，对图书馆员的要求也在变。现代图书馆对馆员在职业道德、文化业务、沟通交流、抗压能力、身心健康等方面都提出了较高的要求。所以，馆员要具备适应这些变化的能力，成为高"七商"素质的人。

2.1 职业道德

现代社会要求每一位从业人员都具有良好的职业道德。在美国，大多数的图书馆员是因为喜欢为他人服务而从事图书馆职业的，所以他们会保持高度的工作热情。图书馆职业是高尚的职业，要求以敬业的心态、助人为乐的朴素精神和甘为人梯的奉献精神来对待这份职业。正直诚信、忠于职守、助人为乐、以身作则是每一位图书馆员应有的品质。如果做到尊重、宽容、平和、礼貌、幽默、诚实、负责，就会成为大众心中"有知识的（knowledgeable）"、"乐于助人的（helpful）"、"友好的（friendly）"、"专业的（professional）"的图书馆员。

2.2 文化业务

提高馆员的业务素质是图书馆发展的需要，也是开展高质量信息服务和馆员实现自我价值的要求。国外图书馆事业的进步与优秀的职业团队密不可分，每个想成为图书馆员的人，都必须具备很高程度的专业知识和专业经验，这是进入图书馆工作的前提和基础。现代图书馆要求馆员有跨学科的文化业务素养和开放型的知识结构：①掌握多学科知识。如图书馆学、教育学、信息学、管理学、法学及边缘学科等知识，具备信息意识和捕捉、鉴别、处理信息的能力。②掌握外语知识。数字化网络时代，网上绝大多数是外文信息，英文占绝对主导地位，馆员需具备较高的外语水平才能为读者提供更全面、更深层次的服务。③掌握计算机网络知识。现代图书馆以数字资源为主体，以网络技术为基础,无论是图书编目、数据录入、网络检索、网页制作还是多媒体服务,都离不开计算机和网络知识。

2.3 人际沟通

国际图联和联合国科教文组织的《公共图书馆宣言》中指出:"每一个人都有平等享受公共图书馆服务的权利,而不受年龄、种族、性别、宗教信仰、语言或社会地位的限制"[12]。这是馆员与读者人际沟通的基本准则。心理学家威廉·詹姆士说:"人类本性上最深的企图之一是期望被钦佩、赞美、尊重"[13]。可见,被赞美和尊重是每个人所渴望的,而真诚赞美别人也是自己进步的开端。无论是馆员还是读者,首先是理解别人,其次要有能力让别人理解自己。图书馆工作的核心是读者服务,要求馆员在与读者的交流中互相尊重,平等待人,文明礼貌,谈吐得体;馆员与馆员在工作中要真诚友善,理解宽容,团结协作,互相促进。

2.4 抗压能力

数字化、信息化和技术化推动了图书馆的现代化,web 2.0 时代的图书馆员不仅要承受来自社会、单位、家庭和自身的各种压力,而且图书馆职业的特点决定了馆员必须忍耐重复、单调、繁琐等事务性工作和来自不同读者的各种声音,这就要求馆员在工作和生活中遇到困难、挫折时,要正确认识逆境,冷静分析原因,提高应对能力。逆水可以行舟。退中求进、顺势而为也不失为一种有效的抗压方法。身处逆境时,保持积极、平稳、健康的心态大有裨益。只有高逆商的人才能在困境中看到希望,他们会将挫折当作挑战,沉着应对,愈挫愈勇,化逆境为顺境。

2.5 心理健康

当今社会发展和科技的进步使得竞争日趋激烈,图书馆的工作内容和方式发生了深刻的变革,健康的心理已成为新时期图书馆员必备的素质。目前在职的图书馆员"职业高原"现象严重,对工作缺乏激情,消极思想日益蔓延。馆员在工作调整、新型技术以及馆员沟通等方面同样面临心理压力。健康的心理表现为人在处理各种关系时能够冷静、适度、变通、融洽,不仅善于"息事"而且善于"宁人"。馆员要想胜任图书馆工作,就要努力做到自尊自爱,情感细腻,淡泊名利,知足乐观,使自己成为高心商的人。

3 通过提升"七商"提高馆员素养的途径

3.1 通过提升德商提高馆员道德素养

德商是指一个人的道德人格品质,即品德和修养。为人正直、善良、诚恳，拥有责任心、进取心、事业心，是人们共同的生活和行为准则。古人曰：士有百行，以德为先。图书馆员的亲和力、意志力、诚实性和责任感等良好品性是通过读者服务工作体现出来的。图书馆要加强文化建设和制度建设，制定"馆训"、"馆规"来引导和规范馆员的行为。同时还要重视馆员品德的考核，提升馆员的道德标准。作为馆员，首先要做好一个读者，做好一个人，才能成为一个合格的图书馆员；其次要树立正确的世界观、人生观和价值观，始终保持一种积极、乐观、向上的心态，以饱满的热情充实自己的心灵，将"用户至上"、"读者第一"的服务理念融入自己的工作中，为从事并献身于图书馆事业而自豪。

3.2 通过提升职商提高馆员职业素养

职业素养是人类在社会活动中需要遵守的行为规范，职业素养量化而成"职商"。其内涵主要有4个方面：职业道德、职业形象、职业态度、职业技能。这些都是可以通过学习、培训获得和改善的。馆员要从以下几方面提升职业素养：①明确定位自己的职业。要知道知识自由、平等获取是我们这个职业的最终目的。为读者提供周到、细致、耐心、专业的服务是馆员的职责和义务。"爱岗敬业"需要艰辛的付出，而"在岗乐业"才是更高境界，应当成为图书馆员不懈的追求。②重视职业生涯规划，确定可行的奋斗目标。馆员根据自己的爱好、能力、理想和岗位要求规划职业生涯和目标，实现目标的过程本身就是提高自身素养的过程。所以，职业生涯规划是激励馆员不断提高自身素质的重要举措。图书馆也要从几方面促进馆员职业竞争力的提升：①积极争取政府对图书馆的重视和支持，加大对图书馆的投入力度。只有图书馆的社会地位和馆员的待遇提高了，才能吸引更多优秀的人才加入到图书馆员的队伍中。②建立激励机制，激发馆员的工作热情，培养职业自豪感。馆员对所从事的图书馆工作有了幸福感、荣誉感和责任感，才会主动更新知识、提升技能，以良好形象服务育人。

3.3 通过提升智商提高馆员的文化业务素养

智商可通俗地理解为智力，是人们认识与改造客观世界的各种能力的总和。苏轼说"智足以周知"。学习和研究是我们锻炼脑力、提高记忆力、观察力、想象力、思维力、分析判断力和应变力的最佳途径。著名图书馆学家谢拉曾说过："最精锐或最有实力的馆员，是那些带着广博知识或某一门专业知识背景而进入图书馆行业的人"[14]。图书馆是知识和信息的集散地，馆员则是连接图书馆与读者的桥梁和纽带，图书馆要为馆员提供更多的学习和进修机会，组织各种知识和技能竞赛，促进馆员知识和能力提到更高层次。馆员则要通过在职培训、函授和业余教育、自修和科研等方式进行继续教育,不断更新、充实相关学科专业知识,提高思维力和想象力;细心体察读者需求,挖掘自身潜能,掌握计算机和网络技术,加强网络信息的分析和判断力,以馆员独特的学科性、系统性、条理性为读者提供深层次的信息检索、课题查新、专业导航等服务。

3.4 通过提升情商提高馆员的情绪管理能力

情商是近年来心理学家提出的与智力和智商相对应的概念。情商素养被视为现代人综合素质重要组成因素之一。美国哈佛大学心理学教授丹尼尔·戈尔曼认为:"EQ 是人类最重要的生存能力",一个人如果不具备情感能力,缺乏自我意识,不能处理悲伤情绪,没有同情心,不知道怎样跟人和谐相处,即使再聪明,也不会有大的发展[15]。高情商(EQ)的人能够准确地把握情绪,恰当地表达情感,适当地评估情感后果,有意识管理情感并在消极情感状态下放松自己。馆员情商的高低决定着图书馆服务工作的成败。图书馆员应该重视情商的培养,把情商当作一门人生必修课,不仅要做好工作本身,而且要懂得处理与自己、与别人、与环境等各种关系:①建立良好的人际关系,首先要具备认知自身情绪的能力和妥善管理情绪的能力,处理好和自己的关系。人要有锐气,但是,运用锐气也要有智慧,要把锐气藏在胸中。如果眼中只有自己,唯我独尊,那么别人就会拒你于千里之外。②要有认知他人情绪的能力以及人际关系管理能力,处理好和别人的关系。馆员在为读者服务时要和气浮于脸,和气能使人更容易接纳你,为你打开更大的空间[16]。③要处理好与环境的关系。图书馆要努力营造良好的工作和学习环境。馆领导要尊重馆员的人格,关心馆员的生活,构建和谐图书馆。馆员也要善于处理在不同环境下的各种关系,使读者在民主、和谐、健康、愉悦的氛围里工作和学习。

3.5 通过提升逆商提高馆员抗压能力

大量资料显示,人生的成就不仅取决于人的智商、情商,也在一定程度上取决于人的逆商。在我国,图书馆员的职业地位和工作压力使馆员更多地表现出低价值感、低创造性、低待遇感而鲜有工作成就感。为此,很多馆员产生职业倦怠。图书馆员要学会用"塞翁失马,安知祸福"的辩证观点分析和看待顺境与逆境,不仅要懂得顺势而为,还要学会逆水行舟,退中求进。具体可从以下几方面提升逆商:①客观分析原因,正确认识逆境。面对逆境挫折时,要冷静处置,如果是内在主观因素,就要主动调适,不可过度自责,自暴自弃;如果由于外部因素,就要积极行动,排除干扰。②激发内在潜能,提高应对能力。图书馆管理者要保持良好的情绪面对上级主管,同时还要变权性管理为柔性管理,关注馆员的情绪状态,对于在工作和生活中遇到困难的馆员要尽力帮助,为其排忧解难,助其摆脱逆境。馆员要树立信心,自我鞭策,自觉抗压,应对逆境。③加强沟通交流,设法获得外援。图书馆领导和馆员之间,馆员与馆员以及读者之间都要主动沟通交流,积极寻求帮助,经受住逆境的考验。

3.6 通过提升心商提高馆员心理素质

心商的高低,直接决定了人生过程的苦乐,主宰人生命运的成功与否。心商已成为考核高素质人才的一个重要指标。现代图书馆员的心理素质也成为图书馆服务水平的决定因素之一。图书馆的服务理念是"用户至上"、"读者就是上帝",馆员在为读者服务过程中除了繁重的体力劳动,必须要承受各种读者的"情绪消费"。在我国,图书馆历来就是老弱病残的安置所,图书馆的行业尊严和图书馆员的人格尊严都得不到应有的尊重,馆员的自卑、无奈和厌倦心理日益严重。为此,关注图书馆员心理健康刻不容缓。图书馆管理者要了解馆员的心理需求,努力为馆员营造民主、和谐的人际环境,搭建馆内交流沟通平台,开辟"馆员之家",对馆员进行情感激励,使他们正确认识自我,自觉发掘潜力,更新知识结构,提高工作技能。只有意志力强、情绪平稳、能愉悦工作的心理健康的馆员才能为读者提供完善的服务。因此,馆员要加强心理学知识的学习和实践,掌握基本的心理调适方法,克服消极心理,及时地消除心理疲劳,保持健康的心理状态。

3.7 通过提升健商提高馆员健康素养

健商也是一个人的重要特征之一。健商不是先天决定的,教育、认识和毅力都可以提高一个人的健商。"健商"不高就会导致各种疾病的发生,可以说,"健商"直接影响人的健康,决定人的生活质量。健康的身体是每一个馆员更好地生活、工作和学习的基础。首先,馆员要避免情感、心理对健康和工作的影响,工作时要保持乐观开朗的积极态度,要真正认识到健康来自每一天良好的生活习惯和良好的心理素质,更要靠自己做主。其次,要避免生存环境和生活方式对健康的影响。当前中国居民健康素养普遍偏低,每100个人中只有不到7个人具备健康素养[17]。所以,图书馆要重视馆员的健康投资,关心馆员的身体素质和健康素养的提升,为每一个馆员定期体检并建立健康档案,组织开展多种形式的健身活动,如定时做工间操、组织各种体育比赛等。馆员要学习和掌握健康知识,拥有健康心理、正确的生活方式和自我照顾等技能,并主动充当读者的健康设计师、健康指导师,在健康信息教育和服务中发挥积极作用。

4 结 语

"图书馆是一个生长着的有机体"[18]，社会进步和科技发展对图书馆员提出了更多、更高的要求。未来的图书馆员将朝着"多面手"的方向发展[19]，成为信息专家、知识咨询师、网络导航员，在图书馆事业创新和发展中担当重任。加拿大培森国际教育集团总裁李亚光曾说："人生处处需经营，这七商又岂止是在职场上不可或缺，在人生的舞台上想要辉煌灿烂也是必不可少的"[20]。李女士所指的七商（即德、智、情、胆、财、政、营）是从商业视角来解读的，而笔者所指"德、职、智、情、逆、心、健"是从图书馆员职业和自身素养提升的角度进行阐述。阿根廷著名诗人博尔赫斯有诗句说："如果有天堂，天堂应该是图书馆的模样"。图书馆只有以人为本，重视馆员"七商"的培养，才能实现把图书馆打造成为读者的天堂的理想；馆员也只有不断加强自身综合素养的提升和完善，使自己成为具有图书馆职业要求的现代意识、良好修养、心智健康和较高科学文化的高"七商"素质的图书馆员，才能以知识造福社会，把图书馆事业不断推向前进。

参考文献：

[1] 郭立民. 建立现代化图书馆人本管理运行机制[EB/OL]. [2007-04-14]. http://blog.sina.com.cn/s/blog_4cb79fe3010009ka.html.

[2] 卜世波. 高校图书馆员心理问题成因分析及对策研究[J]. 当代图书馆, 2008(3): 24-25, 28.

[3] 水石. 美国2007年25个热门职业[EB/OL]. [2007-10-16]. http://blog.sina.com.cn/s/blog_47f49f3301000aer.html.

[4] 德商[EB/OL]. [2011-03-18]. http://baike.baidu.com/view/285594.htm.

[5] 盘和林[M]. 职商. 北京: 东方出版社, 2006.

[6] 智商[EB/OL]. [2011-07-21]. http://baike.baidu.com/view/2640.htm.

[7] 沈玲. 论图书馆员的情商教育[J]. 图书馆学刊, 2002(1): 41-43.

[8] 逆商[EB/OL]. [2010-12-26]. http://baike.baidu.com/view/592124.htm.

[9] 赵中川. 心商人生[M]. 上海: 百家出版社, 2001.

[10] 健商[EB/OL]. [2010-12-22]. http://baike.baidu.com/view/894474.htm.

[11] 程焕文, 周旭毓. 图书馆精神——体系结构与基本内容[J]. 图书馆, 2005(2): 3-9.

[12] 教科文组织. 公共图书馆宣言[J]. 图书馆学刊, 1996(6): 41-45.

[13] 易玮. 试论馆员与读者的人际沟通准则及艺术[J]. 农业图书情报学刊, 2006(6): 80-83.

[14] 黄学风. 浅谈图书馆人文精神的弘扬[J]. 科技情报开发与经济,2008,18(13):35 -36.
[15] 王宇. 哈佛最重要的情商课[M]. 武汉:华中科技大学出版社,2011.
[16] 严介和新论语[EB/OL]. [2010-04-18]. http://web.ht-ceo.com/details/index.php/news/2010-04/305/.
[17] 卫生部公布首次中国居民健康素养调查报告[EB/OL]. [2009-12-18]. http://61.49.18.65/publicfiles/business/htmlfiles/mohfybjysqwss/s3590/200912/45121.
[18] 阮冈纳赞. 图书馆学五定律[M]. 夏云,杨起全,王先林,等译. 北京:书目文献出版社,1988.
[19] 曹娟,刘永胜. 未来10年高校图书馆员发展趋势探析[J]. 图书馆建设,2011(1):102-104.
[20] 海归创业三大关键词[EB/OL]. [2008-08-25]. http://content.chinahr.com/jobs_test/test_news/Article(52310)ArticleInfo.view.

作者简介

赵爱平,女,1965年生,副研究馆员,期刊部主任,发表论文10余篇;陈恒玉,男,1957年生,副研究馆员,馆长,发表论文10余篇。

通识教育视野下的本科生信息素养教学改革

王宇芳　李晓玲　符礼平　许美荣

(复旦大学图书馆　上海 200032)

摘　要　信息素养课程是本科生通识教育的重要载体，从通识教育的视角提出信息素养通识教育课的理念，设计以科研选题为基点，以学术探究进程为线索的教学内容体系，并根据复旦大学信息素养通识核心课程的教学实践，进行教学效果分析，总结值得进一步思考的问题。

关键词　信息素养课程　文献检索　通识教育　科研选题　学术探究

分类号　G252

近年来，通识教育在中国各大高校受到高度重视，纷纷建立了通识教育课程体系，旨在培养具备远大眼光、通融识见，善于独立思考、探究和解决问题，能够主动、有效地参与社会公共事务，具有博雅精神、优美情感的负责任公民[1]。信息素养课程的性质与通识教育的理念、目标有着先天的契合，它在帮助学生获取通识性知识，培养科学思维方式，提高交流合作能力，树立正确信息道德观上发挥着重要作用，也是提高学生学术及人文修养，开展通识教育的重要载体。

基于这种认识，笔者所在的复旦大学图书馆2009年申请了《信息素养与科学发现》通识教育课程，且被列为核心课程。课程从通识的视角重组了教学内容体系，以科研选题为基点，让学生初步体验学术探究，在培养学生信息素养的同时，融入通识教育的理念和目标，并在两年的实践中不断加以完善。

1　信息素养通识教育核心课的理念

我们传统的文检课是面对大二、大三的学生，而信息素养通识课面向的是大一新生，在学生的需求、学生的基础知识、专业上都与传统文检课有较大差异。课程既要符合学生特点，体现通识的目标，还要适应当前泛在知识环境对课程的情境感知性、引导性、和实用性要求[2]。因此，首先要在课程理念上找准契合点。

1.1 开展学术探究，激发求知渴望

对新生而言，既没有写学位论文的需要，也没有科研课题要做，很少有明确的信息需求。因此，激发学习动力是课程首先要解决的问题，不仅是对信息素养的学习动力，还要唤起他们对其他学科的兴趣，激发探究知识的渴望。通识教育要培养厚德博学的人，"发自内心的强烈求知欲"是必备的基本品质[3]，唯有具备这种态度的人才能不断向更高、更新的知识领域迈进，这是通识教育的目标之一，也是本课程基本理念。

课程首先指导学生如何选择感兴趣的学术研究课题，挖掘有价值的研究点来确定选题。由于新生的专业起点较低，所以对选题创新性要求并不高，注重让学生通过对未知领域的探究，初步把握课题发展方向和前沿。学生带着自选课题完成学习，围绕自选课题撰写信息调研综合报告，带着问题去学习，既可激发学生求知的渴望，又可在学术探究中掌握信息获取、分析的方法，提升了学习主动性和学习效果。

1.2 善于发现问题，体验科研思维

通识教育要"使学生对身边变化做出批判性和建设性的回应"[4]，就必须培养学生用科学的思维方式，独立思考，发现问题。本课程以对未知领域的学术探究进程为线索，在指导学生选择和调整课题的同时，教授学术文献的阅读分析方法，引导他们寻找研究热点、学科交叉点、研究空白点，借鉴研究方法、研究思路，学会质疑和争鸣，最终确定自己的选题并把握课题的现状与发展方向。这一过程贯穿着科研的基本思维方式，而学会科学的思维，要比获取知识本身更为重要，学生也可从中体验到学术的魅力，这对激发科研兴趣，提升本科生学术能力有重要意义。

1.3 掌握检索思维，学会触类旁通

在学术探究中，信息检索能力至关重要。然而，如何使学生在独立面对千变万化的课题需求时自如应变，一直是文检课面临的难题。破解的关键在于让学生掌握检索的思维方式，从原理上把握检索的思路和规则，并能贯通地加以运用，而不是就事论事地讲解如何使用数据库。检索的过程充满思维的发散性和逻辑性，因此课程立足从课题检索实践出发，总结检索的规律和思路，并引导学生用检索特有的思维方式，综合利用各种信息工具进行自选

课题的检索,从而实现融会贯通、灵活运用课堂所学。

1.4 通融学科专业,开阔研究视野

通识教育要使学生能自主地跨学科获取通识性知识,"打通"多学科领域间的知识信息通道①,自主学习能力的培养不可或缺。本课程让学生在课题探究中,了解知识是如何组织的,知道如何寻找、利用信息以便从中学习,掌握科学的求知方法。课程中不少学生选择的是非本专业课题,在跨专业地获取知识的同时,掌握了不同学科信息获取的方法。具备这种能力后,他们能更加自主地获取各学科的知识,构建合理的知识结构,能用开阔的、跨学科的视野收集资料、思考问题,实现不同学科的相互通融,从而拥有更大的自我发展潜力。

1.5 培养交流合作能力与社会责任感

全球化和跨学科合作是当前学术研究的趋势,通识教育培养的学生应当具备尊重、坦诚、公正的交流合作能力,在各种社会活动中不仅要对伦理道德进行思考,并要作出智慧的判断和道德的抉择②,这是社会责任感的体现。信息素养通识课让学生在信息查询中学习合理合法地使用数据库,在学术见解的表述中学习信息引用规范和学术规范,并以各种形式的讨论来加强学生间的交流与探讨,在网上论坛的交流中学习网络信息行为的道德和规范,实现在学术探究进程中强化学生信息道德意识,培养其社会责任感的目标。

2 以选题为基点的学术探究课程体系

课程体系的设计,既要实现课程的理念,又要从新生的实际能力出发,激发学习兴趣,这必须有一个较好的教学切入点,科研选题正是比较符合要求的教学基点,为此我们设计了以选题为基点的学术探究课程体系,如表1所示:

---

① 娄延常.大学通识教育若干问题的新视角.复旦通识教育,2010,4(1):18-24.
② 杨玉良.复旦当今该如何培养人才?——谈谈通识教育.复旦通识教育,2010,4(1):1-17.

表1 以选题为基点的学术探究课程体系

课程结构		学术探究目标	信息素养教学要点	学时
导论与基础		1. 认识科学研究与信息素养 2. 检索的基本原理	1. 科研的过程及各阶段的信息需求 2. 信息素养概述、信息合理合法使用 3. 信息类型、检索基本术语	4
学术探究进程	初选研究领域	1. 概览学科分支（例：内分泌-胰岛疾病） 2. 寻找交叉领域（例：眼耳鼻喉科） 3. 选择研究分支（例：糖尿病视网膜病变）	1. 学科分类体系与导航 2. 结果分析-学科分组 3. 综述检索Ⅰ（分类导航+"进展"等关键词检索、逻辑算符） 4. 综述阅读Ⅰ（概览：寻找兴趣、评估能力）	4
	寻找选题切入点	1. 全面检索相关综述 2. 把握研究背景信息 3. 了解研究热点、新兴研究点、可拓展领域、空白点 4. 研究价值分析 5. 调整、明确选题（例：抗氧化物酶在糖尿病视网膜病变中的作用） 6. 了解术语，检索词确定	1. 综述检索Ⅱ（自由词、规范词等主题语言检索、检索限定等） 2. Web、电子书、事实及数值检索 3. 结果分析-关键词、基金、作者、机构分组 4. 基金项目网站查询 5. 引文分析报告 6. 综述阅读Ⅱ（精读：课题的研究历程、体系框架、趋势、问题、术语等） 7. 文献与知识管理	10
	课题信息全面调研	1. 全面、深度掌握课题的研究资料 2. 归纳研究成果、思路方法等 3. 知道如何规范表述见解 4. 完成自选课题的信息调研报告	1. 检索策略（检索途径、语言、算符、技术巩固与提高、检全/检准调整） 2. 会议、学位论文、标准等检索 3. 引文检索（经典文献、先驱与继承） 4. 核心信息源跟踪（核心期刊、核心网站、核心作者、核心机构） 5. 学术与写作规范	16

　　该体系以学术探究进程为线索，引领学生对感兴趣的研究领域进行学术探究，围绕学术探究各阶段的不同目标，由浅入深地开展信息素养的教学，使学生能贯通地灵活运用各种信息技能，完成对未知学术领域的知识探究，在培养信息素养的同时，提升其学术素养，与我校开发本科生学术潜质的目标相呼应，为他们二、三年级参加学校的本科生学术研究项目打下基础。

3 以选题为基点的学术探究课程体系的特点

在该课程体系中,信息素养不再仅仅是工具,更多地融入了通识性知识获取、思维方式训练、独立思考能力等通识性人才的培养目标。在课程中,信息素养犹如"随风潜入夜,润物细无声"的春雨,让学生在学术探究的进程中体验其不可或缺的重要性和魅力。

3.1 深入指导选题思路与方法

课程从科研的第一步——选题开始,用较多的课时深入讲解基于文献的科研选题思路和方法,分为"初选研究领域"、"寻找选题切入点"两个模块(见表1),指导学生先从较宽的领域了解研究概况、背景,再寻找有价值的切入点,逐步细化、明朗选题。之所以用"选题"作为课程教学的基点,因为选题不仅可以让学生由浅入深、从面到点了解课题领域的专业知识,更可以紧密结合检索技术、文献分析的教学,循序渐进地导入信息检索与分析的思路和方法。通过这两个阶段的教学,可以让学生明确地意识到选题阶段的信息需求,以及对应的文献调研方法,并为全面调研阶段的高级技巧学习做铺垫。

3.2 化整为零,循序渐进

课程以自选课题的学术探究进程为线索,把整套的检索技术和分析方法,按学术探究的需求,化整为零,分解在探究的各阶段,分层次地、由浅入深地导入。在初选研究领域时只介绍学科分类导航、简单的语词检索、结果的学科分组,这些技巧足以用来确定感兴趣的学科分支。进入细化选题切入点的阶段时,再进一步导入较复杂的检索和分析方法。到课题信息全面调研阶段则综合归纳检索策略,进行巩固与提高。这种方法改变了以前在导论课后集中用几个课时把所有运算符、检索途径、检索词选择等作为检索基础一次讲完,再逐一讲解每个数据来实践的传统教学法,有利于学生逐步消化吸收,牢固掌握基本原理及应变。

3.3 在学术探究中应用与贯通

课程体系以用为核心,并非就事论事地独立讲解每个数据库的使用,而是强调在学术探究的各阶段,怎样综合运用文献检索与分析技巧,既做到循序渐进,又融入发散性教学模式[5]。让学生不仅知道如何查信息源,更要掌握不同阶段用什么数据库查,用什么方法查更适合,怎么分析文献来实现各阶段的探究目标,把各类信息的查找关联起来,便于学生融会贯通。比如,在寻找选题切入点阶段,课题背景知识查找时,不仅讲综述查找,还包括电子书、Web、事实数值数据库中如何查背景知识，把各类型资源贯通起来。又如，在课题全面调研阶段，讲解检索词选择的高级技巧时，把独秀、电子书、搜索引擎、结果分组、规范词表、文献分析等各种可用的途径都归纳在一起，教授如何挖掘隐含检索词，既总结了方法规律，又能帮助学生巩固、贯通所学知识，提高检索技巧。

3.4 注重信息评鉴与知识发现

根据已有的调查显示，71.0%的学生对信息准确性判断标准主要依靠自身经验判断[6]，因此，传授信息鉴别与知识发现的方法是本课程的重要内容之一。

在本课程体系中，选题与信息调研过程始终伴随着对研究热点、新兴研究点、可拓展领域、空白点的挖掘和判断，这就是一个对信息进行分析、鉴别的过程，信息评鉴方法的教学就自然地在各阶段中逐步展开。课程把数据库的结果分析功能、引文分析功能、核心信息源跟踪、文献阅读分析四部分相结合来实现这一目标。

在初选课题阶段讲解检索结果学科分组这一简单的分析方法，以选定学科分支；阅读则注重综述结构的了解和内容概览，以帮助学生寻找兴趣，评估自身研究能力。在细化选题切入点阶段，讲解按关键词、基金等其他方式聚类分析检索结果，并结合基金网站、引文分析报告等深层次的分析方法，来寻找研究的拓展方向和切入点，分析研究价值；在阅读上则指导精读综述，了解研究的历史沿革、体系框架、趋势、存在问题，乃至概念术语的含义、不同表述及相关概念等。通过这两个阶段的训练，让学生对选题进行综合的评析，最终选定既有研究价值，又力所能及的科研选题。而在全面调研阶段，则进一步结合核心期刊、核心网站、核心作者、核心机构的跟踪，以及重要学者、经典文献的挖掘分析，来综合归纳课题的发展方向。

3.5 促进反思式学习，推进知识内化

在学习过程中，要求学生随时反思对比自己所用的方法及效果，及时记录选题及信息调研中遇到的问题、解决的方法、不同方法的优劣等，并在期末报告中专列了一个大题，要求对选题及调研中的反思过程及体会进行总结，作为考核内容之一。通过这种有意识的反思总结，可以巩固所学，加深了解和应变，推进知识内化。

4 信息素养通识教育教学效果分析

4.1 学生对课程的评价

2007年以来我校新开选修课数量增长迅速，本科招生数却以每年2.78%的速度递减，而本课程的选修人数不降反升，经过三个学期教学实践和改进，选修的同学由最初的22名激增到65名，很多学生经学长推荐后来选课。2010-2011学年第一学期末校教务处"网上教学评教系统"的匿名评教结果显示，65名学生对教学质量的综合评分为4.84分（满分5分）。我们对首期22名选修学生的问卷调查显示：

- 86.36%认为课程内容吸引人，教学方式新颖；
- 95.45%喜欢自己选课题，带着问题学习，完成信息调研报告的学习形式；
- 86.36%认为本课程教学内容深浅合适，能理解与接受；
- 59.09%认为课程对学习研究帮助很大，较大的为36.36%，两者合计为95.45%；
- 喜欢的教学方式包括：有较多自主动手操作实践的机会，学生在老师指导下完成选题、学术探究和信息调研报告。

4.2 课程考试结果分析

首先，笔者对通识班学生学前与学后的能力进行了对比分析。在第一堂课时对首批22名选修学生进行了信息素养问卷调查，期终时对他们的信息调研报告完成情况进行了分析，两次结果对比后显示学生信息素养有显著提高（见表2）。同时，在学后能力的评估上，笔者把选修传统文检课的39名本科生作为对照班，对比了两个班级的信息调研报告完成情况，结果显示在某些能力指标上通识班大幅高于对照班，如表2所示：

表2 通识班学习前后能力、通识班与对照班学后能力比较

能力要素	学前指标（调查问卷）	百分比（%）	学后指标（信息调研报告）	百分比（%）	对照班（%）
选题	自己选定过学术研究课题	9.09	选题专指度较好	90.91	30.55
数据库选择	至少检索过1个专业数据库	31.81	数据库选择恰当	95.45	83.33
检索词	会把语句切分成检索词输入	54.54	检索词选用较全面	86.36	61.11

续表

能力要素	学前指标 （调查问卷）	百分比 （%）	学后指标 （信息调研报告）	百分比 （%）	对照班 （%）
算符	使用过逻辑算符	9.09	编制的检索式较完善	86.36	52.77
核心信息源	至少知道1种核心信息源确定法	18.18	较好地确定核心信息源	86.36	83.33
引文检索	检索过论文被引情况	13.64	正确使用引文检索、参考文献回溯法	100	86.11
信息道德规范	知道数据库使用版权规定	27.28	规范标注引用信息	95.45	91.66
	知道引用规范	50			

由此可见，信息素养通识课较好地适应了新生的特点，提升信息素养的同时较好地实现了通识教育的目标。

5 信息素养通识教育的思考

在信息素养通识教育的实施过程中，也引发了对一些问题的思考。首先，信息素养通识教育如何走进其他通识课程，让信息素养能力的培养得以在其他课程中延续。其次，信息素养课在通识教育中地位的提升，除了需要课程本身的改革，还有赖于整个高校教学模式的改革，学习国外高校的教学方法，要在各门课程中强化学生自主学习所占比重，大大增加课外阅读和课堂讨论时间，引导学生主动地以批判式的思维方式接受新的知识，改灌输型为思辨型的教学模式，这样会更加凸显信息素养的重要性。再次，如何追踪课程的长期效应，对选修本课程的学生学习研究状况进行跟踪，以便对课程长期效益作出客观科学的评价。这些问题都是值得进一步深入研究的，随着研究的深入，信息素养课程在高校通识教育中的地位和作用必将得到提升与普遍认同。

参考文献：

[1] 陈向明．对通识教育有关概念的辨析．高等教育研究，2006(03):64-68.
[2] 黄如花，杨振冰．泛在知识环境下的信息检索课教学．图书情报工作，2010,54(4):121-124.
[3] 王义遒．文化素质教育与通识教育关系的再认识．北京大学教育评论，2009(3):2-8.
[4] Faculty Of Arts And Sciences. Report of the Task Force on General Education. Harvard Uni-

versity, 2007.

[5] 王宇芳,李晓玲. 基于现象图式学的发散性信息素养课程教学模式探索. 图书情报工作, 2009,53(17):75-79.

[6] 马费成,丁韧,李卓卓. 案例研究:武汉地区高校学生信息素养现状分析. 图书情报知识, 2009(1):24-29.

作者简介

王宇芳,女,1973年生,馆员,文献检索教研室教师,发表论文7篇,参编著作3部;

李晓玲,女,1956年生,研究馆员,文献检索教研究室主任,发表论文36篇;

符礼平,女,1968年生,副研究馆员,发表论文11篇;

许美荣,女,1983年生,馆员,发表论文3篇。

高校信息素养教育体系构建：基于整合的视角[*]

詹泽慧[1]　梅　虎[2]

(1. 华南师范大学教育信息技术中心　广州 510631；
2. 华南师范大学旅游管理系　广州 510631)

摘　要　通过对比国内外信息素养教育发展现状，论证信息素养教育体系整合的必要性。勾勒整合视角下的理论框架，探测体系内各类型学习者的需求倾向，进而构建以信息素养教师、学科教师和学生群体为主体，以图书馆、计算机基础教学机构、教师培训机构和面向社会的信息素养培训机构为客体的高校信息素养教育体系，并针对资源整合、差异应对、技能深化、形式扩展和质量保证五方面提出相应的实施策略。

关键词　信息素养教育　高校　体系构建　整合　需求

分类号　G259.23

1　引　言

1974 年，美国信息产业协会主席保罗．车可斯基将信息素养的概念首次作为学术用语提出。随后，美国大学和研究型图书馆协会[1]、国际图联组织[2]、英国国家和大学图书馆协会[3]、澳大利亚大学图书馆员协会[4]、澳大利亚和新西兰信息素养协会[5]等相继制定并发布了高校信息素养能力标准和培养指南。这些标准构建了信息素养教育的理论体系，大大推动了世界范围内高校信息素养教育的发展。实践层面上，美国的 Eisenberg 等学者开发了 Big6 技能模型[6]，重点培养学生利用信息技术解决问题完成任务的能力。美国高校实施的信息素养教学与认证一体化模式[7]、英国高校广泛开设的 ICT 课程和分层次多样化的信息类教学服务[8]、以及澳大利亚和新西兰的高校开

---

[*] 本文系广东高校优秀青年创新人才培育计划项目"混合学习中的学生之认知模型：作用机制与提升策略"(项目编号：LYM10059) 研究成果之一。

展的信息素养与学科教育整合的教学模式[9-10]，均有效地提升了在校师生的信息素养水平和终身学习能力。

20世纪90年代中期，信息素养教育理念被介绍到国内后，立即引起了社会各界的广泛关注。近十年来，国内高校信息素养教育发展迅速。然而，与国外高校相比，目前仍然存在一些差距：①在教学内容上，国内信息素养教育被人为割裂为两个部分：以图书馆用户教育主导的文献检索课和以信息技术教育主导的计算机基础公共课，这两部分彼此独立开展，互不相关；而国外的信息素养教育一般由某一机构统筹开展（一般是图书馆或信息中心等公共服务体系），并将文献检索和信息技术教育相互渗透，融合为一体。②在教学形式上，国内信息素养教育通常是开设与信息检索或者信息技术相关的若干课程，形式较单一；而国外重视分层次多样化的学习，并且鼓励信息素养与学科教育相互渗透。③在教学对象上，国内信息素养教育主要面向在校本科生，而国外信息素养教育并不局限在对学生的服务上，而是在满足在校师生需求的基础上，尽可能开展多元化教育，通过培训等方式满足社会各界学习者的需求。

通过以上对比，可以得到以下结论："整合"是目前信息素养教育中急需开展的工作。虽然近几年来已有学者从不同的侧面认识到这个问题的存在[11-12]，但大多数文献只是论证了整合的重要性或提出了对整合策略的思考，很少有采用定性定量相结合的分析方法，深入到课程层面对信息素养教育体系的整合进行研究。本文将以此为突破口，基于"整合"的视角，尝试构建符合中国国情的高校信息素养教育体系（Integrated Information Literacy Education System for Higher Education，IILESHE）。

2 理论框架

2.1 IILESHE 的主体（Who）

IILESHE 的主体由信息素养教师、学科教师和学生群体三部分组成。信息素养教师全方位负责开展信息素养教育，包括对学科教师的信息素养培训以及各类型学习者的教学和支持服务，在体系中以"施教者"出现。学科教师具有双重身份，一方面，他们作为学习者参与信息素养课程的学习；另一方面，他们作为学校教师，在自身的教学实践中应用信息技能，并设计活动将信息素养教育与学科教学相结合，可称为"准施教者"。学生群体指全体具有信息素养教育需求的"学习者"，包括在校本科生、研究生、学校职工、信息素养培训学员等。这些学习者共同组成多层次的学习团队，比传统信息素养教学具有更大的互动空间。

2.2 IILESHE 的客体（What）

IILESHE 的客体是所提供的各种教学服务，包括信息检索教学、计算机基础教学、教师教育技术培训、校外学员的信息素养培训等。在我国，目前这些工作由图书馆、公共课教学机构、教师培训机构以及面向社会的信息素养培训机构分别开展。机构之间缺乏联系，没有统一的计划和全局的视角，信息素养教育难以渗透到各方面。IILESHE 将各种课程和培训项目形成体系，有助于提高信息素养教育的系统性和有效性。

2.3 IILESHE 构建的目的（Why）

IILESHE 构建的目的是完成三方面"整合"：①内容体系的整合：将文献检索课程体系和计算机基础课程体系相融合，形成以信息获取、信息分析、信息运用、信息处理、信息协作、信息道德的培养为主线的整合体系；②教学资源的整合：将图书馆信息素养教学资源、计算机基础教学单位的信息技术教学资源、学校对外信息素养培训机构的资源以及教师教育技术培训机构的资源整合在一起，有利于分层次教学以及多样化课程的开展；③教师与学生信息素养培养方案的整合：学生信息素养的提高除了信息素养教师的努力之外，还需要各学科教师的配合，而学科教师同样也需要提高信息素养，并把信息技术与教学工作相结合，因此，教师信息素养培训与学生信息素养学习相整合的培养方案，有利于将信息素养培养渗透到各学科的教学中。

2.4 IILESHE 的构建方法（How）

IILESHE 的构建必须以需求为本。高校信息素养学习者的类型繁多，需求各异；教学的开展需要将学习者的需求方案进行分类和优化。与学习者需求紧密相关的影响因子是其学科背景，因此需要通过统计分析了解各学科学习者的需求倾向。另外，高校信息素养学习者的起点水平差异很大，分层次的教学体系和多样化的课程结构非常必要。根据各类学习者的需求可以较准确地划分体系层次和结构，从而确定信息素养教育的实施方案。

2.5 ILESHE 理论框架

基于上述分析构建 ILESHE 理论框架如图 1 所示：

3 调查分析

3.1 需求整合

对国内外 12 所高校开展的文献检索课程和计算机基础课程列表进行分

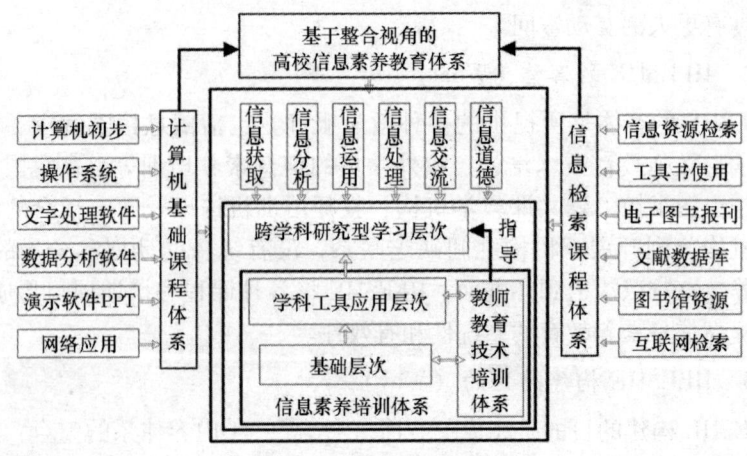

图 1 ILESHE 理论框架

析，将出现频次最高的课程进行归纳并加以分类，得到整合后的高校信息素养课程列表，此表在一定程度上可以代表高校学习者对信息素养教育的总体需求。如表 1 所示：

表 1 高校信息素养教育课程

高校信息素养教育	信息获取	图书馆资源检索、文献数据库检索、互联网资源搜索、浏览工具、阅读工具、下载工具
	信息分析	文本类：Word、PPT 数据类：Excel、SPSS、SAS、Matlab、Mathematica、Maple、Minitab、数据库应用
	信息运用	图像类：图表制作、图像处理、科技图形处理、平面设计、动画设计、三维设计、三维动画设计、思维导图、工程设计
	信息处理	媒体类：音频处理、视频录制、视频编辑、会声会影、网页制作 操作系统类：Windows 基本操作、系统安全、计算机硬件组装和驱动、Unix 系统、MacOS 系统 程序设计类：C/C++/C#、ASP、HTML、CSS、VB、JavaScript
	信息交流	博客、播客、维客、BBS、实时交流工具（QQ/MSN）、视频会议、电子邮件、网络课程协作开发 Moodle
	信息道德	信息法规、引文规范、引文工具 Endnote
	综合运用	论文写作指导、信息素养能力标准学习

3.2 学科倾向

参考中华人民共和国学科分类与代码国家标准[13],并根据大多数综合性院校的院系设置,将高校信息素养学习者的学科属性划分为16种。采用9级里克特量表设计学习者需求探测问卷,于2010年3月至11月向广东省某高校的信息素养学习者发放(包括在校学生、学科任课教师、学校管理人员、培训学员),探测各学科学习者对信息素养课程的需求差异。总共发放问卷297份,回收有效问卷266份,有效回收率为89.6%。对数据的分析软件采用SPSS15.0。

将各学科学习者对表1所示的信息素养课程需求进行主成分分析,得到各因子的累计方差。其中共有2个因子的特征值大于1,碎石图中第2、3因子间坡度较陡,故确定提取前2个因子作为主成分因子,用它们可以概括出原来16个学科因子89.121%的信息。将主成分因子作四次方正交最大旋转,得到旋转后的学科因子负荷矩阵。将两因子负荷差值排序,根据差值的正负性可以将16种学科背景的学习者划分为2类:①人文类(差值为负,按绝对值的降序排列):文学、历史、哲学、法学、教育学、体育学、美术、音乐;②理工类(差值为正):数学、物理学、化学、地理、生物、工程学、经济学、管理学。正交旋转后的主成分因子分布图呈现了各学科信息素养学习需求的差异。艺体类学科(美术、音乐、体育)由于各自都有着较多专业级别的信息化软件,因此在分布图中呈离散分布,处于主成分1的正半轴附近;文史哲类学科(文学、史学、哲学)学习者对信息素养课程的需求相对集中,处于第一象限距第一主成分较近处;教育学和法学由于学科的综合性较强,位置处于第一象限45°轴附近,稍微偏向第1主成分;经管类学科(经济学、管理学)和生化地学科(地理、生物、化学)的聚集度较强,均偏向第2主成分;数理工(数学、物理、工程学)对统计类和工程类的信息化软件学习需求较高,分布于主成分2的正半轴附近,如图2所示:

课程得分变量矩阵呈现了各类学习者的学习需求分布。两个主成分因子得分分别指示了理工类学科和人文类学科的学习者对该课程的需求程度。按照两因子得分的差异,可以将课程分为4种类型,如图3所示:

• 基础层次课程:两因子得分均为正值,说明人文类和理工类学习者均对此类课程有较大需求,可广泛开设。

• 人文类课程:第一因子得分为负值,第二因子得分为正值的课程,说明理工类学习者对此类课程需求程度不高,而人文类学习者需求较高,可针对人文类学习者开设。

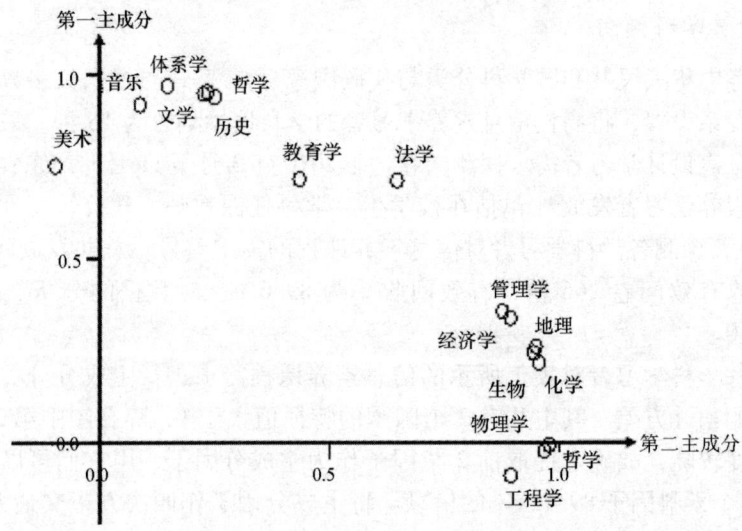

图2 正交旋转后的主成分因子分布情况

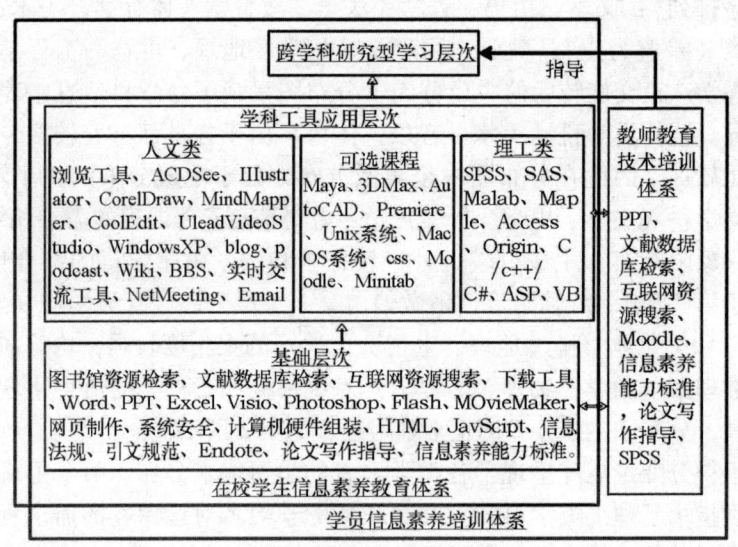

图3 课程需求分布情况

● 理工类课程：第一因子得分为正值，第二因子得分为负值的课程（人文类学习者对此类课程需求程度不高，而理工类学习者需求较高，可针对理工科学习者开设。

● 可选类课程：两因子得分均为负值的课程，说明文理类学习者对此类课程的总体需求都不高，因此这类课程不必大面积面向学习者开设，可考虑根据实际情况针对特定学习者群体开设：例如可以向美术类、媒体类、师范类、管理类的学习者分别开设三维动画制作软件 Maya、视频剪辑软件 Premiere、开源网上课程平台 Moodle、质量管理统计软件 minitab 的选修课程模块。

3.3 教师需求

从 56 份教师问卷中统计出教师需求程度最高的 7 种课程：PPT 使用技巧、互联网资源搜索、论文写作指导、SPSS、文献数据库检索、Moodle 使用技巧、信息素养能力标准。这些课程的开设均有助于提高教师的日常备课和科研效率、推动教学实验的开展和教学质量的提高，可作为教师教育技术培训的核心课程开展。

4 实施策略

4.1 资源的整合——微型课程

图书馆文献检索教育机构、计算机基础教育机构、教师教育技术培训机构和面向社会的信息素养培训机构通过 IILESHE 的微型课程体系联结在一起。微型课程通常只占用 1~2 个学时，每次课都帮助学习者掌握相关信息工具的基本知识点；作为"教学元件"，微型课程由各教学机构根据自身优势分别向体系提供，再根据各自培养对象的具体需求从体系灵活提取组合成课程套餐；形形色色的课程套餐最终将形成一个课程超市。这样既能促进各信息素养教学机构的协作和互动，使得教学资源和教学力量得到有效的整合，又提高了课程的利用率，减少了课程的重复开发。

4.2 差异的应对——分层教学

高校信息素养学习者的起点水平与学习需求各异，只有适当地划分教学层次，才能较好地满足各类型学习者的需求。根据上文需求统计结果，可将 IILESHE 分为三个层次：基础层次、学科工具应用层次和跨学科研究型学习层次。基础层次的课程涵盖体系中最基本的知识和技能，须向各学科学习者广泛开设。学科工具应用层次的课程具有较强的学科专业性，按照学习者对各类课程的需求程度可将课程分为人文类和理工类两大课程体系，由信息素养教师引导学习者从中选取有利于个人专业技能的课程进行学习。跨学科研究型学习层次以合作探究的形式，由不同专业的学生组成团队，共同围绕具体的项目展开学习和探索，最终以书面报告或实物作品的形式提交研究成果。

经过三个层次的学习,学习者可以从基本技能到专业技能,再到跨专业信息技能的协作,得到信息素养的全面提高。

4.3 技能的深化——学科渗透

信息素养和技能只有和学科结合在一起,才能继续深化,转化为学习者工作和学习的动能。信息素养教育向学科深度的扩展需要学科教师的支持和合作。目前学科教师已经普遍认识到信息素养教育的重要性,但尚未建立在自身教学中推进信息素养教育发展的意识,对信息素养的培养方法也不太明确。因此,在IILESHE中需要为学科教师提供必要的培训。除了开设总体需求较高的PPT、互联网资源搜索、SPSS等课程以外,学科教师还可以参与学科工具应用层次的学习,加深对专业信息化工具的了解,更好地将其融合到课程教学中,为指导学生提高信息素养打下基础。

4.4 形式的拓展——网络教育

在IILESHE中,传统的面授教学已经不能很好地满足各类型学习者的需求,需要适度扩展到网络教育形式。课程的适度网络化对提高学习者信息素养有着积极的正向作用:①培养学生利用网络资源自主学习的能力本身就是信息素养教育的目标之一;②网络教育形式为学生提供了更灵活的学习方式,大大增加了学习时间和空间的自主性以及学习进度的可控性,可以较好地解决学习者因起点水平不同而产生的学习需求差异;③网络教育形式为开展CSCL(计算机辅助合作学习)、PBL(基于问题的学习)等新型教育方法提供了很好的资源共享和信息交流平台,有助于随时随地的互动互助,以充分发挥学生在信息素养教育中的能动作用。

4.5 质量的保证——双向评价

IILESHE的体系实施效果要依靠多元化的跟踪评价,从而有效地保证教学的质量。评价是双向的,一方面要重视体系对学习者的评价:采用学校命题的通过性考试帮助学生对自身信息素养能力水平保持了解,并作为学生进入不同层次阶段学习的"门槛",结合第三方技能认证(如计算机等级认证、企业认证等)进行学分和成绩评定,提高学习结果的社会认可度;另一方面要重视学生对体系运作情况的评价,监测学生需求的变化,通过学生评教了解其对体系教学实施过程的满意程度,从而及时调整体系的实施策略。

5 小 结

本研究基于整合的视角构建了高校信息素养教育体系,提出将图书馆信息检索教育、计算机基础公共课程教育、教师教育技术培训和面向校外学习者的信息素养培训等的教学资源和教学力量优势整合的设计方案，将高校信息素养教育的培养对象从在校本科学生扩展到包括在校学生、学科教师和培训学员在内的学习者群体。通过对 IILESHE 理论框架的确定以及对各类型高校信息素养学习者需求的调查分析，提出以微型课程和课程超市来整合各机构的教学资源和教学力量、以分层教学来应对学习者起点水平和学习需求的差异、将信息素养教育与学科专业课程相互渗透来深化技能水平、以网络远程教育拓展信息素养教学形式、以双向多元化的跟踪评价保证教学质量等实施策略，从而推动高校信息素养教育体系的整体优化和师生信息素养水平的全面提升。

参考文献：

[1] ACRL. Information literacy competency standards for higher education. [2010 – 10 – 30]. http://www.ala.org/ala/acrl/acrlstandards/ informationliteracycompetency.cfm.

[2] IFLA. Guidelines on Information Literacy for Lifelong Learning. [2010 – 10 – 30]. http://www.ifla.org/VII/s42/pub/IL – Guidelines2006.pdf.

[3] SCONUL. Briefing Paper: Information Skills in Higher Education. [2010 – 10 – 30]. http://www.sconul.ac.uk/groups/information_literacy/ papers/Seven_pillars2.pdf.

[4] CAUL. Information Literacy Standards. [2010 – 10 – 30]. http://www.caul.edu.au/caul – doc/InfoLitStandards2001.doc.

[5] Hegerty, Bronwyn. Final Online Information Literacy project report. [2010 – 10 – 30]. http://oil.otago.ac.nz/oil/index/Resources – and – materials/ mainParagraphs/08/document/FinalReporteCDF.pdf.

[6] Murray J. CyberConnect: Use the internet with big6 skills to achieve standards. TechTrends, 2007, 47(1):18 – 21.

[7] 杨志刚, 周凤飞, 马新蕾. 美国信息素养运动发展历程与特征. 情报理论与实践, 2008, 31(2):317 – 320.

[8] 詹泽慧. 分层次多样化的信息教学服务模式 – 英国爱丁堡大学信息服务体系的启示. 中国教育信息化, 2008(3):7 – 9.

[9] Proctor L, Wartho R, Anderson M. Embedding information literacy in the sociology program at the University of Otago. Australian Academic and Research Libraries, 2004, 36(4):153 – 168.

[10] Wartho, Richard M. The three tiers of information literacy: A model for developing lifelong learning at a tertiary institution//International Lifelong Learning Conference. Yeppoon, Australia: OLAN, 2004(6):13 – 16.

[11] 张静波. 合作化 – 高校信息素养教育必由之路. 大学图书馆学报, 2008(1):69 – 72.

[12] 张立彬, 杨会良. 高校开展信息素养培育的思考. 教育研究, 2005, 26(5):64 – 69.

[13] 中华人民共和国学科分类与代码国家标准(GB/T 13745 – 92). [2010 – 03 – 04]. http://scms.ustc.edu.cn/news/66_3.doc.

作者简介

詹泽慧,女,1983年生,讲师,博士,发表论文20余篇。

梅　虎,男,1974年生,副教授,发表论文19篇。

信息素质导航图研究基础

张 玲

(哈尔滨工程大学图书馆 哈尔滨 150001)

摘 要 在科学素养导航图的启发下提出信息素质导航图的概念,分析信息素质导航图的组成、功能以及研究基础。抽取、划分、关联知识单元是信息素质导航图的研究基础;分析用户典型工作任务是绘制信息素质导航图的基础条件。信息素质导航图可以成为人们提高信息素质的有力工具。
关键词 信息素质 导航图 科学素养
分类号 G252

1 引 言

科学普及出版社 2008 年 9 月出版了《科学素养的导航图》(Atlas of Science Literacy),该书由美国科学促进协会著,中国科学技术协会译。该书基本观点是[1]:科学素养不应被视作支离破碎信息及毫不相干技能的简单集合,而应是一个内容丰富、技能与观点可以相互支撑的架构,这个架构是随着时间的推移而发展变化的。基于以上观点设计的导航图不是为某一课程或者教学量身制作,而是提供了一个框架来激励人们思考如何根据实际情况来设计和组织学习。

信息素质是科学素养不可或缺的组成部分,在信息素质教育的过程中是否也存在或者需要类似科学素养导航图的信息素质导航图呢?本文受科学素养导航图的启发,阐述信息素质导航图的功能、研究基础和应用前景。

2 科学素养导航图组成和功能介绍

2.1 科学素养导航图的组成

科学素养导航图(strand maps)是伴随《面向全体美国人的科学》和《科学素养基准》的制定,由许多科学家和教师经过 10 余年的努力于 2001 年完成的。该书通过49张图表来描述数学、生物、科学、思维等领域知识和技能从幼儿园到高中毕业期间逐渐积累发展的过程。在导航图设计者看来，学生的学习都是建立在他们以前所学的知识和技能基础之上，现在的学习将为以后的学习做好准备。因此，为了帮助学生获得良好的科学素养，教育者需要了解学生在不同年级所学的知识和技能以及所学的不同学科的知识和技能是如何依赖于或者支持其他知识和技能，否则教师教给学生的不过是孤立、贫乏的知识堆积而已[2]。

科学素养导航图以图表的形式描绘了学习目标之间的关联，展示了学生从幼儿园到高中毕业时理解力的发展和知识的关联。科学素养中关于"系统"的"复杂性"导航图见图1。科学素养导航图由基准、连接箭头、图线标记、年级范围、图间关联五个部分组成：

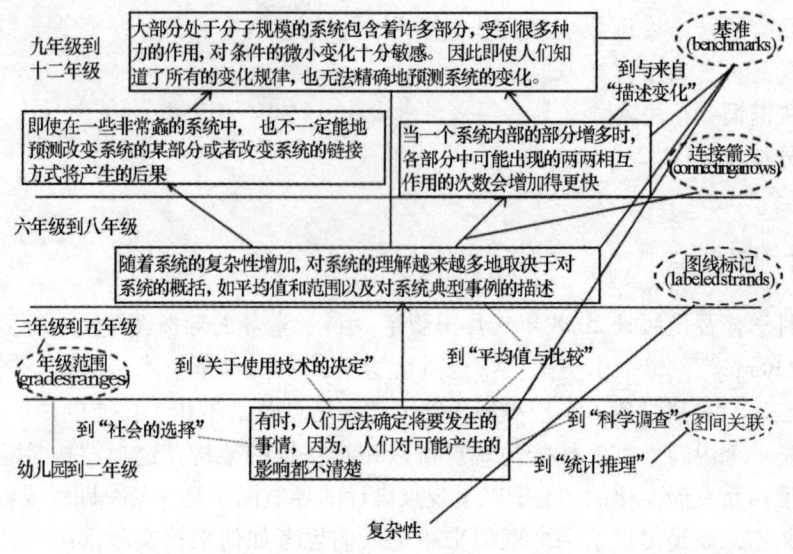

图1 科学素养中系统复杂性的导航图示例

2.1.1 基准（benchmarks）

基准指学生在经过某个阶段学习之后，在知识和技能方面必须达到的水准，也是学生要实现的具体学习目标，也可以理解为知识单元或者知识点。基准是导航图的基本成分，导航图里的基准包括知识基准和技能基准两种。

2.1.2 连接箭头（connecting arrows）

表示两个基准之间的关联，箭头表示一个基准可以"促成或实现"另一个基准，双向箭头表示这些基准之间"相互支撑"。

2.1.3 图线标记（labeled strands）

每张图都指出了几条基本的线索来说明导航图的基本内容，比如图1所示的关于"复杂性"的导航图，其中"复杂性"就是图线标记。

2.1.4 年级范围（grade ranges）

年级范围表明了什么时候大多数学生应当能够达到这些基准。如图1中水平线及其左端数字。

2.1.5 图间关联

因为所有的基准都可以看做是一大类知识、技能以及之间相互关联的一部分，因此相同的基准甚至同样的路线会在不止一张图中出现，如图1中的"到'科学调查'"就说明了"图间关联"关系。

2.2 科学素养导航图的功能

2.2.1 理解基准和标准

仔细研习某一张导航图，能够提高教师对具体学习目标性质和内容的理解，理解某个基准是来自于哪里，导向到哪个，与哪个或者哪些基准相关联，在教学或者辅导中做到心中有数。

2.2.2 设计课程

导航图可以帮助教学人员审视不同年级、不同课程之间的关系，利用知识技能之间的顺序性，建构适合不同年级和对象的科学课程，避免重复，增加针对性。

2.2.3 制订教学计划

当学生经常为某一教学难点所困扰时，导航图可以用来确定需要什么知识内容来支持或者辅助对教学难点的理解，充分关注有箭头相连的基准或在导航图中位置相近的基准，从而组织教学，制订教学计划。

2.2.4 开发设计教材

不论是开发教材还是分析教材，关键的一步是深刻认识学习目标以及完成学习目标需要的前提条件。导航图不仅提供了某一标题下的具体内容，还揭示了这些具体内容与其他内容之间的关联关系，便于在教材中取舍和突出某些知识内容。

2.2.5 评估和分析教学效果

导航图可以用来确定评价某一特定技能和观点的具体时机，理解学生学习中遇到困难的原因。以导航图为框架，评价和分析教学效果，可以理解学生在能力增长过程中所处的位置,而不是仅考核学生对孤立知识集合的记忆程度。

2.2.6 培训教师

研读导航图可以丰富教师的知识,明确基准之间的联系,可以从学生如何获得知识的角度出发思考如何教授相关知识。

3 信息素质导航图的研究价值

3.1 信息素质导航图的由来

信息素质是科学素养中不可或缺的基础组成部分。科学素养导航图将科学素养有关的知识单元依据学习者所在的年级建立内在关联关系。与此相类似,信息素质也是由若干具体的知识单元组成的,不同的任务需要不同的知识单元,环境和任务的改变将直接导致所需知识单元内容的更新和变化。不同学科方向的用户在不同的时期、不同的科研阶段需要或使用信息素质所包含的不同知识单元,有些知识单元是用户完成任务必不可少的,有些是用户完成工作任务应该具备的,有些则是可有可无的知识储备,有些知识单元是后续工作的基础,有些知识单元仅在某一阶段使用。参考科学素养导航图的核心思想,将工作任务的不同阶段所需要的知识单元按照用户的需要程度分层次梳理联系起来,可以形成信息素质导航图。

本文提出信息素质导航图的定义,简言之就是人们完成某一任务过程中需要或者使用的信息素质相关的知识单元的关联图。

3.2 信息素质导航图的组成和功能

信息素质导航图由知识单元、连接箭头、任务属性、所处阶段、图间关联五部分组成,如表1所示:

表1 信息素质导航图与科学素养导航图的组成对比

序号	信息素质导航图的组成	科学素养导航图的组成	说明
1	知识单元	基准	导航图的核心内容
2	连接箭头	连接箭头	表示关联关系
3	所处阶段	年级范围	所处阶段的说明
4	任务属性	图线标记	提炼出的主线名称
5	图间关联	图间关联	表示关联关系

知识单元可以理解为信息素质能力标准所包含的具体知识或技能。信息

素质导航图示例如图 2 所示：

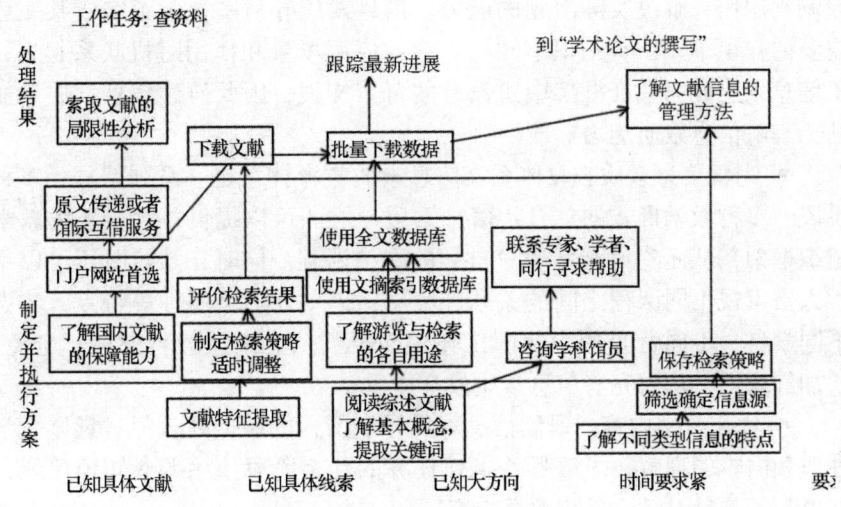

图 2　信息素质导航图示例

图中"已知具体文献、已知线索、已知大方向、时间要求紧、要求查全"为"任务属性"，"到'学术论文的撰写'"为图间关联，"分析任务、制定并执行方案、处理结果"为"所处阶段"，方框内的所有内容都是"知识单元"，例如提取关键词、保存检索策略、原文传递等。

信息素质导航图的功能可以分为两个方面：

3.2.1 针对教育工作者的功能

针对教育工作者，信息素质导航图与科学素养导航图的功能基本类似，如表 2 所示：

表 2　信息素质导航图与科学素养导航图的功能对比

序号	信息素质导航图的功能	科学素养导航图的功能	说明
1	理解信息素养能力标准	理解科学素养基准和标准	主要功能
2	完善信息素质教育体系	设计科学素养课程	主要应用
3	优化教学内容	制订教学计划	微观效果
4	测评教学效果	评估和分析教学效果	微观效果
5	培训师资	培训师资	辅助手段

● 理解信息素质能力标准。1989 年至今，一些国家、地区和学校先后发

布了信息素质能力标准，虽然标准表述、分层不同，但是核心思想类似，都强调利用信息解决实际问题的能力。信息素质导航图揭示了完成某一任务所需要的知识单元，将知识单元与用户的应用场景和使用时机联系起来，补充了信息素质能力标准框架中所没有的背景知识，因此研读信息素质导航图有助于理解信息素质能力标准。

- 完善信息素质教育体系。信息素质教育体系是一系列课程、多种教学手段、多种教学形式的集合，信息素质导航图可以提供一种全新的教学素材组织框架，从而建设利于用户自学的网络课程。同时，导航图还可以帮助教学人员审视不同课程之间的关系，利用知识单元的顺序性等特点，建设适合不同学科、不同背景用户实际工作中需要的信息素质教育课程，避免重复，增加针对性，从而完善信息素质教育体系。

- 优化教学内容。研读信息素质导航图，能够提高教师对具体教学目标性质和内容的理解，了解哪些工作任务的什么阶段使用哪些知识单元，可以增加教学的针对性、优化教学内容。

- 测评信息素质。导航图可以用来确定测评某一特定技能是否真正掌握的具体时机，在完成具体工作任务的过程中了解用户的信息素质状况。以导航图为框架，评价和分析教学效果，可以理解学生在能力增长过程中所处的位置，而不是仅考核学生对孤立知识集合的记忆程度。

- 培训师资。信息素质本身就是一个发展变化相对较快的实用技能，信息素质教育工作者需要不断学习，研读导航图可以丰富教师的知识，加深理解知识单元之间的联系，可以从学生如何应用知识的角度出发思考如何传授相关知识。

3.2.2 针对教育对象的功能

针对教育对象，信息素质导航图的功能可以归纳为以下几个方面：

- 自测信息素质。导航图提供学生自测信息素质的可能，如果已经了解完成不同任务所必需的基本知识，就说明信息素质基本合格。

- 规划学习内容。用户研读导航图之后，可以就信息素质相关的知识或者技能查漏补缺，有针对性地学习相关知识。在接受某一项具体工作之前，用户可以结合导航图预判将需要的知识单元，从而规划学习内容。

- 再认识信息素质。用户对信息素质的认识差异很大，到底信息素质的哪些知识或者技能对什么样的工作起什么样的作用，可以通过导航图获得一些基本了解，从而再认识信息素质。

4 信息素质导航图的研究基础

4.1 抽取信息素质所包含的知识单元

绘制信息素质导航图首先要依靠信息素质能力标准。用户行为研究的不断深入，已经证明用户需要的知识和技能在不断变化[3]。不同的任务涉及不同的不断发展变化的知识单元，汇总知识单元是信息素质导航图的研究基础之一。

国内外教材和信息素质教育网站是知识单元的传统来源，也是知识单元的可靠抽取对象。这两种来源抽取的知识单元最主要的特点是系统、全面，但是动态性体现不足。用户需要的知识单元是动态变化的，随着环境的不同而不同，需要不断增加新知识，而教材动态性明显滞后。动态的知识单元需求来自于用户的信息实践，因此深入了解用户的信息实践过程，归纳总结用户经常遇到的问题和困惑是产生新知识单元的有效途径之一。另外，最新的知识单元总是散落在信息素质教育工作者的教学和服务实践中，需要系统梳理和关联。比如 ALERT 等定制服务很早就存在于某些数据库平台提供的个性化服务中，有些信息素质教育工作者仅在介绍数据库的时候附加介绍这个功能；另外一些信息素质教育工作者则结合 RSS 技术的应用将数据库的提醒服务作为跟踪信息的重点途径介绍。当明确了跟踪最新学术信息是科研人员和研究生的常规工作任务之一时，描述跟踪最新学术信息的导航图就要把跟踪的方法（检索策略定制跟踪、期刊最新内容的定制跟踪、某些重要文献的引文跟踪）、跟踪原理、工具和具体数据库、网站的介绍关联起来。

4.2 划分与关联知识单元

信息素质相关知识单元梳理过程中，不可回避的问题之一是知识单元的细粒度问题。知识单元可以大到一个课程、一个题库、一章内容、一节内容，小到一段文本、一个图片、一段视频、一张演示文稿，任何粒度的知识单元都有意义。一些知识单元可能围绕一个主题、围绕一个问题的解决，一个知识单元可能拆分成若干个独立的知识单元。知识单元之间有前导关系、后继关系、相关关系等。具体说两个知识单元 A 与 B 的关系可以是：A 是 B 的一部分、B 是 A 的一部分、A 基于 B、B 基于 A、A 需要 B、B 需要 A、A 是 B 的某个版本、B 是 A 的某个版本、A 与 B 有相同的格式、B 先于 A、B 与 A 有相同的格式、A 先于 B、A 参考引用了 B、B 参考引用了 A[4]。

知识单元划分的方式和大小直接影响到对知识单元的重用，一般来说，知识单元划分越细，其可重用性就越高，但是粒度太小势必造成重组的困难。

粒度选取很大，代价就是只能实现大粒度的共享，大粒度知识单元内部对于用户来说是黑匣子，无法实现知识的拆分与重组。理想的中等粒度的知识单元是重用要求最高的知识单元，具有最大的相对灵活性和相对完整性，既可以视为一个独立的学习单元，也可以作为一个组成部分和其他知识单元进行组合，形成一个较大粒度的知识单元，还可以方便地进行知识单元共享、交换和传输。

信息素质导航图需要的知识单元不同于专业课程，专业知识强调的是知识的内在逻辑性，而信息素质的知识单元是以解决具体问题为核心的，知识单元之间的联系往往以一个工作任务的完成或者一个活动的完成为核心，前导和后继关系有，但是并不多见，更常见的是使用的先后顺序。因此本文提出知识单元划分的两个原则，直到最小原则和用户单独使用原则。如表3所示：

表3 知识单元划分原则对照

知识单元划分原则	说明	优点	缺点
直到最小原则	划分知识单元直到不能再拆分为止	拆分客观性强，目标清晰	知识单元数量多，个别知识单元实用性不强
用户单独使用原则	用户渴望藉此来解决一个问题或者问题的一部分	以用户的问题为核心，内容可扩展性强	标准客观性不强，会造成粒度大小不均衡

下面用实例说明知识单元的细粒度及关联关系。

了解"获取原文的方法"中需要了解"原文传递"和"馆际互借"两种服务手段，"原文传递"中还可能用到"期刊刊名缩略语转换"，"缩略语转换"要用到"转换工具书"或者"JCR数据库"或者"乌利希期刊指南"等其他工具，有些人还要了解"刊名缩写规则"，以便不用查询也能基本了解期刊刊名全称。

在以上实例中涉及"获取原文的方法"、"原文传递"、"馆际互借"、"期刊刊名缩略语转换"、使用"JCR数据库"进行"刊名缩略语转换"、"乌利希期刊指南"、"刊名缩写规则"七个知识单元，知识单元的细粒度不同，如果使用"直到最小原则"，这七个知识单元都要划分出来；如果使用用户单独使用原则，获取原文的方法、原文传递、馆际互借、期刊刊名缩略语转换这四个知识单元就可以满足希望了解获取原文方法的用户的教育需求。

应用直到最小原则拆分，七个知识单元的关联关系如下："原文传递"是

"获取原文方法"的一部分,"馆际互借"是"获取原文方法"的一部分,"原文传递"需要"期刊刊名缩略语转换","期刊刊名缩略语转化"需要"JCR数据库","刊名缩略语转换"需要"乌利希期刊指南","期刊刊名缩略语转化"基于"刊名缩写规则",如图3所示:

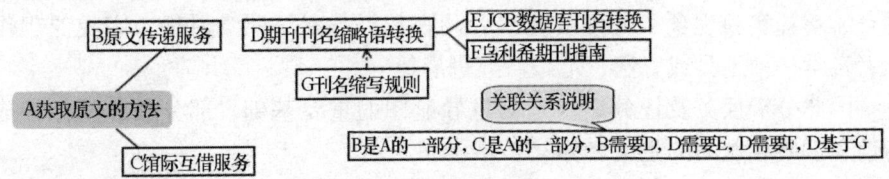

图3 七个知识单元的关联关系

因此结合信息素质能力标准、用户行为研究成果以及教学实践,梳理和抽取知识单元是研究信息素质导航图的重要基础之一。

4.3 分析用户典型任务

国内外信息行为研究已经涉及了医生、护士、科研工作者、律师、研究生、本科生、工程师、翻译等不同的人群[5-8]。这些人群之所以有不同的信息行为,主要是因为他们要完成不同的任务。用户典型任务分析不仅是信息行为研究的起点,也是信息素质导航图的绘制基础。信息素质导航图需要研究一类人的不同任务,梳理总结这一个职业或者一类人的典型任务。

基于任务的研究方法的价值已经在信息研究领域得到证明。任务是人们活动中可以分析操作的单元,它可以在一定程度上说明个人行动和后果[9]。任务是一项特殊的工作,它有明确可以感知的开始和结束,也有一个实际的目标,通常还有一个明确的意义。如果任务复杂,可以将其拆分成细小的单元,但是个人的任务都不是独立的,与前面的大任务、工作流、过程相连,最后要与人类真实世界相连。任务可以被定义为实体,任务之间结构和功能相似。但是任务"规模"的增加和减少事关任务描述的精准程度,因为一个任务的基本结构相对稳定,"规模"依赖的现象与任务所处的情境密切相关。情境中的特别重要的一点就是子任务的定义和子任务之间关系。

任务属性是指任务的外部特征,比如任务来源(自发、合作、指派)、真实性(真实、模拟)、任务周期、发生频率、结果形式、目标以及清晰度、复杂度、重要性、紧迫性、困难度等[10]。这些属性都会直接影响用户完成工作任务过程中对知识单元的使用和需求。

信息素质导航图是具有共同属性的一类人完成某一任务过程中知识单元的关联图,因此需要梳理的任务是彼此相对独立、结果形式基本相同的信息密集型任务。可以通过调查或者访谈获得典型工作任务。以研究生为例,在读期间典型工作任务可以归纳为:撰写开题报告、撰写科研项目申请报告、撰写学位论文、撰写期刊论文、撰写会议论文、撰写专利说明书、给导师或者课题组查找资料、给导师或者课题组翻译资料、阅读文献、设计实验或者调查、解释实验现象、处理实验或者调查数据、参与课堂讨论、完成课程作业、自学一种工具或方法、汇报研究进展等。

因此分析任务及任务属性是信息导航图的重要基础,部分任务属性将成为信息素质导航图的主线名称。

5 讨 论

明确了信息素质导航图的组成、功能和研究基础之后,还需要进一步明晰验证信息素质导航图的过程。用户和信息素质教育工作者验证信息素质导航图的方式和方法还有待进一步细化。导航图是完成某一项任务可能需要的所有知识单元的导航,经过验证才可以区分必不可少的知识单元、可有可无的单元、为提高效率可以考虑的知识单元,因此经过验证的导航图才能够最后得到广泛认可,才能成为信息素质教育对象自学的有利工具,成为信息素质教育工作者组织、发展教育内容的重要参考。

参考文献:

[1] 美国科学促进协会. 科学素养的导航图. 北京:科学普及出版社,2008.

[2] 琚四化,符太胜. 美国科学素养导航图简述及启示. 科学教育,2005(6):1-3.

[3] Palmer C L, Teffeau L C, Pirmann C M. Scholarly information practices in the online environment:Themes from the literature and implications for library service development. [2009-11-10]. http://www.oclc.org/programs/publications/reports/2009-02.pdf.

[4] 中国国家标准化管理委员会. 信息技术学习、教育和培训学习对象元数据. GB/T 21365-2008. 北京:中国标准出版社,2008.

[5] Robinson M A. An empirical analysis of engineers' information behaviors. Journal of the American Society for Information Science and Technology,2010, 61(4):640-658.

[6] Whitmire E. Disciplinary differences and undergraduates´ information-seeking behavior. Journal of the American Society for Information Science and Technology, 2002,53(8):631-638.

[7] Kuhlthau C C, Tama S L. Information search process of lawyers:A call for'just for me' information services. Journal of Documentation,2001,57(1):25-43.

[8] Pinto M,Sales D. INFOLITRANS:A model for the development of information competence for translators. Journal of Documentation,2008,64(3):413-437.

[9] Huvila I. Work and work roles:A context of tasks. Journal of Documentation,2008,64(6):797-815.

[10] 张玲. 大学图书馆用户信息搜寻任务分类探索. 图书馆学研究,2010(3):62-67

作者简介

张 玲,女,1969年生,研究馆员,副馆长,在职博士研究生,发表论文10余篇,主编教材2部。

实践篇

活动理论框架下的合作式信息素质教育活动系统研究

张 莉

摘 要 从教育学和心理学的视角出发，基于活动理论的分析框架，围绕主体的学习活动、学习对象、学习工具、学习共同体等核心要素，对合作式信息素质教育活动系统进行理论分析和系统框架构建，在此基础上开展相关的教学活动设计研究，以期丰富信息素质教育的理论体系，创新教学模式，提升教学效果，更有效地培养学生的自主学习、独立思考、批判性思维和创新能力。

关键词 信息素质教育 活动理论 理论框架 教学活动设计 学习共同体

分类号 G350

1 引 言

信息素质教育（information literacy instructions）是图书馆学、情报学、教育学的交叉领域，如何充分借鉴教育学、心理学、计算机科学等领域的研究成果，更好地丰富信息素质教育理论体系、创新教学模式、提升教学效果，始终是该领域研究者关注的核心问题[1-2]。从教育学和心理学的视角来看，教学是师生之间进行沟通的社会实践活动，教学的主要作用就在于以学习活动为源泉引发学生的文化性发展（如知识和技能、批判性思维和创新能力）[3]。采取何种形式最适于学生的学习活动组织，如何在统一的理论框架下科学地进行教学活动设计，是新形势下信息素质教育能否向纵深方向发展的关键。

活动理论（activity theory）是在心理学、教育学、计算机协同学习领域中广泛应用的成熟理论体系，该理论以活动作为教学研究的逻辑起点，以学生参与的活动、使用的工具、合作者之间的社会关系以及活动的目的和结果为教学设计的中心环节，围绕主体、客体、共同体、工具、规则、分工六大要素和生产子系统、消费子系统、交流子系统、合作子系统四大子系统开展相关的教学活动设计，强调合作教学与协作学习，强调学习共同体与群体智慧，强调知识、能力和态度在学习活动中的有机整合，真正实现了以学生为中心、以学习活动为中心的教育理念[4-5]。将活动理论引入信息素质教育理论研究和教学实践，基于教育学和心理学的视角分析合作式信息素质教育活动系统的构成要素，解析核心要素和关键子系统的内涵和特征，并在此基础上进行教学活动设计研究，对丰富和完善信息素质教育理论体系、深化信息素质课程教学改革具有重要意义。

2 活动理论与信息素质教育

2.1 活动理论的起源和发展历程

活动理论（activity theory）又称文化－历史活动理论，起源于哲学和心理学领域。1922年俄罗斯心理学家鲁宾斯坦在心理学研究中引入哲学范畴的"活动"概念，指出人类意识与活动具有不可分离性，后经列昂捷夫、维果茨基等心理学家的进一步拓展，逐渐形成了一个以主体、客体、共同体、工具、规则和分工六大因素为核心、系统诠释人类活动的哲学框架。活动理论关注的焦点不是知识状态，而是人们参与的活动、活动目的、主体利用工具完成活动的过程、活动中合作者的社会关系和情境化的关系、活动的客体和结果等。人类活动过程中，人与环境进行双向交互，人类的心理意识是作为与环境互动的一个特殊要素而产生和存在的，意识与活动不可分离，活动与有意识的学习不仅是共存的，而且相互依赖[6-7]。

活动理论大致历经了"三代"发展历程：第一代活动理论突出了中介的概念，将人类行为视为指向目标对象的行为，以活动为中心来诠释人类心理的发生和发展问题，强调人类活动与意识的相互统一，指出主体、客体和中介是构成活动的核心成分。第二代活动理论引入了工具、规则、分工三个要素，突出个体与共同体之间的互动关系。第三代活动理论提出学习者集体和高级学习网络的概念，通过活动系统之间的网络、对话及合作来研究多种活动系统的相互作用，自此活动理论已经发展成为一个研究不同形式的人类活动、理解人类工作与实践的哲学和跨学科理论框架[8-9]。活动理论发展概略图如图1、图2[5]所示：

2.2 活动理论应用于信息素质教育的探讨

从活动理论的视角来看，教学是由教师和学生的一系列活动构成的，是一种特殊的社会实践，教学的主要作用就在于以活动为源泉引发学生的文化性发展，活动与沟通是教学实践中最关键的两个概念[3]。正如认知科学所指出的，人类的思维活动并不是个人头脑中的事件，而是在社会互动过程中发

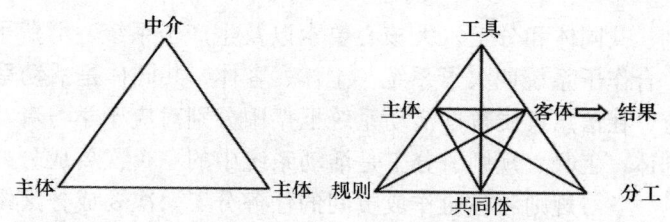

图1 第一、第二代活动理论概略

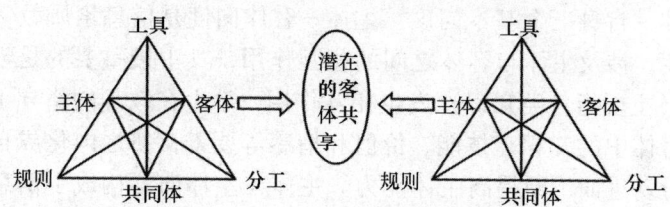

图2 第三代相互作用的活动系统

生的。任何主体在进行思维创造活动时都必须通过阅读、交谈、实验、观察等活动方式,大量接受外界的知识信息,才能掌握材料,形成思维问题,开展思维创造活动[10]。反映在信息素质教学实践中,学生有意识的学习和活动完全是相互作用相互依赖的,活动不能在没有意识到的情况下发生,意识也不能发生于活动的范围之外,作为学生发展的实现机制,活动是信息素质教学的基本单位,沟通是活动得以有效实现的根本保障[3]。

现代教学是一种集体性的活动,信息素质教学活动中必须充分考虑合作的问题,这种合作既包括教师之间就课程内容开发和教学活动设计方面开展的合作,也包括师生之间的教学互动、共同研习案例、作业批改反馈、学生模拟教师角色等多种形式的互动合作,以及学生之间通过学习小组、网络讨论社区、学习共同体等形式实现的合作性学习活动。基于活动理论的合作式信息素质教育活动系统具有学习目标的导向性、学习过程的互动性、学习成果的独创性等特征,学习者与环境、资源、社会、文化等因素广泛联系起来,在这种合作学习、沟通学习的模式下,学习者能够充分发挥主体的学习能动性,并在学习活动过程中有意识地培养与他人合作、与环境协调的能力和协作共享精神,不仅使信息素质教育的学习目标得以实现,同时其自我学习和独立研究的能力、批判性思维和创造性思维都得以有效培养,为其终生学习奠定了基础。

活动理论框架下的合作式信息素质教学活动系统主要包括主体、客体、工具、规则、共同体和分工六大核心要素以及生产子系统、消费子系统、交流子系统、合作子系统四大子系统。主体、客体、共同体是活动系统中的三个核心成分，在信息素质教学活动系统框架中分别对应于学习者、学习目标和学习共同体；工具、规则、分工是活动系统中的三个次要成分，分别对应于学习工具、学习规则和各协作成员间的任务分工。次要成分又构成了核心成分之间的联系。相应地，一个特定的信息素质教学活动系统主要包括主体与客体、主体与主体、主体与自身三种基本关系，具有主体－客体、主体－主体、主体－自身三个基本向度。主体—客体向度是信息素质教学活动中最核心的向度，涉及主体与客体之间的相互作用，其中最重要的是学生作为主体与客体（主要指各类知识）发生相互作用，学生在教师的指导下，积极吸收蕴含在客体中的知识、技能、价值和情感等要素，使之内化成自己主观世界的一部分，进而不断提高主体能力。主体－主体向度构成了信息素质教学活动的社会基础，只有通过丰富的交往、合作、交流、对话等教学活动，才能加深学生对特定知识和事物的多角度理解和深层次认识。主体－自身向度构成了信息素质教学活动的心理基础，学生通过自我意识、自我反思与自我评价，逐渐形成自我、丰富自我，最后发展出自己独特的个性[11]。活动理论视角下的合作式信息素质教育活动系统的基本构架如图3所示[5]：

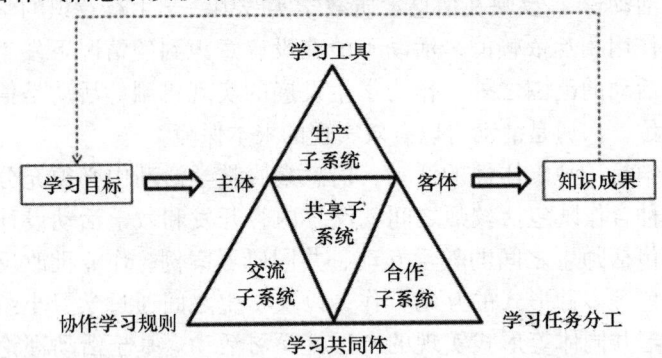

图3 基于活动理论的合作式信息素质教育活动系统

3 活动理论框架下的合作式信息素质教育活动系统分析

活动理论将学习看成是一种主体与客体相互作用的活动，学生通过学习活动认识和获得相关的知识、经验和技能。在合作式信息素质教育活动系统分析中，首先要对主体、工具、客体、分工、共同体和规则6个互动要素以及由这6个要素组成的4个活动子系统进行相应的定义和描述,在此基础上才能更有效地进行相应的教学活动设计。

3.1 核心要素

合作式信息素质教育活动系统中,主体、客体和学习工具是核心要素,它们共同组成了顶端三角形,这表明所有学习活动都是以客体为导向(object-oriented)、由主体通过学习工具中介对客体进行作用而完成的[12]。每一种学习活动最终都产生一定的知识成果,这种知识成果又可以反馈给主体,以确定或者修正主体的学习目标。

3.1.1 主体

主体是活动系统的最基本要素,合作式信息素质教育活动系统中的主体是参与信息素质教育课程的各个层次的学习者。由于每个学习者的知识结构、信息意识、信息技能、兴趣爱好、人际交往风格等不尽相同,需要对学习者的年龄、心理、学习能力、学习风格、学习动机等进行细致的分析,有针对性地设计适合的学习任务、提供相应的学习资源及恰当的学习帮助和指导。教学活动设计时首先要考虑主体的三个方面的特征:一般特征、起点特征以及学习风格。一般特征包括性别、年龄、教育背景等广义区别变量;起点特征即起点能力,是指学习者先前所具有的学习技能及学习态度;学习风格是指学习者完成学习任务及处理信息的特征。主体特征数据可以通过观察、采访、问卷调查等形式获得[13-14]。

3.1.2 客体

客体是主体活动的主要对象,合作式信息素质教育活动系统中的客体是各种类型的学习任务,如信息意识的培养、信息检索技能的掌握和提升、信息道德规范的了解等。尤其在以专业课程教师为内容专家、以图书馆员为信息专家、以教育技术人员为技术专家的"TWISTed Pairs"合作式学习模式中,如何更好地界定客体、明晰各阶段的学习任务将非常重要。

3.1.3 工具

工具是活动系统中主体活动的媒介,是主体作用于客体的手段,活动主体与客体通过工具联系起来。工具分析需要考虑如下这些问题:活动中将使用什么类型的工具?除了物理工具外是否还需要心理工具?这些工具是否容易获得?如何随时间变化?用什么样的思想或理论引导这个活动?主体如何使用这些工具[15]?合作式信息素质教育活动系统中的工具主要指学习工具,可以是互联网、计算机等有形的物质,也可以是符号、程序、启发或模式等抽象的思维产品，比如各种文献管理工具、信息分析工具、信息跟踪获取工具、信息协同工具等。在虚拟学习环境中开展信息素质教育活动，还需要提供一定数量的在线沟通交流工具。

3.2 次要要素

活动系统中，规则、共同体和分工是对社会文化环境因素（合作式信息素质教育活动系统中即学习环境要素）的描述。从社会文化层面来看，学习活动具有社会属性，也就是说学习者处于一个以规则和分工为中介的共同体文化情境之中[12]。

3.2.1 共同体

共同体是活动系统中主体的集合。共同体原本是一个人类社会学范畴的概念，社会学家认为共同体是为了特定目的而聚合在一起生活的群体、组织或团队，后来这一概念被移植到教育领域，出现了学习共同体思潮。建构主义学习理论是学习共同体思潮的理论之源，构建主义学习理论认为知识具有社会性，学习是意义的协商，而共同体是意义协商的前提与载体[16-17]。在合作式信息素质教育活动系统中，学习共同体是协作学习活动的主体，教师可以在分析主体特征的基础上指导分组，选择适当的学习共同体规模和结构，使每个参与协作学习活动的主体都扮演一定的角色，承担一定的职责，激发主体的学习兴趣和参与热情，进而促进学习任务的如期完成。

3.2.2 规则

规则是指对活动进行约束的明确规定、惯例以及潜在的社会规范、标准和共同体成员之间的关系，其目的在于约束共同体中主体的行为，为实现共同体内部的合作提供支持和保障，规则的有效性通常取决于主体的认同程度[12]。在合作式信息素质教育活动系统中的规则主要是指协作学习规则，教师可以让学习者参与设计各种不同的规则，如协作交流规则、成果评价规则等，以便约束学习者的行为，指导学习者的活动，实现预定的学习目标。

3.2.3 分工

分工是指共同体内合作成员横向的任务分配，也指成员纵向的权力和角色分配[12]。合作式信息素质教育活动系统中的分工主要包括两部分：一是合作式教师团队之间的教学任务分解、教学内容开发及教学活动设计，二是学习小组、学习共同体内部成员的学习任务分解和职责分配。

3.3 4个子系统

3.3.1 生产子系统

生产子系统主要包括主体、客体和工具三个要素，是活动系统中最重要的子系统。合作式信息素质教育活动系统中，生产子系统主要包括学习者、学习任务、学习工具三部分内容，客体在该子系统中被转化为结果输出，主体的活动目的即学习目标通过生产子系统得以完成和实现。

3.3.2 消费子系统

消费子系统包括主体、客体和共同体三个要素，该子系统与生产子系统表现为对立统一、相互依存的关系，主体之间的活动需要在消费子系统中进行，消费子系统为生产子系统提供有效的沟通和反馈途径。教育活动系统中的消费子系统有别于传统活动系统的物质消耗，应该理解为共享子系统，是协作式学习活动的基础，主要涉及学习者、学习任务、学习共同体三部分内容。

3.3.3 交流子系统

交流子系统规定了主体与共同体之间交流的规则，为共享子系统提供必要的支持，从而保证共享子系统的有效性。交流子系统包含学习者、协作学习规则、学习共同体三大要素，是主体与共同体之间联系的纽带。

3.3.4 合作子系统

合作子系统包括客体、共同体、分工三个要素。学习共同体通过学习任务的分解和角色的分工来共同完成信息素质教育活动系统的目标，可以理解为学习共同体内部为完成特定的学习任务而采取的一种有效的组织管理策略。合作式信息素质教育活动系统理论框架如图4所示：

3.4 合作式信息素质教育活动系统的运行

列昂捷夫指出，完整的活动是由动机、目的、条件以及与此相关的活动、行为、操作组成的[6]。合作式信息素质教育活动系统中的主体（教师、学习者、学习小组）在明确的动机驱动和目标指引下，对客体（学习任务）实施一系列的行为和操作，通过生产、交流、协作、共享4个阶段，实现知识成果输出，从而引发学生的文化性发展。活动系统运行过程中，不仅各组成部分之间会相互转化，各阶段的活动结构、活动目标、主导要素和主体角色也会发生变化。

3.4.1 学习活动的结构和过程

合作式信息素质教育活动系统中，主体的学习活动是基本的活动形式，

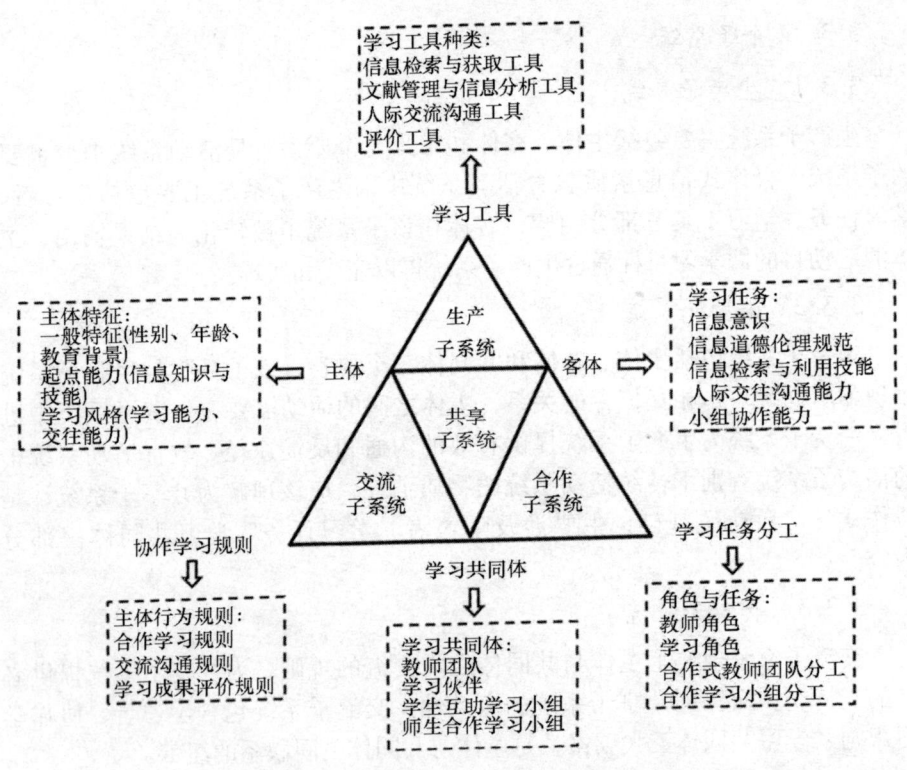

图4 合作式信息素质教育活动系统的理论框架

包括学习动机、课程目标、学习条件以及一连串的行为和操作,是一种有意识的外部实践活动。这种外部实践活动催生了个体内部的心理活动,个体内部的心理活动又反过来影响其外部实践活动的进行,两者具有基本相同的结构(动机、目标、行为及操作等),活动过程就是外部的学习实践活动与内部的心理意识活动相互转化的过程[6]。在教学实践中,要保证学习活动过程的有效开展,首先必须要根据不同阶段的活动目标,将客体细化成一连串的学习行动,再把每次学习行动具体化为可执行的一系列操作,最后还需要设计一套有效的学习效果评估方法。

3.4.2 教学目标的准确定位

动机与目标,是活动的先决条件,如何激发主体的学习动机、准确定位各阶段的具体教学目标是合作式信息素质教育活动系统能否有效运行的关键环节。总体上看,合作式信息素质教育活动系统的教学目标可以定位为以下几点:①了解并掌握"信息素质教育"学科的基本原理、方法与相关工具;

②学会独立、系统地思考问题，具备分析问题并运用相关理论和工具解决实践问题的能力；③培养良好的自我学习、独立研究、小组协作能力，通过撰写课程报告和研习论文，逐步掌握科学研究活动的一般方法和流程。

具体到生产、交流、协作、共享4个阶段，教学目标的侧重点又有不同。生产阶段教学目标的核心是主体充分利用信息检索、文献管理、信息分析等工具，完成各项学习任务，贡献知识成果。交流阶段的目标侧重于主体遵循合作学习规则、交流沟通规则等各种主体行为规则，解决内部争端和矛盾，共同建设和维护学习共同体，为学习活动创建良好的社会文化环境。协作阶段的主要目标是任务分工，学习共同体内部就学习任务进行具体分工，教师、学生分别明确各自的角色和任务，共同协作完成学习任务。共享阶段教学目标的中心是学习共同体内部的知识成果分享，无论是教师团队还是学生互助小组以及师生合作小组共享知识成果，实现个体知识向群体知识的快速转化。

3.4.3 主导要素及主体角色的变化

合作式信息素质教育活动系统运行过程中，不同的阶段和不同的子系统内，主导要素及主体角色会随之变化。生产阶段的主导要素包括主体、客体和学习工具。主体的角色主要是知识学习者，不同特征、能力和学习风格的主体利用各种学习工具学习，类似传统教学模式中的个体。进入到交流阶段，主导要素变为主体、学习共同体和协作学习规则。主体的角色由个体演变成群体成员，必须共同遵循学习共同体内部的学习、交流和评价规则，有效解决各种内部纷争，不同特征的主体会分化为各种不同类型的角色，如合作者、干扰者。协作阶段涉及的要素主要是学习共同体、学习任务分工以及客体。主体作为共同体成员的角色而存在，有意见领袖，有呼应者。到了共享阶段，主导要素分别是主体、客体和学习工具。主体根据各自不同的能力以及努力程度在共同体内部分享知识成果，其角色的不同主要表现在贡献的大小，有核心贡献者、围观潜水者等。

4 合作式信息素质教育活动系统中的教学活动设计

在活动理论分析框架下，教学是由教师和学生的一系列活动构成的，活动是教学研究的逻辑起点，活动系统的核心就是教学活动，如何合理规划和设计各项教学活动，提供便于主体行为和操作的各种活动条件，是合作式信息素质教育活动系统最关键的环节。在分析合作式信息素质教育活动系统的基础上，结合信息素质教育课程的特点，以激发主体的学习活动需求和动机、使其行为和操作自觉服从于信息素质教育课程的教学目标为导向，围绕主体、客体、共同体、工具、规则、分工六大要素和生产、消费、交流、合作四大子系统，笔者试进一步研究和探讨合作式信息素质教育活动系统中的教学活动设计的基本框架、主要对象及设计模式。

4.1 合作式信息素质教学活动设计的基本框架

教学设计是实施教学过程的系统规划方法，其目的在于达到教学过程的最优化[14]。美国得克萨斯在线信息素质教育课程 TILT 的成功经验表明，优化的教学设计是实现信息素质教学过程最优化的前提保证[18]。与传统教学方法不同，采用教学设计的信息素质教学更关注学习者本身，而不是教学内容，尤其是那些能够直接影响到教学结果的因素，需要得到更多的关注。诸如，为实现信息素质教育的教学目标，学生应做哪些准备？对于不同的教学目标和学习者特征，应采用何种教学策略？应该准备什么样的学习资源来支持成功的学习？如何保证既定教学目标的实现？当教学方案不理想时如何修订[14]？合作式信息素质教育活动系统中，教学活动设计关注的核心是主体的学习活动，主体特征、教学目标、教学策略、教学评估是影响信息素质教学活动成功与否的主要因素，它们构成了教学活动设计的基本框架。结合合作式信息素质教育活动系统的六大因素和四个子系统的特点，可以将教学活动设计进一步细化为以下几个组成部分：①厘清教学问题，确定教学目标；②分析主体特征；③界定教学内容，分析学习任务；④细化各阶段的具体教学目标；⑤确定教学活动的内容顺序；⑥根据主体特征设计教学策略；⑦为教学活动组织恰当的资源；⑧制定学习共同体的合作学习规则；⑨学习效果评估。合作式信息素质教学活动设计的基本组成框架如图5所示[14]：

4.2 合作式信息素质教学活动设计的主要对象

合作式信息素质教育课程的教学活动设计主要涉及问题情境、学习活动和学习环境三个主要对象，这三个设计对象互为层次，每个设计对象又包含若干要素，信息素质教学活动中可以根据具体情境进一步扩展使用。

4.2.1 问题情境的设计

信息素质教育中，工具性、技巧性知识所占比重比较大，如果没有特定的学习任务，主体的学习活动没有针对性，容易产生乏味无趣的感觉，如何激发主体的探索兴趣和参与热情非常重要。因此，在教学活动设计中，坚持以问题为导向、由任务驱动的原则设计问题情境至关重要。以问题为导向、由任务驱动的学习观是建立在建构主义学习理论基础上的一种学习观，主张以解决问题为核心来建构知识，强调问题意识，强调自主学习能力。

在教学活动设计中必须根据具体教学内容设计问题情境，使主体置身于

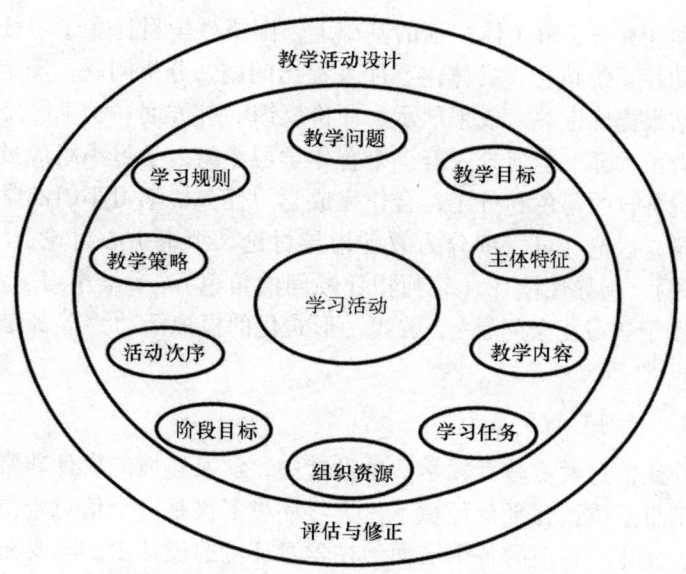

图5 合作式信息素质教学活动设计的基本框架

特定的学习任务之中，激发主体的求知欲和学习兴趣，进而培养思考、分析、概括等自主学习能力。尤其是信息素质课程教师和学科专业课程教师合作授课的教学模式中，必须将信息知识技能与学科专业课程紧密结合起来，以解决专业文献信息资源的检索、分析和综合利用问题为学习活动的主线，支持和鼓励主体积极提出问题并分析问题情境，从课题分析和检索策略制定开始，主动寻求与解决问题相关的信息知识和技能。问题情境下，教师仅在主体学习活动遇到困难时提供适当的提示和指导，给予相应的知识和技能援助，及时对主体的学习活动过程进行评价。

4.2.2 学习活动的设计

合作式信息素质教育活动系统中，主体的学习活动是整个活动系统的核心和关键，是教学活动设计中最重要的对象[3]。教学研究的逻辑起点从知识转变为活动，教学活动设计的核心不是单调的知识传授，而是主体参与的各种学习活动，包括学习活动中使用的工具、学习活动过程中合作者之间产生的社会关系、学习活动的动机、目的以及学习活动产生的结果等。在教学活动设计时必须坚持以学习活动为核心的设计原则，将学习活动视为一种开放的自组织系统，鼓励学生在学习活动中主动完成知识的建构。

合作式信息素质教育活动系统中的学习活动是以小组活动为核心的合作

学习，必须在充分了解主体特征的基础上，围绕教学目标和学习任务精心设计学习活动并系统执行，具体内容涉及提出问题、分析问题、确定策略、收集信息、结果提炼汇总、成果展示、评价反馈等各方面。学生围绕问题和任务主动或者由教师干预划分成若干个合作学习小组，学习小组成员围绕问题和任务明确各自的角色和分工，合作完成学习任务。学习小组的学习活动形式多种多样，讨论（可以细分为教师指导讨论、小组中心讨论、协作讨论、专题讨论等）、指导性设计（教师担任顾问的角色）、个案学习、角色扮演、模拟（多用于学习复杂问题）、游戏（形式化的模拟活动）等都是非常有效的互动形式[19]。

4.2.3 学习环境的设计

在合作式信息素质教育教学活动设计中，学习环境的设计非常重要，尤其是在线信息素质教育平台环境下，学习环境不仅是一个信息资源库，更包括了社会、文化、心理的各个层面。在学习环境的设计中，既要充分考虑课程学习资源和课程元素的丰富程度，也要考虑学习的交互性和开放性，以及以学习者为中心的原则，让每一个学生个体都能在学习共同体中找到适合自己的学习途径和方法[12]。在这方面美国的实施案例比较丰富，比如马里兰大学的基于地区人群的医学信息分析课程、纽约城市大学史泰登岛学院的文化探索课程、史丹森大学的会计学学术资源使用指南等，都是在线信息素质教育虚拟学习环境设计的成功范例[20]。

支持平台、学习工具、信息资源、学习共同体是学习环境设计的四大核心要素，其中学习共同体最为重要，注重师生合作学习、注重学习共同体的建设是教学活动设计中必须坚持的重要原则。合作学习是合作式信息素质教育活动系统的基本组织形式和主要活动方式，在信息素质教学活动设计中，学习共同体的规模和结构、主体的角色和职责等问题都至关重要，它是学习任务、教育目标能否顺利完成和实现的前提保证[14]。对教师来说，信息素质教育课程要求授课教师必须具有比较全面的多学科、复合型的知识结构，既要具有图书馆学情报学知识、信息技术知识、知识产权知识、知识管理知识，又要具有一定的相关学科专业背景知识，因而组建教师团队（共同体），由图书情报领域信息专家和资深专业课程教师合作制定教学计划、学习规则、分解学习任务，变得十分必要。对学生来说，只有建立教师之间、师生之间、学生之间互助的学习共同体，通过沟通学习的模式，信息素质的学习目标才能真正得以有效实现。正如维果茨基所指出的那样，学习者只有在教师和同伴的帮助下，通过沟通学习，学习才能真正发生[21]。同时，在学习共同体中，教师又扮演了专家学习者的角色，学生有机会与教师互为认知学徒，教学相长，通过师生互动共同完成学习目标，进而培养学习者的批判性思维和终身学习能力。学习共同体的建设，充分体现出合作式信息素质教育活动系统以人本主义为核心的沟通学习的特征[16-17]。图6展示了合作式信息素质教学活动设计的基本模式[12]：

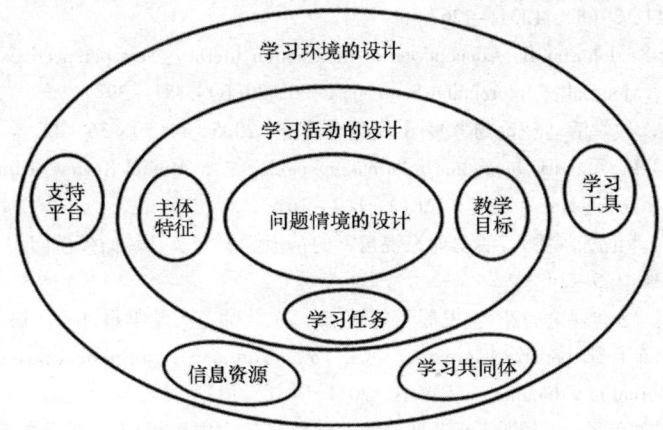

图6 合作式信息素质教学活动设计模式

5 结 语

活动理论的引入为信息素质教育理论体系的完善和教学实践活动的拓展提供了一个新的视角和形式。活动理论框架下的教学是由师生之间的一系列活动构成的，活动是教学研究的逻辑起点，教学的主要作用就在于以活动为源泉引发学生的文化性发展。合作式信息素质教育活动系统中，主体、客体和学习工具是核心要素，主体的学习活动是基本的活动形式，生产子系统是成果输出最重要的阶段，教学活动设计是教学实践的中心环节。如何围绕主体、客体、共同体、工具、规则、分工六大要素和生产、消费、交流、合作四大子系统构建活动系统理论框架，结合信息素质教育的特点，厘清教学实践中的主要问题，合理规划和设计各项教学活动，提供便于主体行为和操作的各种活动条件，是构建合作式信息素质教育活动系统的关键。在后续的研究中，需要更多地关注学习共同体、教学环境、教学效果评估等内容，进一步探讨如何更有效地设计教学活动，充分激发主体的学习能动性，使学习者与环境、资源、社会、文化等因素更广泛地联系起来，在学习活动过程中有意识地培养与他人合作、与环境协调的能力和协作共享精神，更好地培养学生的终身学习、批判性思维和创造性思维能力，实现信息素质教育的最终目标。

参考文献：

[1] 曹高芳,赵学云,姚岚. 信息素养领域研究主题的演化与研究热点分析[J]. 情报科学, 2011, 29(8)：1231－1267.

[2] Webber S, Johnson B. Conceptions of information literacy：New perspectives and implications[J]. Journal of Information Science, 2000, 26(6)：381－397.

[3] 钟启泉. 教学活动理论的考察[J]. 教育研究, 2005, 34(5)：36－42.

[4] Wilson T D. Activity theory and information seeking[J]. Annual Review of Information Science and Technology, 2009, 42(1)：119－161.

[5] 王知津,韩正彪,周鹏. 活动理论视角下的情报学研究及其转向模型[J]. 图书情报知识,2012(1):5－14.

[6] 赵慧军. 活动理论的产生、发展及前景[J]. 东北师范大学学报,1997(1):87－93.

[7] Engestrom Y. Expansive learning at work：Toward an activity theoretical reconceptualization [J]. Journal of Education and Work, 2011,14(1):133－156.

[8] 吕巾娇,刘美凤,史力范. 活动理论的发展脉络与应用探析[J]. 现代教育技术, 2007 (1)：8－14.

[9] 乔纳森. 学习环境的理论基础[M]. 郑太年,任友群,译. 上海：华东师范大学出版社, 2002:91.

[10] 刘卫平. 论创造性思维活动系统的自组织过程[J]. 系统辩证学报, 2000, 8(2):10－13.

[11] 李松林. 教学活动设计的理论框架：一个活动理论的分析视角[J]. 教育理论与实践, 2011, 31(2)：54－57.

[12] 曾祥翊. 研究性学习活动的教学设计模式研究[J]. 电化教育研究, 2011 (3)：81－88.

[13] Heinich R, Molenda M, Russell J D, et al. Instructional media and technologies for learning [M]. Englewood Cliff：Prentice Hall, 1999.

[14] Morrison G R, Ross S M, Kemp J E. 设计有效教学[M]. 严玉萍,译. 北京：中国轻工业出版社,2007.

[15] Jonassen D H, Rohrer－Murphy L. Activity theory as a framework for designing constructivist learning environments[J]. Educational Technology Research and Development, 1999, 47(1)：61－79.

[16] 冯锐,金婧. 学习共同体的思想形成与发展[J]. 电化教育研究, 2007(3):72－75.

[17] 王作亮. 学习共同体思潮的兴起及其对美国学校变革的影响[J]. 外国教育研究, 2011,38(12):71－75.

[18] 王朴. 美国 TILT 的教学设计及其启示[J]. 大学图书馆学报, 2003(1):62－65.

[19] Slavin R E. Cooperative learning: Theory, research, and practice[M]. Englewood Cliff: Prentice Hall, 1995.

[20] 胡芳. 支持虚拟学习环境的嵌入式信息素质教育范例分析——以美国几所大学的实践为例[J]. 图书馆学研究, 2011(8):5-7.

[21] Kalina C, Powell K. Cognitive and social constructivism: Developing tools for an effective classroom[EB/OL]. [2012-10-10]. http://edci6304sp2011.pbworks.com/w/file/fetch/37550917.

作者简介

张莉, 东北财经大学图书馆副研究馆员, E-mail: lily@dufe.edu.cn。

农转城新市民信息素养与城市社会融合度的神经网络映射模型[*]

吴诗贤　张必兰

摘　要　在构建农转城新市民信息素养和城市社会融合度评价指标体系的基础上，基于BP神经网络建立新市民信息素养各指标与其城市社会融合度指标之间的非线性映射模型，然后利用社会调查获得的样本数据训练该映射神经网络，由获得的网络连接权值矩阵和阈值矩阵来反映两者之间的内在联系。利用该网络可深入地分析新市民的信息素养与其城市社会融合的动力关系以及新市民快速融入城市社会的主要信息素养障碍。

关键词　BP神经网络　非线性映射　农转城新市民　信息素养　城市社会融合度

分类号　G202

1　引　言

近年来，作为促进中国二元经济转型的关键措施，许多地区加大了城乡统筹力度，大力促进农业转移人口转变为城镇新市民。但是，农民市民化过程并不是简单地实现户籍和身份上的"农转非"就能完成的，更需要农转城人员把自己真正地融入城市之中，其市民化的过程，是一个包含文化融合、心理融合、身份融合和经济融合的复杂的再社会化过程，是熟悉城市文化、学习在城市的生存技能、内化新的规则和价值取向的过程[1]。在这个艰辛的过程中，农转城新市民（以下简称"新市民"）会遇到许多社会融合障碍，其中，由于农转城新市民信息素养较低而导致的信息弱势成为其城市融入过程中的一个重大障碍[2]。为了促进农转城人员的市民化，需要尽快提高他们的信息素养，但信息素养是一种综合能力素养，其全面提升需要经历一个相当长的过程，这不利于农转城新市民快速融入城市社

---

[*] 本文系国家社会科学基金项目"农转城新市民信息素养及促进模式研究"（项目编号：12XTQ004）研究成果之一。

会，因此，挖掘信息素养各构成要素与城市社会融合各维度之间的内在联系，找出影响新市民城市社会融合的核心信息素养要素，以更有针对性地化解新市民城市社会融合的信息素养障碍，是加快其融入城市社会的重要途径之一。但是，信息素养各要素和城市社会融合度各要素之间的关系是典型的非线性关系，各要素之间的相关性分析非常复杂，而神经网络的理论研究已表明，满足一定条件的神经网络可以以任意精度逼近任何非线性连续函数[3-4]，在处理多输入和多输出系统时可省去传统建模方法所需的各变量间复杂的相关性分析。因此，本研究基于 BP 神经网络构建了新市民信息素养测量指标与城市社会融合度测量指标之间的映射模型，该模型可用来对新市民信息素养与其城市社会融合度各要素之间的复杂关系进行定量研究、分析不同的信息素养对其社会融合的差异化影响以及新市民城市社会融合的关键信息素养障碍。

2 新市民信息素养与城市社会融合度评价体系

2.1 新市民信息素养评价体系

为便于评价个人信息素养能力、指导信息素养教育实践，许多国家和机构相继建立了各自的信息素养标准，比较有代表性的有美国大学与研究图书馆协会（ACRL）在 2000 年提出的《高等教育信息素养评价标准》、澳大利亚与新西兰高校信息素养联合工作组（ANZIIL）于 2004 年颁布的《澳大利亚与新西兰信息素养框架：原则、标准及实践》、美国教育考试中心（ETS）在 2008 年提出的《信息与通信技术（ICT）素养标准》等。国内也进行了积极的探索，例如全国高校图工委组织部分专家在《北京地区高校信息素质能力指标体系》基础上于 2008 年 4 月制订的《高校大学生信息素质指标体系》（讨论稿）是比较有代表性的成果；此外，也有学者提出了一些具有较强可操作性的信息素养或信息能力测试分析模型[5-6]。这些评价体系虽然在具体指标和评价准则上各有不同，但从总体上看，大都是基于信息意识、信息知识、信息能力、信息伦理道德 4 个维度。本文也基于这四大维度，结合新市民的基本特点，建立了新市民信息素养评价指标体系（见表1），其中，信息意识是一切信息行为的先导，信息知识是信息行为的基础，信息能力是核心，信息道德则保障信息行为的规范性。

表 1　新市民信息素养评价指标体系

主维度	子维度	观测指标
信息意识	信息认知、信息情感的内在觉醒度	信息需求意识、信息价值意识、信息安全意识、信息法律意识
	外在信息行为表现的自觉度	信息敏感性、信息行为主动性
信息知识	信息理论知识	信息理论水平
	信息技术知识	媒介使用技术、检索技术、数字金融生活技术
信息能力	信息获取能力	掌握多种信息获取渠道与手段的能力、将信息需求显化并转换为获取策略的能力
	信息吸收能力	对获取到的信息进行评价和选择的能力、内化（融合）获取到的信息的能力
	信息交流能力	信息交流对象、信息交流渠道、信息交流内容
	信息消费能力	信息环境、个人信息装备、信息消费承受力
	信息处理与组织能力	信息组织意识、信息处理工具与手段
	信息运用能力	信息创新能力、信息迁移能力、利用信息解决问题的能力
信息道德		信息劳动价值认同、信息活动道德

2.2　新市民城市社会融合度评价体系

目前，学界尚无关于农转城新市民城市社会融合度评价指标体系的研究，笔者借鉴黄匡时等提出的"农民工城市融合度"评价指标体系[7]，结合农转城新市民的特点，提出一套简明的新市民城市社会融合度评价指标体系（见表2）。该体系包括经济融合、文化融合、心理融合、社会关系融合四大维度，其中，良好的经济融合是新市民立足城市生活的基础，良好的文化融合和社会关系融合能保障新市民深度参与城市生活，良好的心理融合是新市民真正融入城市社会的表征。

表 2　新市民城市社会融合度评价指标体系

维度	观测指标
经济融合	家庭人均年收入、人均住房面积、各种保险保障情况、职业的稳定程度、就业竞争力
文化融合	迁入地语言掌握程度、城市生活习惯适应程度、接受迁入地老市民价值取向程度

续表

维度	观测指标
心理融合	市民身份认同度、权利满意度、生活环境满意度、职业满意度、住房满意度、子女教育满意度
社会关系融合	当地城市的朋友数量、与同事关系、社区活动参与度、与老市民接触程度

3 新市民信息素养－城市社会融合度映射神经网络模型

BP神经网络是人工神经网络中应用最广泛的一种，通常由具有多个节点的输入层、若干隐含层和输出层组成，由具体问题的输入层到隐含层权值矩阵、隐含层到输出层的权值矩阵和网络结构逼近复杂的非线性映射关系，反映输入输出之间的内在本质联系[8]。

用BP神经网络将新市民信息素养－城市社会融合度之间的隐含关系挖掘并映射出来，它们之间的内在关系就转化成了神经网络的拓扑结构、连接权值和阈值的形式，如图1所示：

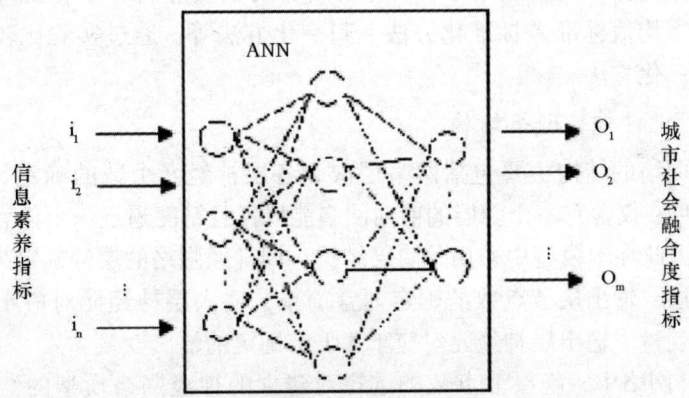

图1 基于神经网络的新市民信息素养－
城市社会融合度的映射

即：

$R_{ANN} = (S, W)$

S为网络结构参数，包括输入神经元个数、隐含层层数及神经元个数和输出神经元个数；W为权值矩阵，其形式为 $W = [W_{i,j}]_{n \times m}$

实现新市民信息素养－城市社会融合度神经网络映射的关键问题包括神

经网络类型的选择、输入输出的确定及数据处理、神经网络训练等。

3.1 确定输入输出项

前面建立了三层结构的新市民信息素养评价指标体系和两层结构的城市社会融合度评价指标体系，要建立它们之间的映射神经网络，首先需要确定输入输出量，即根据研究需要而建立的是哪一层次、哪些信息素养指标与哪一层次、哪些城市社会融合度指标之间的映射。理论上，可以选取信息素养评价指标体系中的任何一个或多个指标作为输入量、城市社会融合度评价指标体系的任何一个或多个指标作为输出量。比如，可以以新市民信息素养作为输入量、新市民城市社会融合度作为输出量构建单输入单输出映射网络；以第一层的新市民信息素养评价指标（信息意识、信息知识、信息能力、信息道德）作为输入量、第一层的新市民城市社会融合度评价指标（经济融合、文化融合、心理融合、社会关系融合）作为输出量构建4输入4输出映射网络；等等。

3.2 样本数据标准化处理

在实际的神经网络应用中，各个评价指标需要进行标准化处理，标准化的方法有零均值标准差标准化方法、归一化方法等。通过实验比较，本模型中采用归一化方法。

3.3 设计神经网络结构

神经网络的结构主要包括网络层次和各层神经元个数的确定。K. Hornik 等人已证明：仅含有一个隐层的前向网络能以任意精度逼近一个任意非线性函数[3-4]，因此在本模型中采用单隐层结构，即神经网络的层数确定为3层。

输入层、输出层节点数的确定非常简单，输入层神经元对应于3.1节确定的输入变量、输出层神经元对应于3.1节确定的输出变量。

在BP网络中，隐层节点数的选择对建立的神经网络模型的性能影响很大，但是目前还没有一种科学和普遍的确定方法，为保证网络性能和泛化能力，确定隐层节点数的基本原则是：在满足精度要求的前提下取尽可能少的隐层节点数。在此原则条件下，在本模型中，隐节点数按公式 $\sqrt{m+n}+a$ 计算隐层神经元数，其中 m 为输入层神经元个数，n 为输出层神经元个数，a 为 [1, 10] 之间的常数。

3.4 确定网络训练参数

BP神经网络需要设置的训练参数很多。在目前的许多应用中，训练参数的设置没有得到重视，特别是激励函数和训练算法会极大地影响网络的练习精度和泛化能力。输入层到隐含层的激励函数一般采用 s 型函数,隐含层到输出层的激励函数,如果在前面的数据处理中已把输出变量标准化到 [0, 1],则宜采用 s 型隔数;如果输出结果不在 [0, 1],则宜采用 purelin 函数。目前,常用的神经网络的训练算法有 10 余种,为了尽量提高训练精度,在本模型中采用试凑法对比各种算法并选择最佳算法。

3.5 训练并检验映射神经网络

采用合适的编程工具,编写映射神经网络程序,训练神经网络,并利用测试样本检验训练后的神经网络反映映射能力的有效性。

4 新市民信息素养 – 城市社会融合度

映射神经网络构建实例

4.1 映射神经网络构建概况

选取信息素养第一层指标——信息意识、信息知识、信息道德和信息能力的二级指标——信息获取能力、信息吸收能力、信息交流能力、信息组织能力、信息消费能力、信息应用能力 9 个指标为输入量,城市社会融合度的 4 个一层指标经济融合、文化融合、心理融合、社会关系融合为输出量。

采用问卷调查方法获取样本数据,问卷设计针对各个指标对应的观测变量展开,通过在重庆市 2 个点(以农转城人员聚居区为主)进行社会调查,得到有效问卷 32 份。问卷中的各观测变量测量问题的回答项数为 3 – 6 项,对每一份有效答卷的各观测指标值采用五级制(取 0 – 4 之间的整数值)。随机取 25 份答卷的数据作为训练样本,另外 7 份为测试样本。

映射神经网络采用三层结构,输入层有 9 个神经元(信息意识 I_1、信息知识 I_2、信息获取能力 I_{31}、信息吸收能力 I_{32}、信息交流能力 I_{33}、信息组织能力 I_{34}、信息消费能力 I_{35}、信息应用能力 I_{36}、信息道德 I_4),输出层有 4 个神经元(经济融合 O_1、文化融合 O_2、心理融合 O_3、社会关系融合 O_4)。隐含层神经元个数按公式 $\sqrt{m+n}+a$(在本例中,m = 9,n = 4,a 为 [1, 10] 之间的常数)计算,因此隐含层神经元个数可为 5 – 15 中的任意数。在具体操作时,首先从较少的隐层神经元即 5 个开始训练,逐步增加神经元个数,通过比较不同隐层神经元数对应的网络误差和训练速度,最终确定隐含层神经元个数为 6 个。

在具体编程实现时,所有样本数据均除以 4 归一化到 [0, 1],则各层的激励函数均采用 sigmoid 函数。

通过运行比较 trainbfg、traingd、traingdm、traingdx、traingda、trainrp、

trainlm、trainoss 等几种 BP 神经网络训练算法的训练速度、精度,最终选择 trainoss 法训练 BP 神经网络。

4.2 映射神经网络的实现

采用 Matlab 工具,实现上述映射网络训练的 Matlab 核心程序如下:

net = newff(minmax(p),[9,6,4],{′tansig′,′tansig′,′tansig′},′trainoss′);% 建立一个三层 BP 网络,输入层 9 个神经元,隐含层 6 个神经元,输出层 4 个神经元

net.trainParam.show = 50;

net.trainParam.lr = 0.05;% 学习率为 0.05

net.trainParam.epochs = 10000;% 最大训练次数为 10000

net.trainParam.goal = 0.002;% 训练精度为 0.002

net = train(net,p,t);% p 为训练样本输入数据(9×25 矩阵,即 25 个样本的 9 个信息素养指标值),t 为训练样本输出数据(4×25 矩阵,即 25 个样本的 4 个城市社会融合度指标值),p、t∈[0,1]

save net;% 保存训练后生成的神经网络权值矩阵

该神经网络训练进化曲线见图 2。

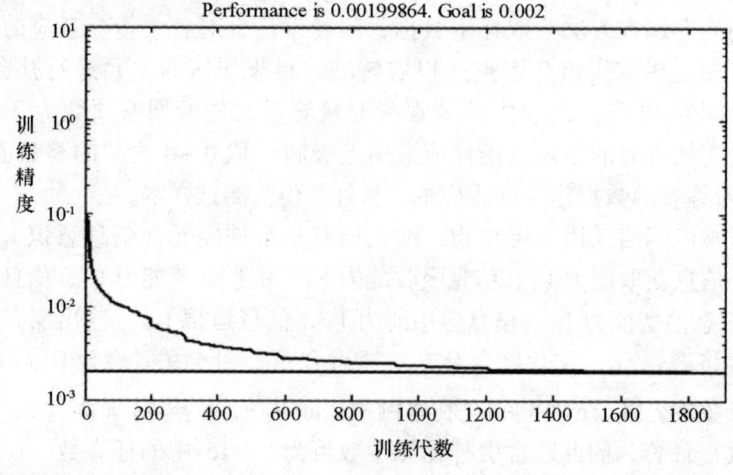

图 2　训练进化曲线

4.3 模型有效性验证

把 7 个测试样本的信息素养评价指标值分别运用到前面建立的新市民信息素养 – 城市社会融合神经网络 net,利用 sim() 函数进行神经网络运算,

可得到7组城市社会融合评价指标值（预测值），与测试样本的实际城市社会融合度评价指标值（实际值）进行比较检验，结果见表3。

由表3可见，各项城市社会融合度指标预测值与实际值之间虽然有偏差，但误差在可接受范围之内，特别是根据信息素养指标值预测的城市社会总体融合度具有较高的精度。这揭示出新市民信息素养的高低与其城市社会融合的程度有较强的正相关性、新市民个体的城市社会融合具有一定的可预测性，利用映射网络分析它们之间的内在联系是有可行性的。

表3　映射网络有效性检验

组别	第一组		第二组		第三组		第四组		第五组		第六组		第七组	
比较项	预测值	实值	预测值	实值	预测值	实值	预测值	实值	预测值	实值	预测值	实值	预测值	实值
经济融合	2.607 5	4	2.706 8	3	2.349 5	3	2.111 9	2	2.770 7	2	1.143 5	3	4.972 0	3
文化融合	1.707 7	3	4.631 8	4	3.709 3	4	3.297 7	2	3.903 3	3	1.611 6	2	4.406 1	4
心理融合	3.910 1	3	3.225 1	3	3.524 4	3	2.037 4	1	2.144 9	3	2.571 1	2	0.852 9	2
社会关系融合	3.206 7	3	3.824 0	4	2.995 9	2	0.785 7	1	3.728 2	4	2.676 8	2	2.001 5	2
总体融合	11.432	13	14.387 7	14	12.579 1	12	8.232 7	6	12.547 1	11	8.003	9	12.232 5	11

5　新市民信息素养–城市社会融合度映射神经网络应用领域举例

5.1　预测

利用新市民信息素养–城市社会融合度映射神经网络，可以较高精度地预测新市民城市社会融合情况。在宏观上，这对把握新市民城市社会融合的规律、特点和进程，设计有效的新市民社会融合促进政策、健全相应的机制、搞好新市民的服务与管理工作具有重要的现实意义；在微观上，可以更早地把握新市民个体在融入城市过程中可能存在的问题与困惑，便于在社区服务等具体工作中有针对性地提早介入，帮助其尽快克服城市社会融入中的短板。

5.2　单因素影响分析

改变新市民信息素养–城市社会融合度映射神经网络的网络输入（信息素养各指标值），就会得到不同的网络输出（城市社会融合度各指标值），从而揭示出信息素养的各构成要素对其城市社会总体融合度及各维度融合度的影响。在理论上，这对探索新市民城市社会融合度与其信息素养的内在关系，探究不同的信息素养对其社会融合的差异化影响和作用机理，分析影响新市民城市社会融合度的主要信息素养障碍有重要作用；在通过培训提高新市民信息素养以促进其市民化的实践中，可更有针对性地制定信息素养培训策略、化解新市民城市社会融合的关键信息素养障碍。

6 结 语

本文建立了农转城新市民信息素养 - 城市社会融合度映射神经网络模型，利用调查数据训练并建立了具有映射权值的定量映射网络，初步测试表明，利用该网络可由新市民的信息素养观测值较高精度地预测其城市社会融合度。但目前的调查样本来源局限于一个地区，加之样本数量较少，映射网络的大范围适应性还未得到验证。下一步研究计划是进一步展开社会调查，获取不同地域、不同背景农转城新市民信息素养与城市社会融合度的大样本调查数据，以此训练该网络，进一步提升映射网络的有效性，并利用该网络对农转城新市民信息素养与城市社会融合度各维度的内在联系展开深入的定量研究。

参考文献：

[1] 张文宏,雷开春. 城市新移民社会融合的结构、现状与影响因素分析[J]. 社会学研究,2008(5):117 - 141.

[2] 李德娟. 信息弱势、信息援助与城市农民工社会融入[J]. 图书馆建设,2012(12):13 - 16.

[3] Hornik K, Stinchcombe M, White H. Multilayer feedforward networks are universal approximators[J]. Neural Networks,1989,2(5):359 - 366.

[4] Hornik K, Stinchcombe M, White H. Universal approximation of an unknown mapping and its derivatives using multilayer feedforward networks[J]. Neural Networks,1990,3(5):551 - 560.

[5] 赵静,王玉平. 群体信息能力测试分析模型[J]. 图书情报工作,2008,56(6):106 - 109.

[6] 区晶莹,张淞琳,俞守华,等. 基于偏最小二乘通径模型的农民工信息能力综合评价[J]. 农业系统科学与综合研究,2011,27(4):495 - 501.

[7] 黄匡时,嘎日达. "农民工城市融合度"评价指标体系研究——对欧盟社会融合指标和移民整合指数的借鉴[J]. 西部论坛,2010,20(5):27 - 36.

[8] 韩力群. 人工神经网络理论、设计及应用(第二版)[M]. 北京:化学工业出版社,2007.

作者简介

吴诗贤,重庆工商大学计算机科学与信息工程学院讲师,E - mail：wsx19730813@163.com；张必兰,重庆工商大学图书馆研究馆员。

学科信息素质教育平台的构建与启示
——以 Scitable 协作学习平台为例

李彦昭[1,2]　陈朝晖[1]　郑菲[1]

（1. 中国科学院国家科学图书馆　北京 100190；
2. 中国科学院研究生院　北京 100190）

摘　要　从功能模块和辅助模块两个方面对 Scitable 信息素质教育平台的构成和功用进行剖析，总结该平台突出学科资源、内容设计新颖、技术特点鲜明、理论与实践相结合等特点，并对我国信息素质教育平台的构建提出内容改革、与学科化服务结合、创新设计内容和形式、加强技术应用和共建共享等建议。

关键词　学科信息素质　在线教育平台　Scitable　学习空间

分类号　G252

1 概　述

信息素质教育一般分为通用信息素质教育和学科信息素质教育两个层次[1]。进入 21 世纪以来，随着信息素质教育的开展，用户自身素质不断提高，其信息需求向更加专业化方向发展，针对不同学科开展专业层次的信息素质教育成为必要。在当前新信息环境下，传统基于课程和培训方式的信息素质教育难以适应这种发展形势，在线形式的信息素质教育平台开始出现，并越来越成为信息素质教育的主要形式[2]。因而，探索和构建基于学科的在线信息素质教育平台，开始受到人们的关注。由 Nature 出版集团推出的 Scitable 站点正是学科信息素质教育的典型案例。本文将对这一平台进行深入剖析，总结其功能、特点和优势，以期对我国学科信息素质教育平台的构建有所借鉴。

Scitable 是一个免费的开放在线教育/学习平台，它整合了 Nature 出版集团高质量的科学文献，同时具备网络社区的特点，为全球各地科研人员和师生提供科学观点、教学实践和学习资源交流与合作的机会。目前，该平台以遗传学学科为构建对象，提供了该领域的各种教学和科研文献以及在线学习工具，以帮助科研人员和师生开展研究和学习[3]。

2 Scitable 平台的构成

Scitable 主要包括功能模块和辅助模块两大部分。功能模块是平台开展学科信息素质教育的主体，由主题、个人社交网、兴趣组、学习路径和个人主页5个模块组成（见表1）。辅助模块是为便于用户使用，加强用户交流和协作而设立的一些功能组件，包括学习插件、专家咨询和通讯工具等（见表2）。

表1　Scitable 功能模块构成及作用

组成模块	主题	社交网络	学习兴趣组	学习路径	个人主页
构成	数字资源、讨论室、知识项目、焦点、博客和论坛	个人特定关系	介绍、版主声明、讨论组、详细信息和备忘录	时间序列文献	短消息、联系人、书架、信息更新、在线教室等
类型	遗传学 细胞生物学 科学交流 职业规划	好友关系 小组关系	学习讨论组 主题交流组 公开兴趣组 私有兴趣组	理论梳理 实验过程	科研人员 教师 学生
功能作用	提供学术资源、教学资源和讨论主题，理论学习和主题讨论相结合	交流与合作、用户需求挖掘、学习兴趣发现、讨论组建、经验共享	发起或参与讨论、组织管理讨论内容、辅助教学、分享学术观点和资源	通过内容的组织梳理，对用户科研和学习过程进行指导	沟通和交流、资源收藏链接、辅助教学、反馈意见、参考注释

表2　Scitable 辅助模块构成及作用

功能组件	学习插件	专家咨询	在线课堂	实时交流	其他
构成	书签、打印工具、电子邮件、共享和文件包	虚拟咨询台 学科专家	教师 学生 教学资源	邮件、短消息、个人列表和小组列表	超链接 术语列表 图书馆
作用	内容标记、批注、储存、打印、下载和共享	在线参考咨询、学科指导	在线教学、课堂讨论和课外学习	小组或好友之间的交互和协作学习	辅助学习和资源获取与利用

2.1 功能模块及其介绍

2.1.1 主题（topics）

在主题模块中，数字资源和主题研讨室是其中最主要的两个内容。数字资源是平台为用户提供的各种主题的学术资源，这些资源都来自 Nature 出版集团，同时经过遗传学领域的专家审核。资源采用模块化组织方式，并由学科专家负责参与指导教学，内容以入门性质的介绍为主，多以问答的形式展开，最后有简单的结论或总结，部分模块还附带在线测试和学习操作部分。主题研讨室是一个研究讨论各种主题的虚拟学习空间。目前平台设立了遗传学、细胞生物学、科学交流和职业规划 4 个主题研讨室，每个研讨室下都有若干讨论主题。用户在研讨室内可以对文章内容进行评论、发起讨论或是将内容与他人分享等，也可以通过左侧的成员和小组列表进入社群继续参与讨论。

2.1.2 个人社交网（people）

与其他在线教育平台相比，Scitable 最突出的特点是个人社交网络的嵌入。用户可以根据需要建立与世界各地科研人员、教师和学生的关系网络，开展科研合作、学术交流和资源共享，甚至从中寻找职业发展的机会。该平台协作学习正是基于社交网络形成的好友关系和小组关系开展的，这种关系的存在使得网络具有一定的稳定性，因而用户之间的学习交流更加顺畅。同时，这种网络在用户需求挖掘、学习兴趣发现、讨论组建、资源共享等方面都发挥重要作用，而且社交网络也成为 Scitable 吸引用户参与的重要手段。最新的一项网上调查显示，有 75% 的 18-24 岁年龄段人群使用社交网络，而有超过 80% 的学生每周都会浏览和使用社交网络站点[4]，因而应用社交网络能够有效调动这部分用户的参与。

2.1.3 学习兴趣组（groups）

Scitable 允许用户根据需要建立自己的科研、学习兴趣组，同时可以邀请其他学生或专家老师的参与。兴趣组包括课堂学习组和主题交流组，前者是指为完成特定教学任务或进行课程学习而建立起来的小组，后者是为参与某一主题讨论而建的兴趣小组，并不涉及教学内容。兴趣组中有许多由创建者发布的本小组主题的文章和报道，同时提供文献的 URL，方便用户查找。通过兴趣小组，用户可以发起或参与讨论并对讨论内容进行组织管理，小组成员之间可以分享有益的信息或内容，从而实现资源共享和共同提高，其他用户也可以浏览该小组的所有讨论内容、参与的主题情况和共享的内容等。

2.1.4 学习路径（learning paths）

学习路径是平台对用户的科研和学习过程进行指导的模块，它通过文献导读的方式对用户进行指导，一般是以时间为顺序将某一主题研究过程中的关键环节或重大发现串联起来，使用户形成对该主题研究过程的整体认识。目前，平台已经提供了许多典型主题研究的学习路径供用户参考学习。以学习路径"基因图谱：历史与现状"为例，研究路径再现了基因链的发现、基因重组和基因图谱、典型有机体的基因图谱绘制、多基因遗传和基因图谱、染色体图谱绘制以及人类基因图谱的绘制的发展过程。通过学习路径，用户对这一问题的研究过程进行了全面有序的梳理，从而便于对这些学科基础知识的掌握和科研、学习的快速入门。

2.1.5 个人主页（my scitable）

个人主页是平台为注册用户提供的个性化服务页面，包括短消息、联系人、书架、信息更新等内容。它们的主要作用是实现协作学习，加强用户之间的沟通和交流。同时，为用户提供资源收藏链接、收集反馈意见、进行参考注释等功能，从而使得学习过程更为顺畅。个人主页是用户建立的小型科研、学习环境，在主页中通过一系列个性化工具和技术的应用，可以将人、资源、工具和服务有机地结合起来，从而更好地支持用户的科研和学习。与一般的个人主页相比，Scitable突出的学习和知识交互的特点吸引了用户的广泛参与。

2.2 辅助模块

2.2.1 学习插件

平台中集成了各种学习插件和工具帮助用户进行学习，如书签、文件包等。用户在学习过程中可利用书签将平台上的学术论文共享到Facebook、Twitter等网站上。文件包用于存储各种被标记的论文、消息和讨论内容等，方便用户进行批注和速记。

2.2.2 专家咨询

Scitable创新性地设置了"学科专家负责制"的在线参考咨询服务，由学科专家负责模块的资源建设和问题咨询。这种服务特点能够充分发挥学科专家的知识技能来满足用户的信息需求，从而大大提高用户的学习效率和学科素质。

2.2.3 在线课堂

是平台为师生在线教学提供的一种虚拟空间。教师可以上传下载各种教学资源，同时为学生提供各种在线阅读书目、讨论主题和学习工具等。学生可以进行实时提问、课程资源和论文下载等。在线课堂作为传统教育的重要补充，既可以进行在线教学，也可以作为师生课外学习讨论的重要途径。

2.2.4 实时交流

平台在每个页面左侧栏都设有实时交流工具，方便用户随时进行沟通和联系，从而实现交互和协作学习。同时，实时交流也是结识新用户、建立个人社交网络的主要通讯工具。

此外，平台还提供了资源之间的超链接、术语列表，集合了各种学术资源的"图书馆"模块，从而辅助学习和资源的获取利用。

3 Scitable 平台的构建特点

3.1 与学科资源结合，发挥自身优势

与一般的信息素质教育平台相比，Scitable 平台以 Nature 出版集团高质量的遗传学学科资源为基础，同时发挥学科专家的优势参与资源的组织和建设。平台上的每篇文献都来自 Nature 出版集团，并通过学科专家的审核，而且也允许用户在资源内容方面提供意见和建议。平台本身也作为一个开放的以科学教育为目的的数字图书馆[3]，为科研人员、教师和学生提供服务。这样平台建设就实现了将优质的学术资源与知名的专家学者以及用户的信息需求的有效结合，从而发挥各自优势，实现科研、学习的交流和互动。

3.2 内容设计新颖，充分吸引用户

Scitable 平台除了丰富的学术资源外，也设立了众多形式新颖的学习内容，吸引用户的参与和讨论。最典型的例子是焦点模块的设计。焦点是指科学领域内各种最新出现或备受人们关注的热门话题，是许多学者和师生的兴趣所在，成为开展科学研究的出发点，往往也成为了解该学科的切入点。例如，与遗传学有关的焦点包括人类基因组计划、转基因生物、H1N1 病毒、干细胞、心脏病、传染病等，对这些热点问题的讨论，不仅能为科学研究提供可参考的观点和见解，也有助于广泛吸引用户的参与，推动科普知识的普及。正如 Nature 教育副总裁所说，"平台在推出的第一年就吸引了来自 156 个国家的 50 万用户的参与，形成了约 1 000 个讨论组"[5]。

3.3 技术特点鲜明，便于实现交互协作

作为一个在线的科学教育和个人学习空间，Scitable 平台整合了社会网络技术、Web2.0 技术、开放获取技术和个性化推送技术等，充分实现用户在科

研、教育和学习中的交互协作。目前，平台同时拥有维基百科、社交站点和在线期刊的各种功能和优点，使其与一般的学习平台相比有明显的技术优势。此外，Scitable 还与因特尔等知名企业开展合作，充分利用他们的技术优势。例如，2010 年 8 月推出的"手机版"平台，用户使用普通手机、iPad、iPhone、黑莓甚至电子书阅读器等移动设备都可以进行访问[6]。通过合作，Scitable 实现了社交网络的快速扩展，在全球范围内覆盖尽可能多的用户，而合作企业也可以实现对最新科学研究的及时跟踪。

3.4 理论学习与实际操作相结合

当前，在线教育平台的一个很大弊端是理论与实践脱节[7]，平台讲授各种学习理论，但是没有提供实践操作的机会，很多用户不经过实践，学过之后便很快遗忘。Scitable 正是意识到这一问题，在平台设计中将理论讲授与实际操作结合起来，以期从根本上提高用户的学科素质。例如平台的"在线测试"、"学习操作"等栏目是在用户阶段性学习之后开设的测试和练习，用户可以进行实际操作，从而对所学知识及时总结。而且平台理论学习、主题讨论、实时评论和热点关注等多种栏目的开展，也有利于用户理论知识的掌握和实际的应用。

3.5 个性化学习特征明显

Scitable 平台以遗传学学科资源为构建对象，但即便是在同一学科背景下，用户依然可以享受到个性化特征明显的在线学习环境。以平台的个人主页模块为典型代表，它是 Scitable 个性化特征的集中体现。在平台中，用户个人主页下的每个"好友"列表、资源类型、学习工具、参与主题和人际网络都是按照自己的标准建立起来的，完全是用户个性化需求的真实体现，因而每个用户的页面构成都不相同。而一个个看似独立的个人页面，通过一系列交互工具和技术的应用，形成了一个纵横交错又个性化特征明显的科研、学习网络，从而更好地支持用户的在线学习。

4 Scitable 对我国在线信息素质教育平台的启示[8-9]

4.1 改革平台教学内容，加入学科素质教育

目前我国的信息素质教育平台多是进行信息素质的通识教育，包括图书馆资源介绍、使用技能培训、信息检索课件下载、论文写作指导和在线课程学习等，这种模式最大的特点是将图书馆资源、服务与信息素质教育结合，而针对专业层次的学科信息素质教育开展较少。因此，借鉴 Scitable 学科信息素质教育的经验，可以在现有通识教育模式的基础上，改革教学内容，加入

学科信息素质教育模块，按专业内容和性质进行差异化教学。图书馆可以与专业教师、科研专家一起探索设计该学科信息素质的教学内容和实施方案，结合具体的专业背景开展信息素质教育。例如，美国加州州立大学的信息素质教育除了设有基本信息素养模块外，还提供了5个基于学科的教育指南进行专业层次的学科素质教育[2]。

4.2 与学科资源建设和学科化服务相结合

学科资源和学科服务是学科信息素质教育平台的两大要素，因此平台构建可以与图书馆现有的资源和服务相结合。在学科资源方面，利用图书馆的机构库、信息/学习共享空间、学科信息门户、特色学科数据库等，将这些资源筛选、重组或以链接的方式嵌入学科信息素质教育平台中，实现学科资源的充分利用。学科化服务目前已经在我国图书馆广泛开展，但是在当前新信息环境下还有很大的拓展空间[10]。可以说，提升用户学科素质本身就是学科化服务的重要内容。因而，与学科化服务结合，利用学科馆员提升用户信息素质，同时在信息素质教育平台中嵌入学科参考咨询系统、设置学科资源推介栏目、构建学科信息环境和提供重点学科情报服务等，是图书馆开展学科信息素质教育的有效途径，如图1所示：

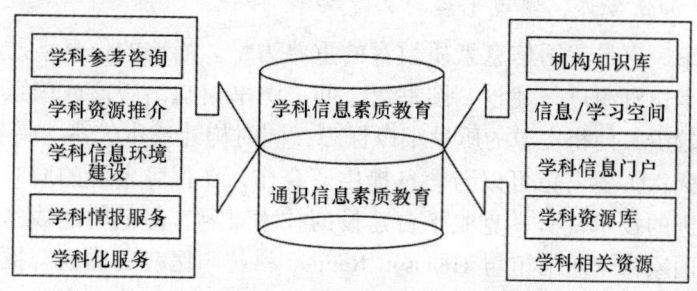

图1　图书馆学科信息素质教育平台

4.3 创新平台的内容设计和组织形式

目前，尽管人们已经认识到在线信息素质教育平台的重要性，但是许多机构在平台构建过程中仅仅是将传统信息素质教育进行网络化，教育内容和形式依然陈旧，用户参与和使用的积极性不高。这方面一些学科信息门户建设后利用率不高的教训值得注意，而 Scitable 正是凭借新颖的学习内容和个性化设计的特点才吸引了众多的用户参与。因此，在学科信息素质教育平台构建过程中可以建立一些内容活泼、形式新颖的栏目，比如焦点讨论区、学科热点交流区、学科疑难答疑区、实践操作区、个性化服务专区，甚至职业规划讨论区等丰富现有刻板的教育内容和形式，吸引用户尤其是年轻用户的广泛参与。可以设立专门的学科馆员或专家负责指导，用户可以根据自己需要自由加入或参与讨论。

4.4 利用最新技术，开展协作教学

目前，我国在线信息素质教育平台提供的服务仍然是基于 Web1.0 的组织方式，用户之间、用户与教学人员之间的交流渠道有限。虽然用户可以通过邮件、网络表单、电话等方式进行咨询和反馈，但用户间的交互和协作学习的程度不够。Scitable 平台的核心理念就是通过社会网络和 Web2.0 技术等各种新型技术的应用，实现交互协作，学生之间、学生与教师或学科专家之间都可以进行无障碍的沟通交流。因而，构建信息素质教育平台可充分利用当前最新技术，发挥交流协作的功能，将协作学习视为用户信息素质的重要能力，开展协作式教学。此外，随着当前技术的发展，可以将信息素质教育平台嵌入到用户的学习管理系统（如高校的 Blackboard 系统、社交网络平台、维基和个人博客等系统）中，从而实现各种学习技术的融汇[11]，如中国科学院国家科学图书馆的开放信息素质教育平台与 WiKi 系统的融合[8]。

4.5 加强合作，实现平台的共建共享

图书馆一直是我国信息素质教育的重要力量。当前的信息素质教育平台大多依靠本馆资源进行建设，图书馆之间、图书馆与出版商或信息提供商之间的合作较少，使得资源的质量难以保障，同时构建成本较高。借鉴 Scitable 的构建模式：①图书馆可以与信息提供商合作，在保障资源的同时，发挥合作伙伴先进的技术优势，克服平台建设的技术难题，降低构建成本，例如中国科学院国家科学图书馆与 Thomson Reuters 科技与医疗集团联合推出的在线课程就应用了对方功能良好的 Webex 学习平台进行教学[12]；②加强与学术团体、科研院所的合作，发挥其科研人员的科学素质优势，实现信息素质的共同提升，例如建立"客座研究员"制度，邀请专家参与和负责学科指导或开展相关学科素质的讲座等；③完善用户参与机制，在平台构建过程中广泛征求用户意见和建议，建立用户反馈机制，及时对平台进行更新和完善。

参考文献：

[1] 曾晓牧,孙平. 高校信息素质能力指标体系研究[学位论文]. 北京:清华大学,2004.

[2] 张士靖,杜建,刘娜. 高校不同层次信息素质教育调查分析. 情报杂志,2009(4):44–47.

[3] Scitable. [2010–08–15]. http://www.nature.com/scitable.

［4］ Luo L L. Web 2.0 integration in information literacy instruction：An overview. The Journal of Academic Librarianship，2009，36(1)：32－40.

［5］ Scitable makes rocket science easy.［2010－11－15］. http://bizbox.slate.com/blog/2010/10/scitable_makes_rocket_science.php.

［6］ Scitable's mobile strategy to democratize science education.［2010－11－25］. http://www.readwriteweb.com/archives/scitables_mobile_strategy_to_democratize_science_e.php.

［7］ 宋琳琳. 英国国家在线信息素质教育平台 VTS 的构建与启示. 图书情报知识，2008(5)：92－97.

［8］ 在线信息素质教育中心.［2010－09－25］. http://lib.sytu.edu.cn/zxxxsz/index.htm.

［9］ 开放信息素质教育服务平台.［2010－08－15］. http://il.las.ac.cn/index.php.

［10］ 初景利. 新信息环境下学科馆员制度与学科化服务. 图书情报工作，2008，52(2)：5.

［11］ 纪姗姗，李春旺. Mashup 个人学习环境研究述评. 图书馆学研究，2010(9)：12－17.

［12］ 我馆与汤姆森路透集团联合推出 2010 秋冬季在线培训课程.［2010－12－25］. http://www.las.ac.cn./subpage/Information_Content.jsp?InformationID=5387.

作者简介

李彦昭，男，1987 年生，硕士研究生；

陈朝晖，男，1969 年生，研究馆员，科学文化传播中心主任，硕士生导师，发表论文 20 余篇；

郑　菲，女，1971 年生，副研究馆员，发表论文 10 余篇。

嵌入中科院研究生学位论文研究过程的信息素养现状调查研究[*]

欧阳峥峥 吴 鸣 刘艳丽 张杰龙 宋秀芳

（中国科学院国家科学图书馆 北京 100190）

摘 要 信息素养贯穿于研究生学位论文选题、实验、写作、投稿全过程之中。基于2006年美国大学与研究图书馆学会（ACRL）《科技信息素养标准》5项标准的解读，设计针对研究生学位论文过程的信息素养调查问卷，选择中国科学院12个研究所的120位硕、博士研究生作为调查对象，调查研究生学位论文研究过程的信息素养现状，旨在基于调查结果的分析，提出培养研究生学位论文研究过程的信息素养建议。

关键词 研究生 学位论文 信息素养 调查研究

分类号 G203

研究生的学位论文研究占研究生学习阶段时间的一半以上，是研究生开展科学研究工作的成果结晶，也是研究生能否获得学位的重要依据[1]。学位论文的质量综合体现了研究生运用科学理论、方法和技术手段解决实际问题的能力。通过学位论文，可以看出研究生是否掌握了坚实的基础理论和系统的专业知识，是否具有独立从事科学研究的能力[2]。因此，学位论文对研究生而言具有重要的意义。

研究生在完成学位论文的全过程中，自身具备科学研究需求的信息素养非常重要。美国图书馆协会（ALA）于1989年将信息素养定义为"能认识到何时需要信息以及有效地搜索、评估、使用所需信息的能力"。美国高校图书馆信息能力标准（2000年）规定的有关信息素养的5个一级标准为："有能力决定所需信息的性质和范围；可以有效地获得需要的信息；评估和挑选信息并融入自己的知识库；能够有效地利用信息来实现特定的目标；能够熟悉

---

[*] 本文系《图书情报工作》杂志社2010年出版基金重点资助项目"嵌入研究生学位论文研究过程的信息素养教育研究"（项目编号：2010CB02）研究成果之一。

与信息使用相关的经济、法律和社会问题；能合理合法地获取信息[3]。

本文根据对信息素养标准的解读[3-5]，针对研究生学位论文研究中选题、实验、写作、投稿4个阶段涉及的信息意识、信息获取能力、信息评价能力等设计了17个问题。随机抽取了中国科学院（以下简称"中科院"）12个研究所的120位硕、博士研究生作为样本，调查研究生在完成学位论文过程中信息素养现状，并针对调查反映出的信息素养问题提出相应建议。

1 调查概况

1.1 问卷设计

根据对信息素养5个标准的解读，问卷内容的设计包含研究生的信息意识、获取资源解决问题的能力、评价信息的能力、合理利用信息的能力以及对信息道德的理解5个方面。将这些内容与学位论文研究的选题、实验、写作、投稿4个阶段结合起来，设计了问卷框架，如表1所示：

表1 问卷题目分类情况

题目分类	数量	具体题目
选题	7	学位论文选题来源
		自主选题时所属情况
		了解学位论文研究背景的常用方法
		检索学位论文课题信息首先考虑的因素
		检索学位论文课题信息首先检索的信息源
		检索到大量信息时如何筛选信息
		如何确定论文的创新点
实验	2	持续追踪信息的渠道
		检索数值型、事实型等数据的方法
写作	1	撰写学位论文时主要遇到的困难
投稿	1	投稿时如何选择期刊
综合	6	学位论文研究过程中最难的阶段
		查找、利用信息时遇到的主要问题
		无法获取全文时所采取的途径
		学位论文研究过程中管理文献的方法
		如何理解信息合理利用
		是否愿意参加信息素养相关培训

选题阶段题目设计涵盖了题目来源、信息查找、筛选方法等，由于这一阶段是学位论文研究的初始阶段，需要大量查找、阅读、筛选信息以了解课题背景知识，因而这一阶段是信息素养集中体现的阶段，共设置有7个题目。实验阶段信息素养具体体现在信息持续追踪与科学数值的查找方式上，共两个题目。写作阶段设置了一个题目，调查研究生认为这一阶段最为困难的问题。投稿阶段设有一个题目，调查了解如何选择投稿期刊。还有一些问卷题目涉及学位论文研究过程的每一个阶段，因而都归于综合类，共有6个题目。

问卷中所有问题均包含4–5个选项，且都为不定项选择。调查对象只需根据自己的实际情况勾选符合的选项。如果提供选项均不符合调查对象实际情况，则可在"其他"选项中补充说明。

1.2 调查对象

随机选取中科院心理研究所、电子研究所、国家天文台、生态环境研究中心、光电研究院等12个研究所的硕、博士研究生共123人作为问卷发放对象。调查对象中，博士研究生为61人，占总人数的51%，硕士研究生为54人，占总人数的46%，还有4人未填写相关信息，占总人数的3%。如图1所示：

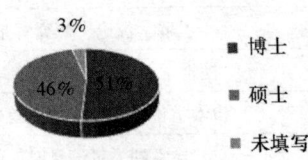

图1 调查对象人员结构

回收有效问卷120份，回收率为97.56%。各研究所回收的问卷份数，如表2所示：

表2 各研究所回收问卷数量（份）

研 究 所	数量
中科院心理研究所	25
中科院微电子研究所	18
中科院国家天文台	15
中科院生态环境研究中心	13
中科院光电研究院	11

研 究 所	数量
中科院遗传与发育生物学研究所	9
中科院声学研究所	7
中科院工程热物理研究所	7
中科院理化技术研究所	6
中科院电子学研究所	5
中科院物理研究所	1
中科院软件研究所	1
未填写	2
合计	120

1.3 调查统计

采用 Microsoft office excel 2007 软件对得到的数据进行统计和分析。由于问卷题目均为不定项选择，统计时以"选项被选次数/120"这一数值代表选择这一选项的研究生占总调查人数的比例。因此，同一题目下各个选项所占比例之和可能大于 1（调查对象多选的情况下）。对于所有题目，若"其他"选项无人选择，则在图表中不显示。

2 调查结果分析

2.1 选题阶段结果分析

2.1.1 学位论文选题来源

43.33% 的研究生由导师直接指定学位论文题目；50% 的研究生为导师给定方向后自选；5.83% 的研究生完全由自己选题。这一结果表明，超过一半的研究生需要通过自己的判断进行选题。如图 2 所示：

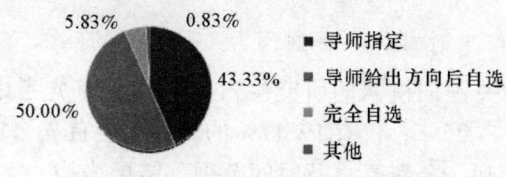

图 2 研究生学位论文选题来源

2.1.2 自主选题情况

仅有31.67%的研究生在自主选题时对所选题目有把握；24.17%的研究生认为信息太多，无从下手；49.17%的研究生能够选出几个方向但无法确定选题（见图3）。从这一结果看出，约七成的研究生对于选题没有足够的把握，选题对于研究生来说依然具有很大的难度。

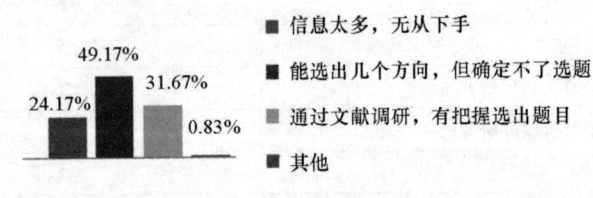

图3 自主选题时所属情况

2.1.3 了解背景信息常用方法

检索"学术搜索引擎"和"专业数据库"两个选项所占比例最高，均为68.33%；导师、学长等专家的经验也是重要的信息提供渠道，占35%；而利用传统的专著、图书来获取信息所占比例较少，为24.17%。从结果看，许多研究生了解学位论文背景的方法比较灵活，并不局限于某种固定模式，而是同时采取多种方法来获取相关信息（从大部分为多选可以看出）。鉴于调查对象为中科院研究生，他们对专业数据库的使用率相对比较高[6-7]。如图4所示：

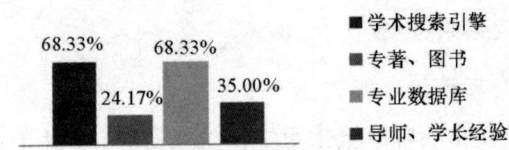

图4 了解学位论文课题背景信息常用的方法

2.1.4 检索信息时首先考虑的因素

选择直接使用关键词检索的研究生占82.5%；首先考虑找该领域作者、机构文献的研究生占25%；仅有19.17%的研究生会首先考虑确定学科范围、信息源（专著、期刊、专利等）及时间范围。结果表明，大部分研究生在检索学位论文课题信息时比较盲目，并未经过仔细考虑。如图5所示：

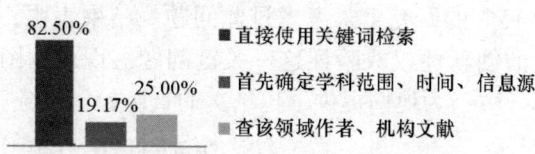

图 5 检索学位论文课题信息时首先考虑的因素

2.1.5 首先检索的信息源

在检索学位论文课题背景信息时,64.17% 的研究生首先检索的信息源为全文数据库;26.67% 选择最先检索文摘数据库;20.83% 的研究生最先检索网络资源;10% 的研究生最先检索特种文献(专利、标准、会议、报告等)。结果表明,文摘数据库作为选题时重要的信息源,并未得到广大研究生的重视(见图6)。

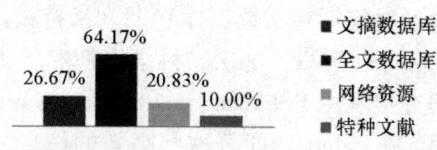

图 6 检索学位论文首先检索的信息源

2.1.6 筛选信息的方式

在检索到大量学位论文课题背景信息时,71.67% 的研究生通过阅读摘要来挑选出最相关的文献;32.5% 的研究生选择阅读综述文献来筛选信息;还有 32.5% 的研究生通过阅读核心文献(如核心期刊文献、高被引文献、核心著者文献等)来筛选信息。结果表明,研究生筛选信息的方式主要以阅读文章摘要为主,而综述文献和核心文献这两类非常有价值的文献类型并没有得到研究生的重视。如图7所示:

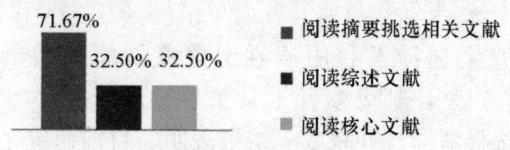

图 7 检索到大量信息时采用的筛选方式

2.1.7 如何确定论文创新点

74.17% 的研究生选择检索领域最新文献进行对比;20% 的研究生直接交

由导师判断；而15%的研究生未考虑过此问题。结果表明，大部分研究生忽略了对学位论文的创新性权威验证这一关键问题。因此，图书馆应该关注中科院研究生群体，主动为他们提供学位论文的查新检索服务。如图8所示：

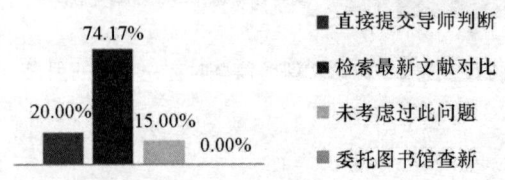

图8　撰写学位论文时如何确定创新点

2.2　实验阶段结果分析

2.2.1　持续追踪新信息渠道

76.67%的研究生通过定期检索数据库、期刊来持续跟踪新信息；20%的研究生会通过关注专业门户网站、论坛、科学家博客等方式来维持信息的及时更新；14.17%的研究生利用RSSFeed、alert、Google reader等来定制最新信息。结果表明，信息定制、alert功能等这些高效的信息追踪方式并没有在研究生中得到广泛应用。同时，专业门户、论坛、科学家的博客等也较少被关注，如图9所示：

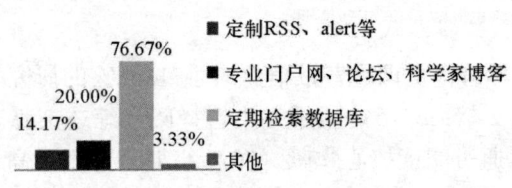

图9　持续跟踪新信息的渠道

2.2.2　数值、事实型数据查找途径

85.83%的研究生选择了利用搜索引擎或网络免费资源来进行查找；39.17%的研究生考虑了查阅参考工具书、手册（纸本或数据库）；还有21.67%的研究生选择从同行处获取。结果表明，目前研究生查找数值、事实型数据大部分依赖网络资源，而较少利用专业的手册和工具书。如图10所示：

2.3　写作阶段结果分析

这一阶段研究生碰到的主要困难依次是：发现问题，拟定论文的写作路

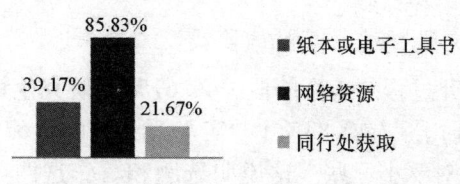

图 10　检索数值、事实型数据的方法

线（46.67%）；总结、凝练创新点（43.33%）；概述总结该领域的研究现状（30%）；实验验证、数据分析（15%）及其他（1.67%）。其他选项上，主要是文献管理软件不熟练、以及基础知识不牢固等。如图 11 所示：

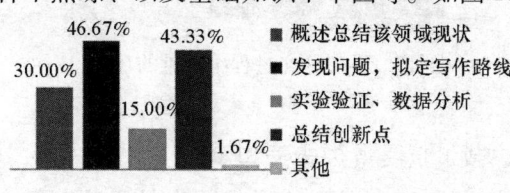

图 11　撰写学位论文时遇到的主要困难

2.4　投稿阶段结果分析

这一阶段考察了研究生选择投稿期刊的主要途径。51.67% 的研究生投稿由导师指定期刊，而其余研究生则需要通过自己判断选择。方法主要有学长、同学推荐（44.17%）；根据期刊影响因子排名选择（30%）；根据引用的参考文献，综合考虑期刊的方向、影响因子和自己的研究方向选择等方式。如图 12 所示：

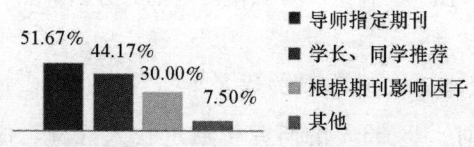

图 12　投稿时如何选择期刊

2.5　综合部分结果分析

学位论文完成过程是一个统一的、有机的整体，研究生的信息素养体现在整个过程中。这部分题目对学位论文过程中一些能够反映研究生的信息意识、信息行为、信息道德等的问题进行了调查。

2.5.1 学位论文研究过程最难的阶段

对于学位论文研究过程的4个阶段，46.67%的研究生认为选题阶段最为困难，其次是写作阶段（40.83%）。实验阶段（16.67%）和投稿阶段（10.83%）的难度相对要小一些。这说明选题和写作这两个对信息素养要求较高的阶段对研究生来讲难度较大。如图13所示：

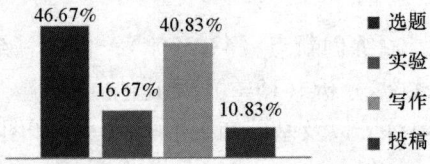

图13 学位论文过程中最难的环节

2.5.2 查找、利用信息时的主要困难

在查找、利用信息过程中遇到的困难首先是无法获取全文（57.50%）；信息量太大（38.33%）以及缺乏最新信息获取的渠道并列第二（38.33%）；最后是信息获取费用太高（10%）。尽管中科院采用了多途径来保障全文的获取，但获取全文这一问题依然突出。如图14所示：

图14 查找、利用信息中遇到的主要问题

2.5.3 无法获取全文时采取的途径

无法获取全文时，48.33%的研究生通过找人代查、代借获取；40.83%的研究生利用了图书馆文献传递服务；32.5%的研究生选择放弃该文献；另有22.5%的研究生直接向作者索取。这一结果与对医学硕士研究生的调查结果非常相似，即无法获取全文时，最常选择的两种方式是图书馆原文传递及找人代查代借[8]。如图15所示：

2.5.4 管理文献的方法

在文献管理上，43.33%的研究生使用了文献管理软件（如：Endnote、NoteExpress等），这与中科院国家科学图书馆购买Endnote文献管理软件，免费供研究生使用，并提供使用方法培训密不可分。丁香园网站对其用户（硕

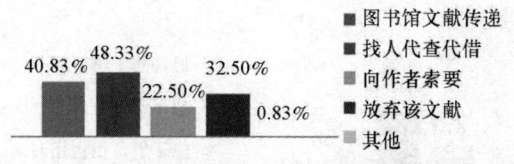

图15 无法获取全文时所采用的途径

士生占51%,博士生占27%)使用文献管理软件的调查结果显示:仅有37%的用户从未使用过文献管理软件[9],进一步表明文献管理软件越来越多地应用到科学研究中。如图16所示:

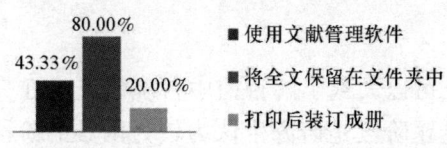

图16 学位论文过程中管理文献的方法

2.5.5 如何理解信息的合理利用

71.67%的研究生将合理利用信息理解为尊重知识产权;62.5的研究生理解为适量引用、不剽窃;28.33%的研究生理解为不恶意下载。大部分研究生对信息的合理利用都有一定的理解,仅有5%的的研究生未考虑过此问题。如图17所示:

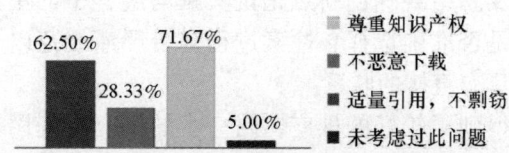

图17 如何理解信息合理利用

2.5.6 参加培训意愿

对于是否有意愿参加研究生学位论文各环节培训的调查显示:31.67%的人迫切想了解学位论文各个环节的相关知识;56.67%的研究生希望了解其中的部分环节;还有21.67%的研究生希望参加,但是对时间的安排有所顾虑;仅有1.67%的研究生对此不感兴趣。与宁夏大学对684名在校研究所的调查结果相似,该校超过77%的学生愿意选修研究生"文献检索课"[10]。说明无论是中科院还是高校的研究生,都对信息素养方面的培训表现出强烈兴趣。

如图 18 所示：

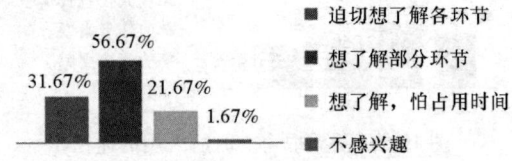

图 18　是否愿意参加学位论文相关的信息素养培训

3　结论与建议

3.1　结论

通过以上调查，可以大致了解目前中科院研究生在完成学位论文过程中的信息素养状况。选题阶段是研究生认为较为困难的阶段。特别是自主选题时，许多学生感到信息量太大而无从下手，并且对自己选择的题目没有足够的把握。这与其检索行为过于简单，没有清晰考虑信息源以及在信息筛选过程中未利用可靠高效的方法有关。

实验阶段研究生持续跟踪信息的渠道较为单一，大都通过定期检索数据库来获取信息。利用多途径便捷地跟踪信息还需进一步加强。检索数值、数据信息时，各种纸本、电子的工具书没有很好地被利用，大多数用户依然求助于免费的网络信息。在论文写作阶段，如何通过实证研究发现问题，拟定论文写作路线，以及总结凝练创新点是论文撰写过程中的主要难点。这与前期选题时对信息源是否准确选择、检索过程是否严谨规范以及信息筛选途径是否高效正确等都具有直接的联系。

文献管理软件得到了较好的推广，约一半的研究生利用了文献管理软件来管理文献。投稿阶段对于研究生来说相对简单，大部分研究生由老师直接指定投稿期刊，其余研究生也可以通过学长、同学的经验以及自己的判断选择出适合的期刊进行投稿。在对信息素养的态度调查上，几乎所有的研究生对学位论文过程中的信息素养相关培训表示出了积极的学习兴趣。大多数研究生对于合理利用信息也有恰当的理解。

3.2　建议

3.2.1　避免盲目检索

调查结果显示，选题时大多数研究生首先考虑的是直接使用关键词检索。在对一个领域还没有一定了解的情况下，直接使用关键词检索显得过于盲目。

这往往导致检索的信息过多、信息质量也得不到保障，后期还会花费大量精力对信息进行筛选。若在检索之前先考虑清楚所需信息的学科范围、信息源（如专著、期刊、专利等）以及时间范围等因素，并制定相对准确的检索式，就会避免检索过多无用信息，从而使检索结果更加准确。

3.2.2 选择合适的信息源

在信息源的选择上，不同的研究阶段侧重有所不同。以选题阶段为例，全文数据库并不是唯一的选择。文摘数据库由于不提供全文，数据量更大，范围更广；而专利、会议、报告等特种文献类型，提供了领域内最新的信息以及发展动向。在选题时，检索课题信息必须保障信息查全、查准、查新。因此，文摘数据库、专利数据库、会议信息等都是选题过程中应该充分利用的信息源。

3.2.3 提高筛选信息效率

检索到大量信息时，如何高效地筛选出与课题密切相关的优质信息很重要。除直接阅读文献的摘要外，还可以采用一些高效的方式。通过数据库（如 Web of Science、Elsevier 等）的过滤、分析功能可以找出某一领域的核心文献，包括高点击率文献、高被引文献、同行推荐文献等。此外，阅读综述文献也是一种快捷而有效的途径。国外的综述文献一般多为该领域有很强影响力的学者所著，能够很好地反映该领域的研究进展，通过综述的参考文献也可以更方便地追踪该领域的研究情况。

3.2.4 确保选题创新性

在调查中，大多数人确定选题创新点的方法为自行检索领域最新文献进行对比。没有人选择委托图书馆查新。课题是否具有新颖性对于学位论文来说非常关键，图书馆的查新服务是保证课题新颖性的一种行之有效的方法。同时，请导师或是同领域相关研究者辅助判断也十分必要。

3.2.5 巧用信息定制

实验阶段需要持续跟踪最新文献，随时掌握研究领域最新动向。除了定期检索专业数据库外，RSS Feed、数据库的 alert 功能、google reader 等信息定制途径能高效地跟踪信息。各种信息定制途径能够根据用户对信息的具体限定以及指定周期（每天、每周、每月）提供多个数据源的信息，从而省去了逐个浏览各数据库的时间，提高了科研效率。

3.2.6 重视电子工具书

理工科类研究生在实验过程中需要查找很多数值型、事实型数据。电子工具书是一种可靠的途径。与网络信息相比,各种专业的数值型、事实型数据库的信息通常都经过验证,内容准确。如若研究领域比较边缘或是过于狭窄而难以查找到相关数值数据,从同行处获取信息也是一种有效的途径。

3.2.7 善用文献管理软件

利用一些文献管理软件如 Endnote、NoteExpress、RefWorks 等,能大幅提高写作效率。以 Endnote 为例,该软件能够对已有参考文献进行分类管理,有利于随时方便地查找到所需文献。通过其分析功能,可以找出领域内高产作者、高影响力期刊。在文章撰写过程中,能够方便地插入参考文献,自动生成所需的参考文献格式,自动调整参考文献顺序。这些都为研究者节省了大量时间,也省去了繁琐的参考文献编写工作。

3.2.8 多途径获取文献

获取文献的方法很多,当所在机构开通的资源不能满足需求时,可以借助图书馆的各种服务来满足。以中科院国科图为例,馆际互借、原文传递、随易通等服务,都能在很大程度上满足用户的需求。另外,各种专业门户网站、论坛、科学家或学科馆员的博客等也能提供一些相关的文献信息。如小木虫论坛上的文献求助版块,将所需文献发布到平台上,大多数情况下会有人及时提供全文。通过在国外的老师、同学也可获取一些国内比较难找的文献。若是通过以上途径都没有找到,直接发邮件给作者也是一种不错的选择。

3.2.9 合理选择投稿期刊

在选择投稿期刊时,听取导师、学长的意见很重要,他们对于整个领域的研究情况以及各类期刊的特点比较了解,能够推荐合适的投稿期刊。借助数据库的分析功能(如 Web of Science)能够分析某一领域发文期刊的排名情况,这也能为投稿提供一定的参考。同时,通过对自身研究的分析以及对选题、撰写文章时搜集文献所属期刊进行分析,通过这些期刊的影响因子、投稿接收倾向,进而找准合适的期刊投稿,也是一种行之有效的方法。

3.2.10 遵循信息道德规范

在学位论文研究过程中,须遵循信息道德规范,做到合理利用信息。包括:在利用数据库查询信息时避免恶意下载;在撰写期刊(会议)论文、学位论文引用某种信息时,声明引用信息的出处,始终如一地使用一种适宜的引用格式;使用受专利权保护的资料时显示版权及免责声明等;此外,遵循与获取和使用信息资源相关的法律、规定、机构性政策;不把他人的作品,包括研究团队中其他成员的成果据为己有等。

参考文献:

[1] 程萍,陈静. 研究生学位论文质量过程监控系统设计与实现. 武汉理工大学学报(信息与管理工程版),2007(3):57-60.

[2] 张雪霞. 从学位论文选题的跨学科现象看研究生的培养模式. 体育学刊,2006(1):88-91.

[3] 毕世栋. 研究生信息素质教育的价值与模式. 教育研究与实验,2009(1):27-31.

[4] 张贵荣. 信息素质教育的研究与实践. 图书馆理论与实践,2004(2):100-102.

[5] 成颖,孙建军,徐美凤. 国外信息素质研究. 图书情报工作动态,2004(03):57-63.

[6] 薛晓芬. 网络环境下体育学校研究生信息素质调查与分析. 中国科技信息,2007(23):286-287.

[7] 徐颖. 关于加强对研究所信息素质教育的几点思考. 长春师范学院学报(自然科学版),2005(4):155-157.

[8] 何怡,马俊,黎小沛等. 医学硕士研究生信息资源需求取向研究. 图书馆工作与研究,2008(3):89-93.

[9] [2010-06-28]. http://www.dxy.cn/cms/portal/survey/result/53.

[10] 陈晓波. 研究所信息素质状况及继续教育的需求分析. 图书馆理论与实践,2006(5):79-81.

作者简介

欧阳峥峥,女,1983年生,馆员,发表论文2篇;

吴　鸣,女,1964年生,研究馆员,学科咨询部主任,发表论文30余篇;

刘艳丽,女,1981年生,馆员,发表论文10篇;

张杰龙,男,1983年生,助理馆员,发表论文5篇;

宋秀芳,女,1970年生,副研究馆员,发表论文8篇。

创新的 ADAI 研究生信息素质教学模式的设计与实施*

张玲玲　赵　静

(西南科技大学经济管理学院　绵阳 621010)

摘　要　以对研究生信息素质基本状况的分析为起点，有针对性、层次性地确定教学目标和设计教学内容。在理论学习与实践运用的教学实施中，对信息的选择、检索、分析、综述能力的培养及训练策略突出设计，并将引导式、启发式的教学方式融入教学，以教学"互评"促进教与学的提高，形成有针对性、个性化和全程辅导的 ADAI 信息素质教学模式。

关键词　信息素质　培养　教学模式　课程体系　设计　实施
分类号　G643

信息素质教学的根本目标是使研究生获得较强的信息素质，即具备以下特征：①对信息的需求和了解的兴趣与愿望更强烈，有坚定的信息信念，学习愿望强；②更善于感受、洞察与把握稍纵即逝的信息；③有高度的信息责任感、法律意识和道德观念；④有一定的关于信息运用的知识基础；⑤掌握运用信息的方法、技术与技巧；⑥能运用现代信息技术吸收、组织、创新、交流与消费信息；⑦自觉形成良好的信息认识与利用的习惯；⑧具备信息传播、利用与交流的设施、设备等客观条件；⑨处于良性的社会与个人信息环境中；⑩能创造性地适应与控制社会与个人信息环境，具备创新信息与环境的能力[1]，这也是其最突出的特点。

我国目前的信息素质教学模式主要针对传统教学模式某一个方面或几个方面做的改进，比如：以教学手段为特点的信息素质教学模式——多媒体课堂教学模式和基于计算机网络的讲授型模式；以教学方式为特点的信息素质教学模式——讨论学习模式、计算机支持合作学习模式以及国外的在线信息

---

* 本文系西南科技大学研究生教改项目"研究生信息素质 ADAI 教学模式研究与应用"（项目编号：07xjjg12）研究成果之一。

素质教学模式；以教学对象为特点的信息素质教学模式——基于计算机网络的个别化教学模式等。有时需要将几个教学模式结合起来实施才能达到教学的效果，多种模式各有利弊。

1 创新的ADAI研究生信息素质教学模式设计

ADAI信息素质教学模式是以激发研究生科研、学习的创新能力为目标，灵活地运用教学设计的理论与方法。A、D、A、I分别代表了此教学模式的四个教学环节。A－对象分析（object analysis）、D－方案设计（schedule design）、A－实践应用（practice and application）、I－评价与提高（assessment and improvement）。此教学模式以对研究生信息素质基本状况的分析为起点，在分析基础上进行方案设计，进而对研究生开展学习与应用，最后对教学效果以及相关因素进行评价，并为教学的进一步提高做铺垫。做到了以研究生为中心、以实践促吸收、螺旋上升循环提高、全程辅导。对象分析是准备，方案设计是规划，学习与应用是落实，评价与提高是改进，四个环节环环相扣，循环提高。

1.1 对象分析：各有千秋，百花齐放

对象分析是指对研究生获取信息的基础知识、必备的技能和观念，研究生的个性特征、在信息素质方面的兴趣取向和需求等方面作初步的调查分析与测定。信息素质包括信息知识、信息观和信息能力[2]三个方面，每一方面又分为基本、运用、评价、分析、综合和创新（分别用A、B、C、D、E、F代表）六个层次。根据对研究生进行的信息素质基本状况的调查分析结果，把每个研究生的信息素质所掌握的情况与划分的六个层次中适应的层次一一对应，以此来确定研究生对信息素质每个方面的掌握程度。

1.2 方案设计：量身定做，步步为营

方案设计是根据"对象分析"对研究生信息素质状况的分层，结合教学条件有针对性地设计满足研究生不同需求的信息素质教学方案。研究生"基本、运用、评价、分析、综合、创新"六种层次表明其对知识点掌握的六种程度，学习方案目标则定为在原层次上向上进步一级或两级，例如，某位研究生的信息素质状况为"信息知识C＋信息观D＋信息能力C"，那么他的信息素质教学目标定位为"信息知识D＋信息观E＋信息能力D"，或"信息知识D/E＋信息观E/F＋信息能力D/E"。

1.3 实践应用：学用并行，双管齐下

理论学习主要是通过教师课堂讲授来实现，在讲授实用部分的理论时，

教师可借助案例辅助教学。通过理论学习，促进知识的积累与观念的提升。

实践是信息素质教学的一个重要环节[3]。信息素质具有极强的实用性，其教学内容只有通过实践才能融会贯通掌握。实践应用也是 ADAI 模式的重要环节，本环节通过对所学理论的实践应用根据研究生学习特点重点进行选择、检索、分析和综述信息能力的培养与训练，教师可以以任务情景的方式给研究生设置实践内容。通过实践应用，促进知识的运用与能力的提高，让研究生的信息知识、信息能力和信息观在"理论学习—实践应用—理论学习"的过程中循环提高（见图1）。

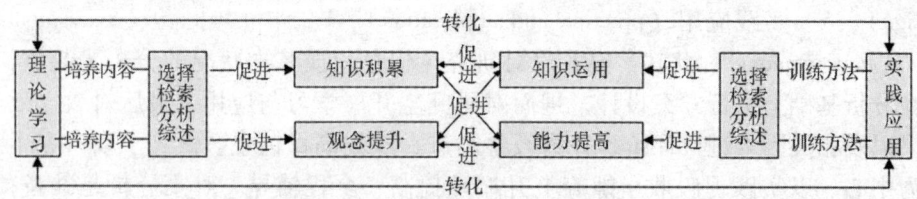

图1　理论学习与实践应用的转化

1.4　评价与提高：不断扬弃，拾级而上

评价是教学活动不可缺少的一个基本环节，主要指依据一定的客观标准，通过研究生对接受信息素质教学效果反馈的分析和相关资料的收集，对教学活动及其效果进行客观衡量和科学判定的系统过程。ADAI 的教学评价环节，是运用定性与定量相结合的方式，开展教师对研究生和研究生对老师的双向"互评"。

ADAI 的教学评价包括两个方面：①教师对研究生的评价，内容包括在学习之前研究生对教学内容的掌握情况、学习过程中的表现、学习效果；实践环节的表现以及任务情景的完成情况等；②研究生对教师的评价，内容包括教师对教学内容和教学目标设置的合理性、对教学方式、方法、手段等应用的恰当性、研究生对教学效果的满意度等。

通过研究生对教师的评价结果分析，教师总结经验、吸取教训、进行改进。教师对研究生评价分析的结果为下一个阶段教师对研究生的定位、确定培养重点和难点以及需要强化的部分等提供依据。教学评价之后，师生对以后的教与学都会有一个新的定位——即提高的过程。

通过对象分析的准备、方案设计的规划、实践应用的落实以及评价提高的改进，A、D、A、I 四个环节环环相扣，形成教与学有机相连、相互促进的过程，从而形成信息素质教学循环提高、螺旋生长的模式。

2 创新的 ADAI 研究生信息素质教学模式的实施

2.1 案例讲授

教师根据课程的进度以及教学内容的需要选择相关案例辅助课堂教学。以教师的启发性、引导性作用贯穿教学过程，教师对课堂教学从全局着手，通过选择案例、确定教学组织形式、组织讨论、总结发言等来为研究生任务的完成提供指导、复习给予帮助、自学制订计划，提高研究生学习的兴趣，启发学习的思路，引导学习的方法，设计学习的内容和目标，保证研究生的主体性得到体现，自主性得到发挥，教师的主导作用得以实现。

2.1.1 选择案例

案例质量的高低对教学效果的提高起着决定性的作用，教师在选择案例时要遵循典型性、针对性、新颖性和真实性等原则。案例的来源可以是近年来学院中标立项的国家级、省部级科研课题查新检索、科研成果鉴定、定题跟踪、信息调研，也可以是硕博士研究生学位论文课题，还可以是教师教学经验和研究生在学习实践中遇到的难题以及出现的问题；另外，还可以参考有关行业资料。经过教师精心挑选、设计的案例逐步积累，形成例库，方便以后的教学，但要定期对案例信息更新和维护以及对案例库系统进行设计和维护。

2.1.2 确定组织形式

在确定案例之后，教师要根据实际情况选择一种教学组织形式。针对课堂讲授，笔者提倡案例示例解析法组织形式和案例研讨评析法组织形式。

案例实例解析法就是教师通过对某一典型案例的分析评价，阐明当堂课讲授的中心内容或某一知识要点的方法。这种方法有助于把理论知识与实际联系起来去认识、理解和掌握。

案例研讨评析法指教师在讲到某一个问题时，将与之相关的案例抛出来，提出相关问题（疑点、难点），通过生—生、师—生之间的分析、研讨和解疑，使研究生积极思考、吸收消化教学内容、化解疑难。这种方法能激发研究生学习的兴趣，有利于训练思维能力和表达能力，培养自信心，提高分析问题的能力[4]。

2.1.3 组织讨论（主要是针对案例研讨评价法组织形式）

研究生可以针对教师提出的问题或案例本身进行讨论，教师要充分调动研究生的积极性和主动性，让其进行讨论，各抒己见，相互启发。在讨论中，教师要对每位同学的见解及时给予评价和指导，鼓励他们多角度，全方位地分析与解决问题。另外，讨论还可以暴露研究生平时不注意的关键细节，通过教师的指导或研究生彼此的补充，可以起到查漏补缺的作用。

2.1.4 总结发言

案例讨论结束后，教师针对案例分析和讨论情况做出总结与评价，总结时要归纳研究生讨论的观点，结合案例进一步介绍相关的理论知识，调整案例中的主要问题，加深研究生的记忆，掌握重点；对研究生讨论中不深入、不清楚的问题再次讲解并强调这些问题的重要性，肯定讨论中的优点和成绩，指出不足或存在的问题。

2.2 实践任务

类似的问题会在信息素质应用中重现，并且在信息素质应用中出现类似问题时可以用相似的方式处理，在实践中设置任务情景可以为信息素质的应用的适用性提供经验指导。网络技术和计算技术的发展，为师—生、生—生创设了优良的交流、学习环境。以多样化、现代化的教学手段建立的交流、学习平台以及知识传播的载体和媒介为实践任务的完成提供了方便。研究生信息素质任务情景实践过程如下：

2.2.1 进行分组

根据研究生信息素质状况的层次性特点，把处于不同层次的研究生分为一组，以小组的形式来完成任务，小组成员分别承担其所在层次的任务，在完成任务过程中或任务完成后，小组成员间可在课堂或通过博客、E-mail、QQ、BBS、论坛等形式进行交流、讨论、分享心得、经验、技巧等，并且要在提交的任务结果中详细、清楚地表达出来。这一方面，可以培养研究生间交流、合作与知识共享的意识和能力；另一方面，有利于有针对性的实践，并且可以缩短任务完成的时间。最后，为教师案例教学提供资料来源。

2.2.2 确定任务情景

教师结合每个小组的信息素质状况确定任务，如：撰写检索报告、产品说明、科技报告、综述、论文等。情景的设置要紧密联系小组成员所在的专业及其今后的发展，可以设置与科研相关的情景，如：某种技术和理论的研究状况；也可以设置与专业行业相关的情景，如某公司人力资源的配置情况。

2.2.3 观察任务完成过程和表单填写

教师设计一份有关任务完成过程的表单，研究生从任务开始到结束的整个过程要一一填写，教师要观察研究生完成任务的过程，对每个小组的完成状况要有宏观的掌握；另外，通过表单的填写，教师可以从微观上掌握每个小组甚至小组每个成员任务完成的具体情况。

2.2.4 提交任务结果

研究生把任务的结果以检索报告、科技报告、产品说明、综述、论文等形式提交给教师或保存在网站、博客等中，可供研究生课下学习，任务结果可以作为教师对研究生进行评价的依据，也可以作为教师课堂讲授的案例来源。

2.3 互评成果

每个小组以小组代表的形式把任务完成过程和成果以及心得、体会等与全班同学进行交流，小组成员可以与其他同学进行讨论、交流或提出问题，并且小组成员给予解答。在这个过程中，教师要起监督作用，必要时要给予及时的指导。

在研究生成果展现、讨论结束后，师生间进行"互评"。教师要对研究生任务完成过程的观察、填写的表单、提交的任务结果、展现的任务成果、讨论的结果等给予定性和定量的评价，定性要针对到每个小组成员，定量方面以小组的平均成绩作为小组每个成员的成绩。研究生对教师的评价，主要是针对本次任务情景的选择、给予指导等的方面给予评价，教师可以设计相关的调查表[5]。

阶段性"互评"，一方面，可以提高教师和研究生对课下的学习与实践的重视度，起到督促作用；另一方面，"互评"可使师生更好的相互理解，为培养研究生学习的主动性和积极性、师生教与学的默契打下基础。

3 创新的 ADAI 研究生信息素质教学模式的特点和意义

3.1 以研究生为中心

首先对研究生的信息素质基本情况做调查分析，在了解了研究生的信息素质基础、对信息素质内容的兴趣所在以及发展方向的基础上，然后用对应设计的研究生信息素质基本状况对应表来对研究生的信息素质的掌握状况做具体的定位，最后针对对应的基本情况设计出具体的教学方案开展教学，改进学校研究生信息素质教学内容和方法，研究生不再是知识的接受者，而是知识的主动建构者，这样可以使每个研究生的兴趣有所发挥，真正做到了有针对性、个性化的教学。

3.2 以实践促吸收

课堂模式由原来的教师讲解变为了课堂案例讲授、任务情景实践、成果展现、"互评"提高相结合的模式。打破了原课程中重知识传授的局限，研究生课上和课下增多了实践的机会，有利于知识更好地吸收，并且有教师及时纠正，增加了研究生信息素质提高的速度，并且对教学过程实现最优化，是实施信息利用和知识创新有机结合的有效途径与培养措施。

3.3 螺旋上升循环提高

从课程开始到课程结束，通过对研究生的信息素质掌握情况的每一次分析和评价，总结分析研究生信息素质掌握情况的变化，再通过以后多届研究生信息素质实践课程的不断提高使ADAI模型逐渐从探索走向成熟，形成在国内外研究生信息素质教学领域具有推广实践意义的ADAI模式特征及经验，并对同类公共素质教育改革具有借鉴价值。

3.4 全程辅导

信息素质的重要性引起了学校以及师生的高度重视，在师生责任与义务以及"互评"作用下，形成研究生课上和课下注重信息素质的提高、教师尽可能全程辅导的共同学习交流合作的氛围。这样一种氛围的形成，不仅使研究生对信息素质重要性的意识得到提升，同时研究生的信息能力也得到提高。

ADAI信息素质教学模式以研究生个性化发展、层次性对待、教学目标和教学内容有针对性、灵活性地设计为主线贯穿始终。整个教学过程以研究生对信息素质掌握程度的层次划分为起点，教学目标和教学内容以及教师在课下对研究生的任务安排和学习辅导也是在研究生层次性划分的基础上来确定的。以研究生为中心，教师做全程辅导，以实践来促进研究生对知识的吸收，使ADAI信息素质教学达到了螺旋上升循环提高的效果。

参考文献：

[1] 赵静. 信息商(IIQ)模型及其测试指标. 图书情报工作,2005,49(6):54-58.
[2] 赵静. 信息商的提出：概念及内涵. 图书情报工作,2005,49(1):26-28.
[3] 庄妍. 基于大学生信息素质培养的文献检索课教学改革研究[学位论文]. 东北：东北师范大学,2007.6.
[4] 韩秀梅,张春雷.《文献(信息)检索》课案例教学法初探. 江西图书馆学刊,2006,36(3):76-77.
[5] Learning Outcomes for Information Literacy. [2008-10-25]. http://public.sd43.bc.ca/district/library/Learning% 20Outcomes% 20for% 20Information% 20Literacy/Forms/AllItems.aspx.

作者简介

张玲玲,女,1984年生,硕士研究生。

赵　静,女,1970年生,研究员,发表论文45篇,出版著作3部。

基于信息共享空间的大学信息素养教育[*]

盛兴军

(上海大学图书馆 上海 200444)

摘 要 以大学图书馆信息共享空间与大学信息素养教育关系为基础，分析大学图书馆信息共享空间服务与信息素养教育目标、内容的一致性，认为大学图书馆信息共享空间的构建不仅为大学信息素养教育提供最佳场所，而且实现了信息素养教育与大学生学习、研究的融合，大学图书馆信息共享空间已成为大学图书馆公共服务的一个有效模型和未来大学信息素养教育的主要实践基地。

关键词 大学图书馆 信息共享空间 信息素养 信息素养教育
分类号 G250

1 引 言

信息素养是信息社会的基本需要，是全球信息化需要人们具备的一种对信息社会的适应能力。以信息技术和信息获取能力为核心的信息素养教育推动了大学图书馆对自身服务功能的重新审视，即如何通过信息素养教育来推动师生的学习、研究和知识创新。未来大学图书馆的发展需要一个柔性环境，以使它能够快速适应飞速发展的信息环境，有助于提升大学师生的信息能力并使他们成为一个具有终身学习能力的信息素养人。基于信息利用与信息素养教育需要，自20世纪90年代初期开始，一些发达国家的大学图书馆积极构建信息共享空间（以下简称 IC），试图通过这一新的服务模式来满足大学师生信息需求，开展信息素养教育。实践证明，IC 在培育师生信息素养、推动信息素养与学习研究以及课程学习的融合等方面具有不可替代的作用。美国南加里福尼亚大学图书馆馆员 Melanie Remy 在总结 IC 服务理念与信息素养教育的关系时特别指出[1]：

---

[*] 本文系 2007 年国家社科基金项目"信息共享空间实现机制与策略研究"（07BTQ014）研究成果之一。

在以学习者为中心的信息共享空间环境下，信息素养教育是我们服务任务的一部分。这里有一个以参考咨询活动为重点的、以学习者为中心的教学环境。在这种环境下负责教学的馆员被置于一个理想的位置，帮助学院教师了解学生在目前的信息环境下是如何思考和工作的。……在信息共享空间中，图书馆员可以密切洞悉学生是如何使用数字资源，并将这种知识应用到系统设计中去——不管是图书馆网页、在线教学系统、课程管理系统，还是诸如"学术门户"那样复杂的信息检索系统。信息共享空间的虚拟方面与实体方面一样重要，甚至更加重要，而且作为一个团队，图书馆员在这一领域做出了许多更重要的贡献。精心设计的、以用户为中心的信息资源，使得图书馆员把信息素养教学的重点更多地放在它所包含的学术研究中，而不是放在它实际的组成元素上。……

由此可见，IC 的最大特色就是将图书馆融入信息素养教育和师生学习研究的全过程，使大学图书馆真正成为培养信息素养的基地。这一作用体现在两个方面：一是大学图书馆 IC 与信息素养教育之间的密切关系；二是 IC 在支持信息素养教育中的作用和意义。本文以新的信息环境为背景，以大学图书馆 IC 为考察对象，论述大学图书馆 IC 与信息素养教育的关系以及它在支持信息素养教育中所发挥的重要作用。

2 IC 与信息素养的关系

2.1 IC 与信息素养教育内容、目标的一致性

通常，IC 是位于图书馆的某个楼层或整个图书馆，为实现"图书馆及有关服务一体化"而创建的一种信息服务新模式，是为学生提供获取电子资源、多媒体、印刷资源和整合服务的途径的一个区域[2]，用户在这个特定区域中可以各取所需，在潜移默化中接受诸如各种索引和全文数据库，图书馆在线目录，访问网络导航，选择研究用软件、文件处理、制作和补充及其他技术的能力。

这种能力就是信息素养。美国大学和研究型图书馆协会（ACRL）特别工作组提出的大学生应具备的信息素养标准已成一种共识，在美国等西方国家得到普遍认可[2]。随着信息技术的发展，信息素养能力不仅涵盖信息获取与利用的方法，还拓展到计算机与多媒体技术、批判性与创造性思维培养、信息交流、创新与表达技能等多个方面。美国学者 Shapiro 和 Hughes 甚至认为信息素养"是以技术为基础的，包括社会、文化甚至是哲学内涵。是在现代社会中作为信息时代公民的基本素质"。他们详细地限定了信息素养的内涵，

认为它包括八个方面的内容[3]。这八个方面与 IC 在内容构成与实现目标上是一致的，如表 1 所示：

表 1　IC 构建内容、实现目标与信息素养八个方面及培养目标比较

信息共享空间		信息素养	
内容	目标	内容	目标
实体空间（环境；资源等）；虚拟空间（技术环境；办公软件；社会网络、虚拟社区等）；支持层（管理与服务；文化与精神等）。	对用户信息获取提供指导和技术支持；为用户提供足够多的数字资源，满足他们获得任何形式的信息；根据用户需要提供相关软硬件设备，支持用户提高信息获取与处理技能；灵活多变的物理空间，有效支持和强化信息素养教育，增强读者的信息交流、研究和创新能力。	工具素养；资源素养；研究素养；社会－结构素养；出版（表达）素养；新兴技术素养；批判素养；在线交流和通讯素养	确定信息需求的程度；有效地获得所需信息；批判性的评价信息及其来源；将选定的信息纳入自己的知识基础；有效地使用信息来完成特定目的；了解有关信息利用的法律和社会问题，在道德和法律的前提下获取和使用信息。

从上表中可以看出 IC 对信息素养教育目标的支持。其中 IC 中实体空间对用户的"工具素养"支持最大，虚拟空间对"资源素养"的支持非常重要，而支持层对"评价（批判）素养"的支持最为关键。其他如"新技术素养"与物理资源、人文资源关系更为密切些，"调查研究素养"与物理资源和数字资源关系更密切些。大学图书馆信息素养教育的目标要求大学图书馆的管理者需选择、聚合以及整合图书馆环境优势和资源来支持信息素养教育，而 IC 构建则充分体现了这一点。IC 模式在服务目标上特别适合对信息素养八个方面能力的培育，它为师生提供了一个研究和实践的机会，用户在此可以得到图书馆员的直接指导，实现用户搜索－解决－创造－分享的创新过程，完成特定的课题研究。

2.2　IC 与信息素养教育对象的一致性

在大学，信息需求主体主要有学生（大学生、研究生、留学生等）、教职员和图书馆员三类。按信息利用目的可将这三类信息需求主体分为利用信息满足自身需要和利用信息满足他人需要两种。显然，大学开展信息素养教育，首先是满足学生群体和教师群体的信息素养需求。对于大学师生而言，IC 舒适优雅的环境、便利的网络、因需而变的各种研究室，使得师生心情更为放松，思维也更富创造力；各种数字输入输出设备及其他生产性资源等，不仅可以满足他们对于工具素养、媒体材料制作、作品发布的需求，而且也可以提供从学习到课题选定、资料收集、研究交流、小组讨论和最后写作完成的

整个过程的服务。师生在利用各种信息资源扩展知识、增强自我指导性学习的思维能力的同时，逐渐获得信息素养所需的技能并为拓展学习创造条件。

随着技术的进步，早期的大学图书馆开放式大空间正逐渐被小组讨论室、研究室、协作学习室、信息素养教育培训教室所代替。美国田纳西州立大学的学习共享空间就是一个典型的例子，据统计，目前，其50%以上用户均来自研究生和教师群体[2]。在传统教育中，高校教师的信息素养教育一直被忽视，导致许多教师信息学知识贫乏，有的甚至不能使用现代化的教学手段进行有效的教学，即操作技能（教学媒体操作，幻灯机、投影器、多媒体投影机、视频展示台等）、设计制作技能（投影片、多媒体素材、幻灯片、网站等）和综合应用技能（多媒体教室集成系统、网络教学平台、网络教学和教案设计）十分薄弱。毫无疑问，针对大学研究者这一目标人群而建立的学习共享空间不仅适应了时代之需，也实现了对高校教师群体进行信息素养教育培训的目标。

2.3 IC 实现了信息素养的通识教育

所谓通识教育，就其内容而言，是一种广泛的、非专业性、非功利性的基本知识、技能和态度的教育[4]。IC 环境下的信息素养通识教育，是指借助 IC 环境积极拓展 IC 物理空间、虚拟空间和人文环境的辅助教学手段和服务功能，建立信息素养教育综合平台，从而完成大学信息素养的普及教育。首先，IC 环境实现了大学生信息素养的基本知识、技能和信息道德、信息伦理、信息法律等全面的教育。众所周知，传统的信息素养教育主要依赖大学图书馆的文献（信息）检索课，重在培养学生的信息检索能力。但要真正实现信息素养教育的目标，仅靠开设文献信息检索课程是不够的，而 IC 所构建的信息环境是对现有的信息素养教育教学的一个非常有力的补充，因为它为信息素养教育教学提供了广阔的实践基地。其次，IC 环境为馆员、教师的协作提供了新的平台，实现了信息素养与课程教学相结合。目前，在高校的教学和学习模式上，基于网络的交互式协作等突出学习的社会性模式越来越普遍。由于高校的专业课教师在信息素养方面的缺陷和图书馆员在这方面的优势，建立"馆员—教师"协作教学模式十分必要，在国外，这一模式已逐渐成为信息素养教育的主要方向。IC 在大学图书馆的构建，为这种模式的实施提供了一个良好的平台，它以课堂和在线文献信息检索课程为核心，能够有效帮助用户整合自己的研究和学习经验以更好地利用和吸纳信息，并使其转换为内在的知识，更重要的是它将信息素养教育很好的融入课程教学之中，促进师生学习目标的实现。IC 既可以根据学生类型、学习方式、教学目标、教学大纲的内容，为学生提供良好的学习空间，通过对学生研究过程的指导或参与大学课程的设计和多层次图书馆培训，也为教师和研究者提供了基于项目学习、混合课程教学、"滚动课堂"等形式的环境。

3 IC 在支持信息素养教育中的作用

3.1 IC 成为大学信息素养教育的最佳"场所"

信息素养不只是认知问题，还涉及社会实践、技能培养和社会支持等诸多方面。IC 作为信息素养教育基地，为推进信息素养教育提供一个可提高馆员与用户的工具素养、资源素养、社会基础素养、研究素养、评论素养、在线交流素养的场所。它与信息素养教育形成了一一对应关系，这种内在的关联如表 2 所示：

表 2 IC 不同"场所"资源对信息素养教育的支持

场所	信息共享空间		支持信息素养
	环境资源构成	人力资源构成	
物理场环境	空间环境；家具配置；传统图书馆资源，包括书库、档案室、报刊等。各种学习区域和研究室；管理与服务人员工作区；咨询台；软件与媒体制作工作站等；硬件配置：工作站；信息技术工具配置；	馆员、建筑师、设计与建筑顾问、设计师；家具挑选师、网络专家、IT 支持馆员；学生助理等。	工具素养：掌握和使用当前信息技术工具（包括软件、硬件和多媒体）的能力。资源素养：掌握信息资源的组成、格式、位置和访问方法的能力。研究素养：掌握 IT 技术工具的使用能力。新兴技术素养：关注、掌握、适应和使用信息技术方面的最新成果，并能够根据自己的具体情况有效地选择这些工具和资源。社会-结构素养：了解信息产生以及如何产生；掌握信息和知识产生和组织的机构及社会网络的相关信息。出版（表达）素养：以文本或各种媒体形式（包括 WWW、电子邮件、列表、CD-OM 等）发布研究结果或研究思想的电子化工具和方法。
虚拟场环境	信息资源，包括书目、全文电子期刊源、文摘型数据库等专业课件和各类网络信息资源；软件资源；虚拟社区：包括网上学习区、在线通讯工具、网上课件、各种培训课程等。	参考咨询馆员、软件支持人员、学术教员、一对一等辅导员、IT 专家、多媒体专家；学生助理。	
人文场环境	政策与制度：IC 服务规范、评价体系、知识产权等；文化与精神：组织文化与服务理念；激励与培训；学习小组，写作训练，培训计划，教学中心等。	参考咨询馆员、评估及审评小组、访问学者、研究员；信息素养教育教师；学生助理等。	批判素养：具有对信息技术的人文和社会影响的评价能力。在线交流和通讯素养：掌握个人或集体在线交互的工具和方法，并能实际使用这个工具或方法与不同的文化背景或不同社会区域或地位的人进行交互。

IC在信息素养教育中注重"环境"与"整合",突出强调IC环境下信息素养教育的"场所"意义。首先,作为富于特色的物理的、虚拟的和人文的"场所",IC对培育师生信息素养能力起到了潜移默化的作用,它包含了信息素养教育的所有要素,如多媒体计算机及其辅助设备,可用于设计、制作和演示;先进的教学与学习设备可供教师学习使用;海量的数据库和电子文献可供查询。作为资源富集的场所,有学科馆员、技术专家、专职教师的指导,有灵活多样的信息素养培育方法,提供包括参考咨询、学科导航、IT技术指导、写作训练指导、教育培训等信息素养教育,使它迅速成为大学师生培育信息素养的最好去处。其次,IC以其独特的动态集成服务体系所形成的人文环境,构建了一个更大的公共空间,把师生信息素养教育与IC环境连接起来,与图书馆的主页、联机指示、课程设计系统相统一,构建一个功能强大的虚拟公共空间。美国的密歇根大学、华盛顿大学等目前都在提供这样的服务[5]。由此可见,IC所形成的场环境,为学习者、研究人员和信息专业人员提供了物质的、技术的、社会的和智力的基础,使他们能够将信息素养教育与物理空间,虚拟空间和文化空间融合在一起。

3.2 IC实现了信息素养教育与学习研究的融合

IC结合"馆员—教师"信息素养教育模式,实现了信息素养教育与课程学习的融合。信息素养教育必须有图书馆员参与,这是信息素养在发展过程中所达成的共识,而IC提供了一个完整的"馆员—教师"协作环境。图书馆与教师的合作可以培养、提高学生的信息素养能力。在IC环境中,图书馆员可以开展专家研讨会、专题讨论会,举办一些使教师将信息素养融入到课程教学中的一系列的活动。图书馆员利用自身的特长,成为教师培养学生信息素养的支持者;教师则把教学经验和课程融入信息素养技能培养之中,通过馆员与教师的合作来共同提高学生的信息素养能力[6]。利用这一优势,实现图书馆教学化、教学图书馆化,大大拓展高校图书馆原有信息素养教育的广度和深度。目前,国外许多大学都制定了培养学生信息素养的教学目标和实施策略,该策略的中心内容就是将信息素养教育与大学图书馆紧密结合。在这种环境中,学生以信息素养能力为基础,在增强自我指导性学习的思维能力的同时,逐渐获得信息素养技能并为拓展学习创造条件。

同时,IC通过馆员、教师和学习者、研究者的协同合作,实现了信息素养教育和团队协作研究的融合。为适应现代社会新的学习模式,IC提供了团队协同学习研究的服务方式,构建了开放式学习氛围,成为图书馆服务的新亮点。IC以用户为中心,构建了不同特色的学习研究和交流的空间,如团体协作学习室、开放学习空间等，积极主张团体成员之间的小组讨论与学习，通过配备专家构筑良好人际关系，创建相互信任的环境，为知识和信息的自由流通、共享、使用及创新提供了保障，从而实现合作学习、协作研究和信息素养潜移默化的提升。

3.3 IC服务团队提升了信息素养教育水平

要使IC服务人员成为具有较高信息素养教育能力的服务团队，就必须重视对服务人员的信息素养教能力的培训。交叉培训（cross-training）是常用的方法之一。它是通过"取长补短"和互相学习来提高服务人员综合技能的培训方法。通过对国外大学IC实践分析，IC交叉培训内容可分为服务理念和服务技能两个层面。前者主要是有关基本信息、政策及服务的培训，使全体工作人员对IC的运行有整体的认识和把握，重新培养他们的价值观；后者着重于信息素养服务技能和不同职业之间的文化理念的协同培训。众所周知，各类人员提供的信息服务是IC内除硬件设施和信息资源以外最重要的支撑因素：参考咨询员、志愿者或学生助理直接为用户提供信息咨询或简单的技术帮助；参考咨询专家解决读者提出的各种问题，是读者的良师益友和研究助理，帮助用户收集信息资源或提供资源线索，甚至还充当心理咨询医生；在线学科专家有针对性地为用户解答专业问题；信息技术人员为用户解决技术问题，开发软件，为IC正常运行提供技术支撑。

在IC环境中实施交叉培训，拓宽和改变了组织成员的思维方式和技术能力，有利于构建信息素养教育的人文环境，提升服务团队的信息素养教育能力。同时，它还能协调部门关系，通畅服务流程，打破"各自为政"，淡化归责意念，真正形成不同部门之间工作人员"共享心智"的工作局面。

4 结 语

今天，信息素养已成为人的基本素质。作为高等教育机构的辅助力量，大学图书馆在21世纪教育范式演变过程中具有独特的地位。IC因为其拥有得天独厚的资源优势和知识化、个性化、学科化、多元化的环境而理所当然地成为了信息素养教育的前沿阵地，承担了信息素养教育重担。实践证明，信息共享空间已经朝着这个方向迈出了第一步，已成为大学图书馆公共服务的一个有效模型，将成为未来大学开展信息素养教育的最重要基地。

参考文献：

[1] Crockett C,McDaniel S,Remy M. Integrating services in the information commons:Toward a

holistic library and computing environment. Library Administration and Management,2002, 16(4):181-186.

［2］ Bailey R,Tierney B G. Transforming library service through information commons:Case studies for the digital age. Chicago:American Library Association, 2008:5-18.

［3］ Shapiro J J,Hughes S K. Information literacy as a liberal art:Enlightenment proposals for a new curriculum. Education Review,1996,31(2):31-35.

［4］ 龚放. 现代大学通识教育之我见. 教育发展研究,1997(2):46-50.

［5］ Cowgill A,Beam J,Wess L. Implementing an information commons in a university library. The Journal of Academic Librarianship,2001,26(6):432-439.

［6］ 孙建军,李君君. 基于图书馆员-教师合作的信息素养教学模型. 图书馆杂志,2006, 25(10):64-68.

作者简介

盛兴军,男,1967年生,副研究馆员,发表论文40余篇,出版编著3部。

大学生媒介素养与高校图书馆服务功能拓展

钟进华

（西安石油大学图书馆　西安　710065）

摘　要　针对大学生媒介素养缺乏的现状，在对高校图书馆开展媒介素养教育可行性分析的基础上，提出高校图书馆应与时俱进，建立书、刊、报、视听、网络、讲座等多种媒介并存的媒介素养阅览室的新构想，并从三个方面提出具体的实施策略，旨在不断拓展图书馆的服务功能，为提高大学生媒介素养发挥积极的作用。

关键词　媒介素养　图书馆　大学生　服务功能
分类号　G258.6

1　引　言

随着高新技术的迅速发展，新兴媒介不断涌现，现代传媒构建起的媒介环境无时无刻不在全方位地影响着整个人类世界，改变着人们的思维和生活方式。然而面对以几何级数暴涨的信息量，人类的信息处理能力并没有随之变化和提高，这就意味着，面对蜂拥而至的媒介信息，人类必须进行有选择地识读、理解、记忆和传输，这无疑给信息时代的媒介受众提出了更高的要求和更大的挑战，而所有这些选择活动大部分都取决于受众自身的媒介素养。

何谓媒介素养？1992年美国媒介素养研究中心这样定义：媒介素养是人们面对媒介各种信息时的选择能力、理解能力、质疑能力、评估能力、创造能力和制作能力以及思辨的反应能力[1]。如果说媒介是人体的延伸，那么，媒介素养就是传统文化素养的延伸，它包括人们对各种信息的解读能力，除了现在拥有的听、说、读、写诸能力之外，还应具有批判性地接收和解码影视、广播、网络、报刊和广告等媒介信息的能力，以及使用电脑、电视、照相机、录音机、录像机等广泛的信息技术来制作、传播信息的能力。

2 大学生媒介素养现状分析

中国互联网络信息中心（CNNIC）2008年7月发布的第22次调查结果显示，我国网民数量达到了2.53亿，首次大幅度超过美国，跃居世界第一位，而大学生所处的年龄段18~24岁者所占比例最高，达到30.3%（约7 666万人）[2]，这表明大学生已成为网络媒介消费的主体。伴随着大学生对媒体接触的愈加广泛，媒体对大学生影响的愈加深远，有关合理利用媒体、驾驭媒体的媒介素养也日渐成为衡量当代大学生素质的重要指标。笔者综合南京、上海、昆明、西安等城市十几所高校开展的针对"大学生媒介素养状况"的问卷调查结果，发现大学生的媒介素养状况基本呈现如下特点：

2.1 在媒介接触动机和行为方面

大学生表现出较强的目的性和功利性特点，大部分把了解信息、消遣娱乐作为媒介接触的主要动机。大学生接触媒介渠道更加多元化，对报纸、广播、电视、网络均有良好的驾驭能力，网络已成为大学生媒介接触的新宠，但媒介消费还缺乏理性。

2.2 在使用媒介资源方面

大学生对新闻、娱乐媒介工具较熟悉，但对学术资源工具的利用还相对陌生；盲目依赖网络等新型媒介，对图书、报刊等一些传统媒介的重视不够；许多学生虽然能快速便捷地获取信息，但却无法对媒介传播信息的方式及信息本身做出更为准确的评价，也因此不能充分有效地利用传媒资源完善和发展自己。

2.3 在媒介道德认知方面

大学生对媒介道德规范认知还比较模糊，对国家有关新闻出版、知识产权、网络管理方面的政策法规不甚了解，对利用媒介进行信息传播、侵权盗版行为虽有认知，但自律意识较薄弱。

2.4 在媒介认知和媒介批判方面

大学生对媒介类型、介质特点有了一定感性认识，但对媒介历史了解不够。大学生对媒介的商业属性有较清醒的认识，却对受众在传播中的能动地位认识不足；大学生能意识到媒介对自己知识结构、观点思维方面的影响，却相对忽视媒介对价值观等其他深层次的影响，对媒介的表征和建构能力也缺乏足够的判断和警惕。

通过分析我们不难看出，当代大学生已初步具有应对传媒时代的基本素养,但这种基本的媒介认知还停留在感性的、自发的层面,它们不是通过科学的媒介理论指导以及系统的训练获得,而是在日常媒介接触经验的基础上通过个人的直觉感悟培养而成。这种自发状态最直接的后果是当代大学生媒介素养层次水平低,建立起来的感知判断能力往往是盲目而失衡的[3],这也凸现了高校针对大学生开展媒介素养教育的不足。因此如何帮助学生科学地辨析、批判和吸收传媒信息,使其弱化、消解污染信息的影响;如何有效地利用媒体发展自我,使其成为理性的信息接受者、合格的媒介使用者、成熟的内容生产者和传播者,是高校媒介素养教育的意义所在。

3 高校图书馆实施媒介素养教育的可行性

媒介素养教育是以培养人的思辨能力和积极参与能力为宗旨,通过接受媒介素养教育,媒介的消费者在面对媒介时不仅能具备解释媒体和做出明智判断的能力,而且能自己动手制作媒介产品,从而成为积极的、能力不俗的社会参与者。

图书馆作为高等学校的三大支柱之一和大学生的第二课堂,不仅是大学生拓宽知识面、培养多种能力的重要场所,它还以独特而丰厚的内涵,提供一种跨学科的综合性教育,为大学生的科技、文化、思想道德、艺术修养提供了适宜的条件,使图书馆进行大学生媒介素养教育具有得天独厚的优越条件和可行性。首先高校图书馆作为知识的殿堂和信息资源的中心,涵盖了媒介传播的6大元素,即图书、期刊、报纸、电视、电影和网络,它不仅是读者与信息资源之间知识传递的媒介,而且对提高大学生媒介素养起着十分重要的作用;其次,高校图书馆也具备足够的相关人力资源,如图书馆员、信息咨询员、文献检索课的授课老师等,这些人员通常具有专业的信息检索、信息选择以及信息分析的能力,具有一定的媒介信息素养,他们在日常工作的过程中可以为学生提供媒介素养教育的机会;第三,综合性大学一般都有新闻、传播类专业,这些相关领域的专家、教授是媒介素养教育的行家里手,他们自身有较高的媒介素养,深谙媒介素养教育的精髓,完全能够胜任指导图书馆提高大学生媒介素养教育的重任。

4 拓展服务功能,构建高校图书馆媒介素养阅览室

上海图书馆吴建中博士在他的《21世纪图书馆新论》中说:"21世纪的图书馆不是由机器组成的电子世界,而是温馨明快的知识乐园,除了阅读功能以外,图书馆还应具有信息传播的功能、终身教育的功能和文化娱乐的功能。"那么如何用一种全新的而不是传统的,先进的而不是落后的,有特色的

而不是普通的方式，来充分展示图书馆的资源服务优势，使大学生更容易、更愉快地接受媒介素养教育，成为我们探讨的话题。笔者认为高校图书馆应充分利用自己的优势，发挥自身的教育职能，并随着网络技术的迅猛发展和现代媒介形态的变化与时俱进，拓展服务功能，构建书、刊、报、视听、网络、讲座等多种媒介并存的媒介素养阅览室，为提高大学生媒介素养发挥积极的作用。具体构建思路如下：

4.1 媒介阅览室的媒介配置

4.1.1 印刷媒介

我们可以按媒介内容的特性，从三个层面，即必读性（资讯的有用与重要）、可读性（资讯的情感按摩与价值认同）和选读性（与个性发展相关的资讯）[4]，为读者精选相关的报纸、杂志和图书。例如我们可以为大学生提供一些具有时代感、有活力的、与现时人群的心理和流行文化有某种契合的刊物，如《读者》、《电影评价》、《国家地理杂志》、《摄影》、《大学生》等使读者在阅读的过程中，能够得到精神"按摩"并获得认知提升的实用信息；还可以订一些贴近生活、内容丰富、生动有趣、实用性强、可读性强的报纸，如北京青年报、环球时报、参考消息、体坛周报以及当地日报等，使学生能够廓清其视野，优化其决策；另外在图书方面，我们可以为学生准备一些经典的艺术类、广告类图册和实用类畅销书，使热衷读图文化的大学生能够在轻松愉快地的主动阅读过程中提高自己的综合素养。

4.1.2 传统电子媒介

电影。由于电影制作的每一个过程都包含着制作者的知识、思想、经验和意图，所以电影所承载的内容和意义是电影传播效果中的关键。因此在为学生配置视听资料时，要着重收集著名经典影片、各国获奖影片、文学名著影片、优秀科教电影等，这些具有代表性的、经典的、有憾人心力的视觉效果的影视作品，不仅可以使同学们了解到更多的中外文化，还可以使他们在艺术享受的潜移默化间，提升他们的艺术品位和视觉素养。

电视。将电视用于教育被称作教育手段的第四次革命。电视作为一种现代化媒体，比其他媒体具有更多的优点和功能，电视信息的多维性，可以同时刺激人的视觉和听觉，有利于提高观众的感受性和形象思维能力[5]，达到其他媒体不能达到的效果。因此在这个阅览室应增设收看电视的空间，并设定精品频道，如中央电视台、凤凰电视台等的节目，使学生及时获取信息、了解客观世界。

4.1.3 数字电子媒介

计算机网络。因特网（Internet）是全新形态的传播媒介，被称为继报刊、广播、电视之后的第四大传媒，它囊括了传统媒体报刊、广播、电视传播的一切表现形态和特点，同时具备了它们所不具备的特点，它是一个理想的信息交流媒介；是一个庞大的信息资源库；也是一个花样众多的娱乐厅。因此媒介素养阅览室应配备一定数量的网络计算机，通过正确引导和有效教育，帮助大学生提高网络信息价值的认知能力、判断能力和筛选能力，使其拥有较好的网络素养。

4.2 媒介阅览室的特色服务

4.2.1 利用多种渠道宣传媒介阅览室

利用介绍图书馆功能的窗口，大力宣传媒介阅览室，使每一个入馆的读者都对这个阅览室有所了解。每年在对入校新生做"图书馆利用"专题介绍的同时，可以适当加大对媒介阅览室特点、价值、功能和设备使用方法等内容的介绍，使新生对媒体介质有一个感性认识，加深其对媒介的理解。

4.2.2 整合文献检索课程，加入媒介素养教育的内容

目前，大多数高校的文献检索课主要讲授的是信息检索的方法和原理，内容包括大篇幅的检索语言和检索原理的介绍，学生多会觉得比较枯燥，且缺乏实用性，难以激发学生的学习兴趣。因而可以适当考虑将这些偏理论的内容篇幅缩小，适当加进去一些媒介素养教育的内容，包括媒介的基本运用方法（如：常见网络信息搜索使用方法，如何分辨媒介信息的权威性和真伪性等）以及如何利用媒介发布自己的信息（常见的如：博客、论坛、个人主页等），这样既提高了学生学习这门课的兴趣，又普及了媒介素养教育的内容。

4.2.3 从读者的需求出发拓宽服务功能

建立完整的检索咨询、阅览外借和设备使用等制度，配置多种类型的阅览环境和设备，根据需要合理划分阅读区域。如书、刊、报阅览区，网络阅览区，电视及电影视听区等，满足读者个性化需求；同时加强视听服务宣传，定期推介和评述新品种，以吸引和引导读者；通过手机公共信息平台，向学生发布的最新图书信息，讲座信息等；为学生提供手机和MP4等新兴媒介的下载服务；定期举行各种讲座；常办读者技能培训班，指导读者使用设备、利用文献。

4.2.4 从网络方面开展创新性服务

为了使学生在网络上更容易地提升媒介素养，我们可以：①在图书馆网站上开辟专栏，针对学生"浅阅读"现象，介绍一些经典的书、刊等，在帮助树立大学生读书意识的同时，引导他们多读经典，多思考，能自己辨别哪些书必须读，哪些书值得精读，哪些书只是为了消遣可一扫而过；②组织学生针对某一媒介或媒介行为，如"人肉搜索"、"网上通缉"等网络事件，在网上开辟论坛展开讨论，对如何认识这些现象，给予正确及时的引导；③建立"视听资源"的二级网站，开设"音乐欣赏"、"经典影视"、"摄影天地"等栏目，依托 VOD 视频点播技术，实现视频信息双向点播的交互式服务，还可以利用 FTP、BBS 与学生进行影视信息、影视评论的交流；④可利用博客这个网络新生事物为平台，以其鲜明的、丰富的娱乐形式和自由的个人表达方式，对大学生进行媒介素质的教育与培养。另外还可在图书馆网站中整合补充媒介素养教育的内容，若有条件，与学校相关单位合作成立专业独立网站和大学生网络媒体中心，用于媒介素养教育。

4.3 现代馆员的媒介角色定位

随着社会的发展和科学技术的进步，图书馆已经由传统意义上的藏书楼、借阅厅发展为现代的信息中心。在信息服务中，图书馆员就像一个有思想的商人，把商品带到需要它们的地方，并因此形成需求一样，既把信息提供给用户，又把用户引向信息源。现代图书馆员作为信息媒介，是人性化的独特的载体，以沟通读者和信息资源间的关系为己任，尽可能给读者提供最优的、有序的和完整的有效信息；馆员不仅参与了信息分析整合的过程，承担了信息传播者的责任，而且还是信息系统的操作者和建设者，扮演着名副其实的媒介角色，在现代图书馆系统的运作中发挥着关键的作用。

5 结 语

大学生的媒介素养教育在我国还处于起步阶段，而媒介素养教育是一个长期的系统工程，能否取得成效，取决于高校媒介素养教育意识的建构。大学生媒介素养教育应从专业教育的局限中走出来，从专业教育的起点走向素质教育的公共平台，成为大学生的通识教育。图书馆作为高校发展的三大支柱之一，以其独有的资源与人才优势，理应在大学生的媒介素养教育系统工程中发挥更大的作用。积极开展大学生媒介素养教育不仅是高校图书馆应尽的责任和义务，也是其自身服务功能与时俱进的深化和拓展，同时更能为其开辟新的可持续发展的空间。

参考文献：

[1] 张开. 媒介素养概论. 北京：中国传媒大学出版社, 2003：94.

[2] 生奇志. 大学生媒介素养现状调查及媒介素养教育策略. 东北大学学报社科版, 2009(1)：66-70.

[3] "媒体对大学生成长影响的研究"课题组. 论新形势下高校媒介素养教育的意义及特征. 现代传播, 2008(6)：116-117.

[4] 喻国明. 传媒影响力. 广州：南方日报出版社, 2003：10.

[5] 刘京林. 大众传播心理学. 北京：中国传媒大学出版社, 2005：38.

作者简介

钟进华，女，1967年生，馆员，发表论文数篇。

大学生信息素质课程"三层次"设计
——高校图书馆组织教学探讨

李 军

（西北政法大学图书馆　西安 710063）

摘　要　结合信息素质的内涵，将大学生信息素质课程设计为有递进关系的"文献检索"、"读书"、"文献评价"三层课程体系，提出新的信息素质教学运行程序和教学模式。以国家教学团队建设为标准来确立图书馆在学校教学活动中的教学地位，实现《普通高校图书馆规程》关于发挥图书馆教育功能的目标，为高校图书馆组织实施信息素质教学指明方向。

关键词　信息素质　教学设计　教育功能　学习能力

分类号　G252

1　确立图书馆的信息教学地位

　　大学生信息素质教育是高校实施素质教育、全面培养和造就人才的重要组成部分。将信息素质教育纳入素质教育之中是必需的，开设信息素质教育课程已经成为大学生能力培养最为重要的课程之一，对此诸多专家学者对大学开展信息素质教育的重要性和必要性已进行了科学、详实的论证[1]。但是，高校在如何科学设置信息素质课程、由谁来承担教学任务、怎样实施教学活动等工作上未看到图书馆具有的教学资源和潜能，不重视其在信息教学中的地位和作用，也没有调动其积极性、发挥其教学能动性。而图书馆本身对教学的研究也仅停留在文献检索课程层面[2-3]，缺少系统规划信息素质教学课程体系的研究论证，关于采取何种方法和途径，深层次、多方位组织教学的设想就更少。主要原因还在于图书馆自身对是否拥有教学主体资格的认识不到位，依据把握不准，从而影响了图书馆的教学主动性。

　　《普通高等学校图书馆规程》第二条规定："高等学校图书馆必须贯彻国家的教育方针，履行教育职能和信息服务职能……"。第三条关于高等学校图书馆的任务第㈢项规定："开展信息素质教育，培养读者的信息意识和获取、利用文献信息的能力。"第十七条第二款规定："高校图书馆……通过开设文献信息检索与利用课程以及其他多种手段，进行信息素质教育。"上述规定是高校图书馆力争教学主体地位的规范性依据。因此，各图书馆应当拓展自身的教育功能，挖掘教学资源，按照"多种手段进行信息素质教育"的原则性规定，以相应信息课程教学为内容，申请学校赋予图书馆教学主体身份来承担信息教学任务，从而使图书馆在学校的教学体系中占据重要地位。

2 文献检索课不能替代信息课程

目前，关于图书馆开展信息素质教育的论述，总是与文献检索课相提并论，将大学生信息素质教育"与文献检索课教学等同起来"[4]，产生了"取代论"[5]、"整合论"[6]等观点，导致信息课程教学手段单一，不能满足不同层次信息素质背景下学生的个性化需求，这种想法与做法对开展信息素质教育、信息课程教学极为不利。

文献检索课是旨在培养大学生获取和利用文献信息技能的一门学科，是一门通过掌握手检和机检方式获取知识和信息的一门科学方法课，目的在于使学生在了解各自专业及相关专业文献基本知识的基础上掌握常用检索工具的使用方法，懂得如何获取与利用文献信息，增强其自学与研究能力。所谓信息素质是人们对信息这一普遍存在的社会现象重要性的认识以及他们在信息活动中所表现出来的各种能力的综合素质。信息素质涵盖面较广，关于其内涵美国有"五标准"说[7]，而我国有"四层面"说，即肖自力先生的信息意识、信息思考、信息技能、信息道德[8]。目前，此说法已得到学界比较一致的认同。以此可以推断，信息素质教育需要通过文献检索课实现其部分目标，即信息意识和信息技能的培养。对获取的知识信息进行逻辑思辨和判断，必须要在具体文献运用时才会加以考虑，而信息道德，即尊重作者智力成果的道德意识，对作者知识产权保护的守法意识，也是在这个运用过程中养成的。因为文献检索课缺乏较强的个体针对性，难以体现这个教育过程，无法达到教育目的。

另外，无论将文献检索课作为选修课还是必修课，都会受到课时的限制，内容太多泛泛而谈，甚至挤占实习课时，必然影响教学效果。涉及学科面越广，要求教师将其学术研究、教学精力投放就越广，使得教师学术不精、教学平凡，从而影响教学效果。

进行信息课程教学体系设计时，应当摆脱"取代论"、"整合论"观点的束缚，以信息素质内涵的多层次打开视角，以教师专业特长为保障，以学生现状为依据全方位设计信息课程体系，形成比较科学合理的"三层次"课程。

3 "三层次"信息课程设计

开展信息课程教学必须进行筹划，树立学习、研究和应用的理念，教学注重掌握学习方法，注重知识交叉，注重实践，运用图书馆现有的经验与环境，对课程的教学目标、学生进步的条件和情境做出精心安排，使其成为系列活动[9]。

学生的特质和能力可以影响教学的效果与质量，应当根据学生和学校的具体情况定位信息课程教学，考虑到三方面因素：一是考虑信息知识初学者和已经具备一定信息知识的学生群体；二是根据学校教学计划对低年级与高年级学生课程学习制定不同要求；三是适应信息素质所包涵的信息意识、信息能力以及信息道德的内容[10]，将信息课程划分层次，形成递进关系。

3.1 一年级开设文献检索课程

根据1984年教育部要求高校开设文献检索与利用课的文件以及1992年国家教委下发的《文献检索课教学基本要求》开设文献检索课的要求，该课程设计以2学分、36学时比较适宜。教学目标确定为培养学生的信息意识和信息能力，通过了解学校、社会提供的信息源，掌握基本检索技能，实现知道到哪里找知识的目标。

3.2 二年级开设读书课程

高等教育一个重要的组成部分就是教人如何阅读。读书对解决学生学习问题很有帮助，但读书并非仅仅为了求得问题的解答[11]。读书课在于指导学生阅读，侧重于读什么和怎样读，指导学生设计出自己的"读书单"[12]，强调学生用主动反应来规划和创造自己的将来，它是在压力、危机和问题出现之前就致力于创造出对策的方法。该课程设计2学分、36学时比较适宜。教学目标确定为培养探究创新意识，把教学的注意力放在学生离开学校后的自主学习上，使之具备终身学习的能力。

3.3 三年级开设文献评价课程

对文献检索技能的掌握程度必须通过一定的行动才能体现其绩效，这些形式多样的学习行动，如果没有教育或课程强制的话，多数源于学生自发的兴趣引导，这将难以观察和证实学生到底"学到了什么"和"学的怎么样"。开设文献评价课，就是围绕学校的阶段性教育，配合学年论文、毕业论文、课题设计、课程作业等要求，对检索到的文献进行研究型的选择。该课程设计以2学分、36学时比较适宜。教学目标确定为培养学生的信息道德，为个性化学习创造条件，培养学生成为能够为学科、社会成功作出贡献的公民。

上述层次性的课程和教学将更加能够对学生的专业知识、信息知识掌握状况作出回应，它提供了一个有成效的、高效率的和关联性的学习机会。

4 课程的硬件建设

2007年教育部、财政部联合下发了《教育部、财政部关于实施高等学校本科教学质量与教学改革工程的意见》（教高〔2007〕1号文件），之后，教育部高教司又下发了《关于组织2007年国家级教学团队评审工作的通知》（教高司函〔2007〕136号），这两个文件对提高我国高等学校教师素质和教学能力，确保高等学校本科教学质量不断提高提出了建设教学团队的要求。有些省也根据上述文件制定了本省建设、评审教学团队的规划，并且在2007年、2008年进行年度评审活动。各学校根据国家与省文件也开始培育、建设自己学校有特色的教学团队[13]。图书馆信息课程应当按照国家教学团队的标准与要求，从建设初期就应当注重五方面的建设和发展[14]，根据图书馆环境与自身具备的优势，创造机遇，争取申报各级教学团队项目。

4.1 实习室

随着数字化、信息化建设的加强，文献检索课的教学内容已经逐渐从教授手工检索方法向计算机检索转变，查询数据库资源及网络信息资源成为索取文献信息的主要渠道，这就要求信息课程要对学生加强数据库、网络资源检索和利用的训练。根据《文献检索课教学基本要求》的规定，文献检索课应当安排适当的实习课时，让学生亲自动手上机，感受操作过程，使学生更容易学习到利用网络资源的方法和技巧。

图书馆单独开设文献检索实习室非常必要，一方面，授课教师可根据学生的不同程度分批、多次安排课程实习，并现场解决操作中出现的问题，一对一有针对性地解决；另一方面，便于收集课程中普遍存在的教学不足与学习难点，利于及时修正教学内容与方法。

4.2 研讨室

近年来选修文献检索课的学生逐渐增多，有时课堂多达200-300人。这种教学模式不适用于文献评价与读书课教学。因为培养学生个性化学习与终身学习的能力，需要教师依靠学生的自我感受做出"诊断"，并开出"个别处方"[15]，因此组成学习小组是大学学习的一种好方法。

图书馆可以设置专门的读书沙龙教室，大约容纳30人左右，布置成圆桌会议形式，向学生推荐与其专业学习、生活、就业等话题和与之相关的书籍，定期开办读书沙龙活动，开启学生探究该课题的兴趣。教室空间虽小，但便于学生之间、教师与学生之间倾听思想、进行交流，这种方式在很大程度上将能够帮助学生决定他想要学习什么，并在讨论中选择某个部分作为学习的目标。

5 师资建设

教师是高校开展信息课程教学的核心资源，建立一支职业化、专业化的教师队伍是使教育资源增值的关键因素[16]。源于信息素质的多层次、信息源的多样化和大学生专业需求的特殊性，信息课程教学任务不可能由一位教师独自完成，以团队方式工作是解决复杂问题并获得成功的重要途径，因此教学人员需要形成一个团队。《关于组织2007年国家级教学团队评审工作的通知》（教高司函〔2007〕136号）和《关于做好2008年度高等学校本科教学质量与教学改革工程项目申报工作的通知》（教高司函〔2008〕82号），对教学团队构成的要求是"有明确的发展目标、良好的合作精神和梯队结构，老中青搭配、职称和知识结构合理，在指导和激励中青年教师提高专业素质和业务水平方面成效显著"。

为了开展信息素质课程的教学活动，图书馆可在馆内挑选具有较高信息素质、团结协作、勇于创新的若干人组成教学团队，以不少于4人为宜，注意从年龄、职称结构到专业知识背景的优化组合。这个团队从教学指导思想、教学可操作的方法、确切的定义、教授的内容、改进的办法等方面进行实际的讨论，也可根据教学人员学科专长有序分阶段地实施教学，对从事文献检索课、文献评价课、读书课的教师，根据其学科特点、能力与素质做出分工安排，以确保每个教学成员、每门信息课程的质量都能达到最优化。

不仅因为信息课程的设置具有递进关系，高校内各学科知识间也存在互涉关系，建立教学团队的另一个优点就在于关系学科互涉的话题时，教学人员可以集体讨论选择读哪些书，采用什么教学方法，提出什么样的问题，设计什么样的课题，以保证教学环节和知识点不脱节，使大学生的信息意识在发展中养成。

6 教学示范

1999年，国家教委提出了加强大学生文化素质教育的设想，试点学校采取包括推荐必读书目等多种形式与途径进行教学改革[17]。各高校图书馆可根据教育部推荐的必读书目，结合学校学科专业特色，广泛听取学科带头人、知名专家、教授的意见，拟定出适用于本校的《大学本科生推荐阅读书目》。举办读书沙龙可围绕该推荐书目，选择读书话题，发现学生的兴趣所在，使教学内容与他们的兴趣与目标产生联系，引导学生会读书、读好书。以下是一场读书沙龙的教学设计：

本期话题：法律有性别吗？100 分钟

［教学目的］ 通过读书，了解和掌握法律与性别的关系，发现立法、司法中存在的性别盲点，分析其产生的原因及后果，评价社会性别纳入社会主流的法治意义。

- 根据本馆视频资源，收集、组织视频资料 1-2 个。
- 收集性别不平等典型案例 3 个。
- 推荐必读书目：《不和谐与不信任 法律职业中的女性》，［澳］。马格丽特·桑顿（Margaret Thornton）著，信春鹰、王莉译，法律出版社 2001 年 7 月版；《性别与法律》，周安平著，法律出版社 2007 年 3 月版。
- 推荐扩展阅读材料：《中国妇女研究年鉴 2001-2005》，刘伯红主编，社会科学文献出版社 2007 年 11 月版，P361-363 页；《法律的尊严 美国最高法院一位大法官的思考》，［美］桑德拉·戴·奥康娜（Sandra Day O'Connor）著，信春鹰、葛明珍译，法律出版社 2006 年 12 月版，123-165 页；"社会性别与妇女人权问题——兼论社会性别的法律分析方法"，郭慧敏，《环球法律评论》2005 年 1 期；"女性人权视角下的婚姻暴力"，绍宁，《上海大学学报（社会科学版）》2007 年 3 期。
- 介绍"社会性别"概念的背景材料。

［学生准备］

- 根据教师提供的阅读书目和扩展阅读材料，利用检索技能查找与话题有关的至少三本书籍、三篇论文。
- 阅读相关书籍与材料，列出 3 个兴趣问题。
- 归纳个人见解。

［课后延伸］ 从"和亲"看女性与战争（拟定为下期话题）

虽然开展信息课程教学活动，图书馆已经具备了人力资源和物质条件，其优势显而易见。但是，以文献检索课推进 20 余年的艰难历程来看，图书馆发挥其教学作用的行走道路并不会顺利[18]。这既与学校领导层对信息素质教育重要性的认识问题有关，也同图书馆本身缺乏对教学课程的科学设计密切相关。只要图书馆积极认真地开展具体的教学活动，必然使学生受益，受到学生欢迎，其教育的效益必然可以体现，纳入教学计划将成为可能，图书馆作为大学的教学主体也将成为可能。

参考文献：

[1] 吴漂生．对我国信息素质教育研究文献的定量分析．现代情报,2008(1):198-200.
[2] 张静．从1994-2003年论文统计看我国高校文献检索课的发展．大学图书馆学报,2006(2):80-82.
[3] 李娜．2003-2006年文献检索研究进展述略．现代情报,2007(11):129-131.
[4] 张士靖．对我国信息素养研究文献的定量分析．情报杂志,2007(5):151-153.
[5] 丛敬军．从文献检索课程教学到信息素质教育．情报资料工作,2003(2):73-75.
[6] 张云．信息素质教育与文献检索课整合设计研究．图书情报知识,2007(3):74-77.
[7] 陆光华．对美国高等教育信息素质能力五大标准的分析与思考．图书馆学研究,2003(4):86-89.
[8] 陈培钢．浙江省高校信息素养教育的现状分析与改革．图书馆学研究,2006(4):11-16.
[9] 盛群力．教学设计．北京:高等教育出版社,2006:3-4.
[10] 董健康．教学模式的研究与实践．天津:天津大学出版社,2007:35-44.
[11] 戴克斯特拉．教学设计的国际观,第2册:解决教学设计问题．任友群,译．北京:教育科学出版社,2007:45.
[12] 柯平．文献目录学．开封:河南大学出版社,1998:63.
[13] 上海市教育委员会关于做好2008年高等学校教学团队申报工作的通知[2008-06-25].http://www.baidu.com/s.
[14] 教育部．关于组织2007年国家级教学团队评审工作的通知．[2008-06-25].http://www.jyb.com.cn/jyzl/jyzc/gdjy/jxgz/t.
[15] 加涅．教学设计原理．皮连生,译．武汉:华东师范大学出版社,1999:298.
[16] 刘礼明．论高校文化素质教育资源增值．现代大学教育,2008(2)75-78.
[17] 钟秉林．世纪之交的中国高等教育大学本科教学改革．北京:高等教育出版社,2006:114.
[18] 杨晓云．贵州省高校图书馆开展读者教育现状与发展研究．西南民族大学学报(人文社科版),2007(10):245-248.

作者简介

李军,女,1964年生,教授,馆长,硕士,硕士生导师,发表论文30余篇。

基于现象图式学的发散性信息素养课程教学模式探索

王宇芳　李晓玲

（复旦大学图书馆　上海 200032）

摘　要　介绍现象图式学关于学习的主要观点，并基于该理论提出信息素养课程教学的发散性教学模式，详细介绍该模式的课程结构设计、教学目标层次和教学方法。通过检索通论、基于信息需求、基于原始信息这三阶段的发散教学，结合变式教学、反思式教学和 learning 2.0 的教学方法，创新教学模式，提高教学质量，应对信息素养课程教学面临的多重挑战。

关键词　信息素养教育　信息素养课程　现象图式学　发散性教学
分类号　G252.7

1　信息素养教学面临的挑战

20 世纪 90 年代以来，信息素养教育进入研究与实践阶段，信息素养课程的教学目标、内容、方法等都随着信息环境、社会需求的变化而不断演变革新。

当前，信息素养课程教学又面临着多方面的全新挑战。首先，数据库品种激增，且信息互相重叠，使学生面临信息源选择的困惑；其次，各系统检索规则异化，更新升级频繁，对用户的检索应变能力要求较高；第三，在更自由的 Web2.0 时代，信息交流的平等合作与信息公德尤为重要，培养信息的社会责任感成为信息素养教学不可推卸的职责；第四，科学研究呈交叉渗透的态势，科研全球化势不可挡，大学生必须具备更强的信息共享与科研合作能力；第五，自主创新能力已成为国家、学科和个人发展的核心竞争力，信息素养的教学必须注重如何将信息用于制定决策和解决实际问题中去[1]，提高学生的信息综合分析能力，培养创新思维能力。

为了应对这些挑战，复旦大学图书馆在信息素养课程中引入了现象图式学的理论，并已设计和实施了发散性的教学模式。

2 现象图式学关于学习的基本观点

现象图式学（Phenomenography），又称现象描述分析学，由哥德堡大学的教育家 Marton 在 1981 年提出[2]，从学习的实证研究发展而来[3]，是一种质的教育学研究方法，已应用到数学、物理、英语等教学中，而在信息素养教学中的应用近几年在澳、英等国刚刚起步。它所倡导的理念为信息素养教学模式提供了新的发展空间，该理论对学习主要形成了以下观点：

2.1 学习经历与学习成果密切相关

该理论认为学习包括内容和过程两种层次的经历[4]。内容层次的学习是对规律性知识的正确获取，表现为向学习者头脑中传递特定的观点、现成的概念原理和方法等，所获得的学习成果是对任务的简单复制，是一种浅学习。过程层次的学习是通过变化情境、结合各种具体案例等多种变异维度，在实践中理解吸收所学内容，与学习者已有的知识之间建立联系，融入自身的知识体系中，从而达到融会贯通、并能应用所学知识产生新观点的高层次学习成果。学生所获学习成果的水平与其所经历的学习层次高低密切相关。

2.2 提倡关注过程的学习模式

基于对学习经历的认识，现象图式学倡导的学习更关注学生理解事物的方式与过程，侧重引导他们使用已拥有的知识，来增强学习经历[4]，达到高水平的学习成果。最重要的是这一过程必须为学习者所感知，人们经历或理解某事的不同方式本身正是学习者所学到的知识中至关重要的方面，并且完全可以转移到解决其他问题的情境中[5]。

2.3 实践的变异维数决定了理解的深度

在学习中实践是增强学习经历的重要手段，实践中学习者所能同时体验到的学习对象在各方面的变异维数直接决定了可能的学习空间，学生所经历的变异维数决定了理解的深度[6]。因此应着重扩展学习实践中的变异维数来引导学生更好地认识对象的各个方面，强化记忆，促进理解方式的变化，培养深度学习，推动向高层次学习成果转换[7]。

3 发散性教学模式的课程结构

从现象图式学的观点来审视传统的信息素养课程教学，可以发现它更多地停留于以数据库为线索的线性教学模式，逐一介绍各主要数据库的检索方法，一旦数据库更新升级，规则发生变化，或是面对教师没有讲授的其他数据库时，学生又显得茫然无措。因而，有必要提高教学中对学习经历和实践变异的关注度，开展发散性的信息素养课程教学。

发散性的教学模式在传统的导论课介绍信息、信息源、信息素养等基本概念的基础上，以检索的基本法则通论、信息需求、检出的原始信息为基点，向各种信息源、信息技术辐射，构成立体的发散性教学架构，强调的是基本法则、规律在不同数据库、不同需求中的变异，以此来强化学生的学习经历，推动深层次的学习，培养融会贯通的应变能力，并促进学生信息观的根本转变。更为深远的意义是，通过发散性的教学，引导学生掌握事物的本质，在学中求异、思变，在变中融合、创新，这种创造性的学习能力将为其终身学习和科研创新打下扎实的基础。

3.1 检索通论的发散教学

在发散性的教学架构中，我们大大加强了检索基本原理、法则的教学力度，以检索途径、检索技术及检索功能等通则为核心，向各种常用数据库辐射，重视讲解每一条规则、技术在不同数据库中的形式变化，结合实习操作，使学生牢固掌握基本规则的本质和各种变形（见图1）。同时，还注意加强英文检索术语的教学，引导学生学会使用数据库的帮助文件，提高自学能力。

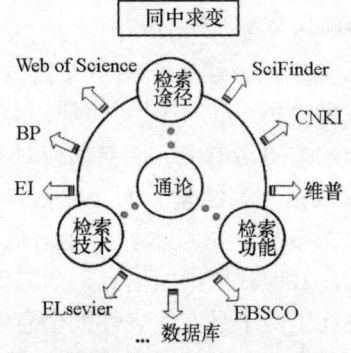

图1 发散性教学模式－通论的发散教学

例如：介绍逻辑算符时，根据不同数据库衍生出"与、或、非"、"＊、＋、－"、"并且、或者、去除"等形式，提供习题让学生在不同数据库中操作，强化理解逻辑算符不变的实质与变化的形式。其他检索技术、检索途径的教学均按此方式进行本质的归纳和形变的发散。

在教改实施中，我们把选修本课程的临床医学研究生班共79名学生作为研究对象，随机分为教改班（39人）和对照班（40人），教改班实施发散性教学模式,对照班实施传统的教学模式。

在该阶段教学结束时,我们以课堂上机完成检索题的形式,对学生进行了检索基本规则的命题测试(满分为30分),测试结果如表1所示:

表1 检索通论命题测试结果

对照项目		教改班	参照班
测试平均得分		28.46	24.28
出错率	逻辑符	0%	5%
	位置算符	7.69%	22.5%
	截词符	0%	12.5%
	检索途径	5.13%	7.5%
	规范词确定	5.13%	12.5%

命题检索测试结果显示,通过通论的发散教学和实习,学生对检索基本原理、规则的理解更为深刻,能更自如地应对不同数据库检索规则的变化,更重要的是掌握了归纳事物本质、同中求异的学习方法,这是可以延伸到其他领域学习、研究中的重要能力。

3.2 基于信息需求的发散教学

传统的教学在通论后是个论,逐一介绍主要数据库的使用方法,学生感觉枯燥,且前学后忘。发散性教学的不同之处是,由于通论的发散教学已使学生深刻理解了检索法则的本质与形变,能自如应对不同数据库的规则变化,因此在这一阶段中不再以数据库为线索,而是以信息需求为核心,根据需求的特点,向不同类型信息源辐射,重点培养学生信息源的选择能力与检索策略的构造能力,并指导其高效地获取原始信息,如图2所示:

在这一阶段,我们设计了两个具有代表性的信息需求案例,从需求出发,指导学生在运用不同检索策略、检索不同类型信息的变异过程中,掌握检索策略、原文获取、信息源选择的基本原理,如表2所示:

通过基于信息需求的案例教学,学生掌握了文献、事实、数值、专利等信息的查找;课题新颖性的鉴别、学位论文选题文献调研、课题具体问题的文献调研、学科领域重要期刊和网站的查询等不同类型信息需求的特征和调研方法。教师重点分析不同类型信息需求的特征,指导学生选择合适的数据库,并根据学生实践中产生的问题,总结合理的检索策略和技巧,归纳各数据库的特色,帮助学生掌握不同类型信息的检索方法。该阶段的发散性教学,在变中求同,让学生带着问题去学习,在实践中发现问题、解决问题,激发

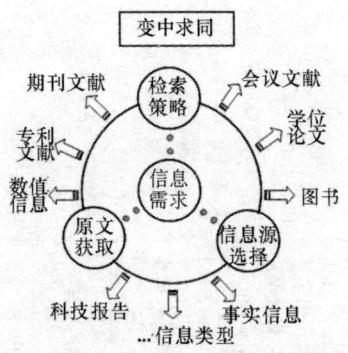

图 2 发散性教学模式 – 基于信息需求的发散教学

学习兴趣，锻炼实践和应变能力。

3.3 基于原始信息的发散教学

传统的检索教学往往止步于原始信息的获取，对利用信息的指导较少。发散性的教学架构以检索后获取的原始信息为新的起点，指导学生分析、评价、汲取信息，融入自身的知识体系，推进信息的内化。在此基础上进一步加强选题方法的指导，引导学生在分析信息的基础上，把握课题发展趋势，捕捉研究热点、发现科研空白，进而确定高质量的选题。在教学的过程中还应注意辅导学生利用Web2.0的各种工具开展学术交流，博采众长，发挥群体智慧，提出自己的创见，实现智慧层次的学习成果，进而为科研选题、攻关等研究服务（见图3）。

此阶段首先继续学位论文课题"颅高压监测的数学建模研究"这一案例的教学，从已检出的原文出发，分析评价信息，进一步确立该课题研究重点和创新点。教学要点包括：指导学生评价筛选文献、掌握阅读分析经典文献、综述文献的方法，归纳研究现状，捕捉热点、发现空白。例如：经分析该课题的相关文献，总结出目前模型大多为黑箱模型，机能模型很少，结构和参数上与生物解剖生理一致的同胚模型尚无报道。目前的模型过于复杂，通用性差，至今没有任何一个模型能用于各类患者。由此可以判断该课题具有较高研究价值，重点应在同胚模型以及模型的通用性、可操作性、应用性上，模型建立方法则以时间序列分析、反向传播神经网络、非参数逐步判别分析三种方法作为研究重点。

第二步是指导学生在仅有专业方向、没有具体选题的情况下，利用文献检索了解该专业研究的总体框架，利用各数据库的结果分组归类功能、结果

表 2 基于信息需求的发散教学案例

信息需求案例	教学步骤	应变	求同
案例一："颅高压监测的数学建模研究" 子需求一：文献调研（需求特征：新颖性鉴别，注重查全）	步骤一：背景知识检索工具（电子书及深度搜索、综述文献检索）；利用掌握的背景知识初步确定检索词（例：颅内压增高、脑血流动力学、脑血流速度、数学模型、数学建模）。	不同电子书检索系统的使用；不同数据库、中英文综述检索方法。	检索策略： 1. 检索策略的基本步骤：制定检索全率的技巧； 2. 全文获取途径总结； 3. 信息源的确定及各类信息源的确定的技巧。
	步骤二：主题概念出发检索中英文期刊论文；提高查全率的方法：(颅高压 or 颅内压增高) and (数学 or 动力学 or 血流速度))。	不同数据库的检索规则差异	
	步骤三：原文获取方式（SFX、全文无缝链接、电子期刊导航、引擎搜索免费全文、文献传递）；结果分析：快速概览文摘及原文，参考文摘扩展概念及上位词（例：颅内压）；提高查全的方法：扩展范围词表及主题词，放宽字段限定（例：主题字段）。	不同数据库中全文的获取、不同数据库的扩展概念方法（有无规范词表的差异）	
	步骤四：调整检索式，再次检索至获得理想结果（例：(颅高压 or 颅内压) and (数学 or 动力学 or 血流速度))。	不同数据库的检索规则差异	
	步骤五：引文检索：从结果中选择密切相关文献作为被引文献，检索引用文献；参考回溯，从原文之后的参考文献中筛选相关文献。	检索途径的变异	
	步骤六：会议、学位论文、专利检索各自的文献特征及特殊检索途径。	信息类型变异	
子需求二：课题所属神经外科专业核心信息源确定	核心期刊确定工具中英文核心期刊；数据库检索结果分析分组功能确定核心著者、核心机构、核心论文等重要信息；搜索引擎、学科导航网站等实事数据库有关颅高压相关信息的检索（例：用MD Consult）。	核心信息源类型的变异	
子需求三：课题研究数据的获取	实事数值数据监测的程序、方法，相关指南相关临床书籍。	信息类型变异	
案例2：解决课题实施中的具体问题："动物实验阶段如何在食管内固定照射支架"	手册、实验指南等实事类信息的检索；文献数据库检索时通过字段限定，主要主题词限定配合的使用等方法提高查准率。	信息类型变异	检索策略：提高查准率的技巧。

204

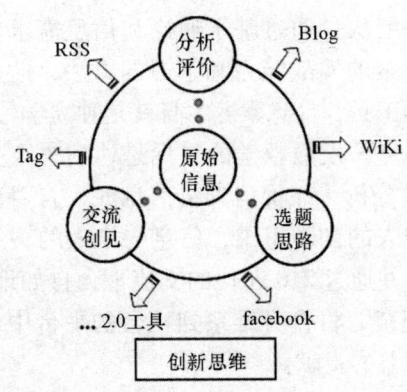

图3 发散性教学模式 – 基于原始信息的发散教学

分析功能,了解各研究分支的发文数量、被引情况,从而判断有价值的研究分支,再结合原文阅读分析确定重点和创新点。

第三步是将学生分成若干学习小组,每个小组根据教师介绍的选题方法,自由选择信息检索的课题,运用前两个阶段所习得的检索技能,分工合作,获取相关的原文。然后在小组内进行各种形式的交流,包括利用 Web2.0、Lib2.0 的各种交流工具,对课题展开深入讨论,提交该课题现状和突破点的分析报告。

4 发散性教学架构的教学目标层次

在发散性的教学架构中,信息素养的培养目标由低到高分为 6 个层次(见图4):

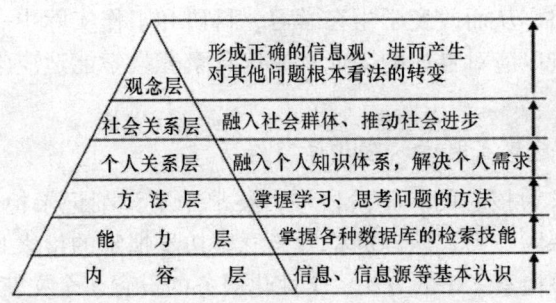

图4 发散性教学模式的教学目标层次图

- 内容层次是理论知识向学生头脑中的简单迁移,属于单向灌输型。

- 能力层次和方法层次是通过基于通论和信息需求两个阶段的发散性教学，让学生掌握信息检索的实战能力和学习的方法，这是一种可以延伸到其他领域及终身学习中的工具，信息素养本身就是独立学习能力的重要基础[8]。
- 以原始信息为基点的发散教学的目标是达到个人关系与社会关系层次的教学效果。学生通过分析、评价信息将信息融入自身的知识体系，实现信息的内化，从而激发个人的创新思维，信息与个人的关系从外在客观状态转变为内在主观的知识，并通过2.0时代的交流平台自如地参与到群体讨论中，遵循学术与信息道德规范，将自身维系到社会的平台中，关注前沿，提出创见，为社会进步作出有益的贡献。
- 信息观念层次的目标是前5个层次共同作用达到的效果，即通过教学、实践、交流的过程，从根本上转变学生对信息素养的认识，形成正确的信息观。同时形成的信息素养能力也能帮助其在其他问题的认识上形成新的观念。

5 发散性教学架构的教学方法支撑

在教学实践中除了要综合运用自主学习、基于问题的学习、协作学习、互动学习等教学方法，特别应注重以下几方面的问题：

5.1 加强变式教学

在发散性教学中，从检索规则的通论阶段到信息需求检索阶段，都应渗透现象图式学倡导的变异的思想，即变式教学。这是一种教学方法，更是一种思想，是一种在认识事物、分析问题时带有创造性思维的求异、思变的思想。在教学和实习中通过不断变换数据库和信息需求情境，让学生牢固掌握基本规则在不同数据库中的变异，并能自如地针对不同类型信息需求，制定恰当的检索策略。从而改变学生在学习、科研和工作实际中一旦信息需求类型发生变化便难以应对自如的困境，使信息素养教学能适应学生信息需求的动态变化。

5.2 开展反思式教学，强化学习经历

在信息需求为核心的教学阶段中，要求学生详细记录检索实践的过程，包括如何分析课题类型、课题的检索概念、初步拟定的检索式、初步检出结果的分析、调整检索策略的方法、个性化服务的设置、全文获取中的问题等。尤其是调整检索策略的方法在以往的检索报告中是被忽视的，而这恰恰是学生反思检索过程的重要环节，是提高检索能力的关键。实践过程回顾的实质是应用反思式教学，强化学习体验，帮助学生巩固并深化所学知识。

5.3 培养 Learning 2.0 的能力，激发学习的归属感

在 2.0 时代，共享、交流与合作成为科研的重要方式，因此在教学中一方面要重视 2.0 学习工具的介绍，引导学生自主地调动来自各渠道的学习资源，运用小组学习、创新社区等多种学习形式，在师生、同学乃至网友之间用各种形式充分交流，提高学生的学习归属感；另一方面通过发散性教学架构授之以渔，让学生掌握学习方法，使其终生受益。这种学习能力的培养可称作 Learning 2.0，是 2.0 时代信息素养应关注的焦点。

经过一学期的教学实践，考核结果显示，实施发散性教学模式的班级在信息源选择的合理性、对检索基本规则掌握的牢固程度、检索策略制定的应变能力、选题质量上较传统教学的对照班级有较大提升，这一模式也将在今后的教学中不断改进和完善。

参考文献：

[1] 杨阳,张新民. 信息素养的生命周期. 图书情报工作,2009,53(3):30-33.

[2] Marton F. Phenomenography-describing conceptions of the world around us. Instructional Science,1981,10(2):177-200. [2008-12-29]. http://www.ped.gu.se/biorn/ph-graph/misc/constr/phegraph.html.

[3] Marton F. On non-verbatim learning: Level of processing and level of outcome. Scandinavian Journal of Psychology,1975,16(1):273-279.

[4] Marton F. Phenomenography//Husén T, Postlethwaite T N. The International Encyclopedia of Education,1994: 4424-4429. [2008-12-29]. http://www.ped.gu.se/biorn/ph-graph/civil/main/1res.appr.html.

[5] Bruce C. The seven faces of information literacy. Adelaide: Auslib Press, 1997. [2008-12-29]. http://sky.fit.qut.edu.au/~bruce/inflit/faces/faces1.htm.

[6] Fazey J, Marton F. Understanding the space of experiential variation. Active Learning in Higher Education,2002,3(3):234-250.

[7] Andretta S. Phenomenography: A conceptual framework for information literacy education. Aslib Proceedings: New Information Perspectives,2007,59(2): 152-168.

[8] Abid A. Information literacy for lifelong learning. [2008-12-29]. http://archive.ifla.org/IV/ifla70/papers/116e-Abid.pdf.

作者简介

王宇芳，女，1973 年生，馆员，发表论文 5 篇。

李晓玲，女，1956 年生，副研究员，发表论文 20 余篇。

素质提升阅读水平　阅读促进素质提高[*]
——从高校大学生课外阅读调查谈起

张康华　赵　岚　徐军英

（九江学院图书馆　九江 332005）

摘　要　分别以问卷、暗访和跟踪"读者之星"调查等形式，同时结合不同层次高校阅读调查情况，对在校大学生课外阅读进行分析对比，探究当代大学生阅读与素质之间的关系。提出个人阅读时间的投入和专业、学术类书籍阅读所占的比重，最终将会转化为学生的基本素质，直接影响到其成长、职业能力和对社会作用的发挥。

关键词　大学生　课外阅读　素质能力　调查分析

分类号　G252.17

在高等教育领域中，素质应是大学生从事社会实践活动所具备的能力。北京大学图书馆研究馆员姚伯岳老师在 2009 年中国图书馆学会年会——传统经典阅读与网络数字阅读分会场上，作了一场别开生面的专题报告《回归传统，呼唤深阅读》，告诉人们：要想成功，请深阅读吧！报告列举了于丹、易中天等通过深阅读一本本经典著作而走向成功的实例。新闻出版总署署长柳斌杰答记者说："许多国家都把全民阅读作为软实力建设的重要措施，通过国家行为加以推动。一个国家国民阅读率的高低，直接关系到国家综合国力的强弱，影响到全社会的总体文明程度和创造能力"[1]。可见阅读不仅关系到个人，而且关系到社会。

1　不同高校大学生课外阅读情况

国内不少学者对几个年代大学生阅读都做过调查，认为 20 世纪 70 年代末以后的十几年，大学生从读文学经典到读西学、国学等学术著作，90 年代

---

[*] 本文系教育部人文社会科学研究项目"大学生小组制教育管理模式研究与实践"（项目编号：09JDSZ3054）和江西省教育厅人文社会科学规划项目"扩招前后大学生课外阅读与其素质关系研究"（项目编号：TQ0902）和研究成果之一。

中期开始,大学生注重跨专业读书、实用性读书,然而进入21世纪以来,大学生的阅读方式和阅读内容发生了一系列的变化,"浅阅读"越来越时髦。正如姚伯岳老师所说的那样,推崇传统和深阅读绝不是排斥网络,只是网络阅读容易导致浅阅读。而传统纸本阅读以及深阅读却能将阅读者带入神凝的境界,从而提高个人的学养。针对现在大学生个人素质与课外阅读关系如何,相互之间是否有所影响这一问题,本课题组展开了调查,从2009年5月开始分别以问卷、暗访和跟踪调查等形式,同时结合不同层次高校课外阅读情况调查,进行分析对比,说明素质不同,阅读水平、表现不一。

1.1 校内几次阅读调查

课题组2009年5月对在校生进行了一次问卷调查,全校发放问卷500份,覆盖文理学科,注重高低年级搭配、男女生比率等,尤其重点调查了历来年考研升学率较高的2个院系。涉及学习、阅读方面的调查结果为:每天用于自习0-2小时的学生310人,3-4小时148人,5小时以上的42人;双休日一半时间用于学习的151人,少部分用于学习的218人,大部分用于学习的92人,几乎不学习的36人,全用于学习的3人;关于"一学期读了几本专业参考书"这一问题,一本没读的120人,2-3本296人,4本以上84人。另根据外借系统统计,近3年,年借阅量在5册书之内的人数逐年增加,而年借阅量多于51册的人数在逐年减少,如表1所示:

表1 2007—2009年本科生借阅人数

册数范围	2007年		2008年		2009年	
	本科生	专科生	本科生	专科生	本科生	专科生
0-1	237	568	350	717	362	753
2-5	1 206	2 987	1 951	4 170	2 284	4 125
6-50	6 748	14 280	7 821	14 189	8 551	12 138
51-99	938	2 013	823	1 484	718	1 002
>99	58	187	62	125	38	80

2010年5月份又进行一次全校性问卷调查,发放问卷2 000份,有效问卷1 857份。在回答"最希望去的课外学习场所"时,83.09%的读者选择"图书馆"。在回答"来图书馆的主要目的"时(此题要求读者选择项目不能超过两个),"自习"被选择1 352次,"借还书"被选择928次,"阅览图书"被选择400次,"使用电子阅览室"被选择251次,"阅览报纸期刊"被选择

205次。在回答"来图书馆学习的频率"问题时,70.02%的读者选择"经常来",29.18%的读者选择"不常来",0.81%的读者"未来过"(第一次来)。在回答"使用图书馆网站"的情况时,65.23%的读者选择"不常用",10.08%的读者选择"未用过"。在回答"使用图书馆电子资源"情况时,63.63%的读者选择"不常用",17.94%的读者选择"未用过"。

分析上述问题,笔者发现,学生读书首选去"图书馆",但去的目的主要是"自习",被调查者中多半人不进图书馆网站,不使用图书馆电子资源,"未使用过"电子资源的比率中,有不少高年级学生。

问卷调查500人中,在回答"上网主要目的"(多选题)时,选查资料的283次,看电影的190次,聊天的171次,游戏的102次。但课题组2010年3-5月三个月期间,在电子阅览室使用高峰期随机暗访调查10次,150人座位的电子阅览室,平均每次:看电影47人;玩游戏的35人;聊天的23人;这三项娱乐合计105人,其他查资料、学习等45人,不到三分之一。暗访调查与问卷调查结果有出入,当然不排除有些学生是边娱乐边查资料等情况。

通过以上几次对本校在校生的调查发现,一般本科院校学生阅读量在减少,上网学习查资料也为数不多,在多种因素诱导下形成的功利行为,使学生耐不住不能立竿见影的寂寞阅读。一方面由于各种考试缺乏课外阅读空间;另一方面由于网络占用了课外阅读时间,加上主观和客观的干扰,如惰性,那些即便有阅读理念又有阅读行为的学生,可能会遇到干扰,即便好书在手,也不愿意阅读;还有些学生很茫然,不知道课外该读些什么。这种现象不仅存在于某一所高校。

1.2 不同层次高校大学生阅读调查

2009年11月,中国新闻网发表了一份清华自查学情报告[2]:清华本科生学习情况,采用完全随机抽样的方式。清华学生自查报告中,每周平均学习时间超过30小时比例的达30.7%。差不多3个清华学生中,就有一个每周学习7天。除上课外,自己学习时间每天超过4小时。

《中国大学教学》2008年第9期发表了王秀平《北京市大学生学情调查报告》[3],调查对象为北京市全日制15所不同类型大学本科生。按专业分层进行抽样调查:重点建设院校的学生对"提高素质实现自身价值"有较强烈的要求,对学习感到压力大,学风相对好;一般院校的学生更多的是以"找到理想职业提高经济地位"为学习目的,就业压力大,考试作弊多,对自己学习状态的满意度相对较高。

《中国青年研究》2008年第9期周松青的《我国在校大学生读书表现存在

的问题及对策分析——对上海市在校1305名大学生的调查》[4]，作者对上海市所有高校按一类、二类、三类大学划分，分别从其中各选一所大学作为获取调查对象的样本库，三种类别的学校在读书取向上存在显著差异：一类高校每百名学生每天读书时间要比二类高校平均多45.8小时；二类高校每百名学生每天读书时间要比三类高校多41.2小时。在学术类书籍的阅读上，这种分化进一步加剧，一类高校每百名学生每天阅读学术类书籍时间要比二类高校平均多86.6小时，二类高校每百名学生每天阅读学术类书籍时间要比三类高校多19小时。

《图书馆建设》2009年第3期发表了唐淑香等的《湖南省大学生课外阅读调查与分析》[5]，作者对湖南省不同层次各具特色的8所高校，包括师范、农业、林业、医学、商学、理工科院校及综合性大学进行调查，其结果是：近半数的大学生的课外阅读时间在1个小时以内。另外，还有7%的学生根本没有进行课外阅读，而且这一部分学生中，有的在问卷上特意说明没有时间进行阅读，只是上网看一些新闻，或者不定期阅读，没有坚持每天看书读报的习惯。被调查者中有59.9%的学生平均每月阅读书刊1-4本，而阅读书刊1本以下的占20.1%，有近80%的大学生平均每年阅读书刊少于48本。但在被调查的8所高校中，湖南农业大学和南华大学医学院的少数学生每月阅读书刊在15本以上。

从上述阅读调查发现，不同层次高校的学生因自身素质的原因，阅读情况表现不一样。一般高校大学生不阅读或少阅读所占比率超过被调查对象的一半。重点高校比普通高校大学生阅读情况好。可中国一般高校的学生人数远多于重点高校，而爱读书的学生仅占少数，这样就容易形成恶性循环，素质越低越不爱读书，越不爱读书，素质也就越难以提高。

1.3 与国外大学生阅读情况对比

《读书，中国大学生比美国大学生落后几步？》[6]一文中，美国加州州立大学Fresno分校心理学教授勒范恩说："在美国，大学生连读教授制定的读物都读不完，几乎没有什么时间读自己个人感兴趣的读物，更何况打发时间"。美国大学生平均每周的阅读量是500-800页[7]。有一位美国作家生动地形容了美国年轻人的读书观，"你必须在某种限制下读书，阅读应当成为一种计划，成为大学生课程中的一部分，或者成为获取某一种学识的工具"。美国学生一旦决定要进大学，头一两年必定是通识教育，接下来的主修课程才真正需要你主修阅读，他们认为，如果没有和专业课程相关的阅读，光在图书馆看一些社会畅销书，何必费尽心思进大学呢？而中国现在的大学生随意性阅读居多。这种随意性阅读的结果，就如日本大前研一在其最新著作《低智商社会》

中所说的：看"内容简单"、"即刻见效"之类的畅销书，"不用多考虑就能得到答案"，最终的结果是"停止思考"、"智商衰退"，整个社会变成低智商社会。所以阅读时间的投入和专业、学术类书籍阅读所占比重，最终将会转化为学生的基本素质，也将决定学生的职业前景和未来能够走得多高多远。

2 阅读与素质之间的关系

一个家庭的文化是教养，一个民族的教养是文化。在家庭教育中最重要的方式是读书，家长带头读书，孩子自然会仿效，书香传递，潜移默化的影响，形成良性循环。在学校教育中最重要的方式也是读书。腾矢初在上海图书馆的讲座《读书与人生》中说："求知"最好的途径就是读书。读书可以锻造一个人，它可以提高一个人全面的修养，所有看书多、涉猎广泛、学养深厚的人都是知识丰富的。知识丰富，综合素质强的人久而久之就会产生一种人格的魅力，有人格魅力以后就会有一种凝聚力[8]。"阅读与其他知觉不同，必须通过学习及个人重构才能够掌握，其本质属性不依赖于直接的感官输入，而通常取决于每一位读者的智力水平及早期所接受的训练"[9]。

所以阅读是通过个人的思考和感悟，将知识、技能、能力逐步内化为素质。这个感悟的过程也就是内化的过程，当知识、技能内化为个人品质的一部分，并具有个性化、人格化特征时，那么人的素质也就形成了。而个性化、人格化的过程是一个长期积淀的过程。"阅读又是一种积累能力，呈几何级数递增"[9]。也就是说，学生经过知识的积累或技能训练、科学与人文精神的熏陶以及自我感悟，逐步改变自己的态度倾向、价值观念、生活方式以及看待世界的眼光，并把它们内化为个人的思想方式与思维模式，形成认知世界和处理事物及其关系的新图式，这才是素质。

"知识是载体，是基础；能力是展现，是升华；素质是核心，是智慧的结晶。掌握知识是提高能力和素质的前提条件，没有渊博的知识，不可能有很强的能力，更谈不上良好的素质"[10]。所以真正有素质的人，他们无不博古通今，对中外文理知识有着良好的理解；在交流的时候，他们的信息流量很大，沟通能力很强。

3 阅读提高个人素质

从对九江学院历届读者之星（前10名读者）的跟踪调查可看出，读书多的学生从事社会实践活动的能力比较强。如：①化学化工学院 B0681 班一学生，所学专业是应用化工技术。2007年度借阅图书260本，2008年度借阅图书285本。两年读者排行榜居前位。现就职于广州标协企业管理顾问有限公司，从事企业管理咨询业务工作。领导非常器重，获得用人单位好评。②外国语学院 B0636 班有位学生，2007、2008 年度借阅图书分别是 212 册、205 册。在校期间学习成绩良好，具备了扎实的专业基础知识，系统地掌握了进出口业务的一般流程，并能够缮制各种外贸单证；熟悉涉外工作常用礼仪；具备较好的英语听、说、读、写、译等能力；能熟练操作计算机办公软件。现在深圳 ACI GROU PCHINA LTD. 工作，在回访毕业生时，该单位领导特意表扬，说是来年有像这样的毕业生可推荐去他们单位。

像这样的例子还有不少，如法学院 A0513 班一位学生，3 个年度借阅量排行榜均在前 10 名，为专升本学生。在校表现很好，曾是班长；勤奋好学，成绩优秀。她非常重视英语方面的学习，课余时间常去英语角锻炼口语，也常与外教进行交流。因外语非常好，现在上海一家外企工作。还有政治与公共管理学院、文传学院、机械工程学院的一些学生，当年都是排行前 10 位内的读者，有的甚至是 2008 年度读者排行榜居首位的（借阅图书 316 本）。对这些同学的跟踪调查结果显示，读书的多少与日后从事的工作会形成一定的正比关系。当然找到一个好工作，并不代表素质高，因为素质的形成是一个长期的过程，人在工作之后依然要坚持学习，才能使自身的素质不断提高。

新东方教育培训研究院院长王强，当年在北大读书时就将每月发的 20 余元生活费一分为二，一半用来买书，一半用来买饭菜票。王强说"我这个'书痴'重在求知，培育自己的心灵。"现在的王强是北京所有书店的超级VIP，隔两三天就会跑一趟书店。家里藏书有 5 万余册[11]。由于书香门第的熏陶，从小就酷爱读书，所以成就了他新东方的教育事业。

4 改善阅读情况的相关措施

根据上述分析不难看出，阅读与素质之间有着相辅相成的关系。2010 年我国国民年人均阅读图书只有 4.25 本。而同期发达国家的人均年阅读量都在 10 本以上，以色列、丹麦、瑞典等国甚至高达四五十本。单就中国人均阅读量而言，中国的确面临着'低智商社会'这样的危险[12]。因此，笔者呼吁业界要采取相关措施改善不令人满意的阅读现状。具体可从以下方面采取相应措施。

• 学校。一是调整课程设置，如通识课的课时与专业课课时比例不协调，甚至是主次颠倒，导致这些本科院校的部分学生，前两年不知道该看些什么书，缺少专业课教师引导，后三学期有专业课，可课程太多，又缺少时间进图书馆看书。二是狠抓教风与学风，教师的引导点拨非常重要，对学生注重用"好读书"、"学习标兵"等典型激励和带动良好学风的养成。三是硬性规定教师必须为学生开出本专业的书目单。四是采取强制性阅读措施，如不少高校规定学分形式等。

● 教师。提高自身专业阅读量，帮助学生处理好读书的选择及其关系，推荐专业导读书目，开展读书经验交流、座谈、讲座等。

● 图书馆。一是加强文献资源建设的力度，在兼顾选用性图书的同时，选学术性、高品位的图书，从好的出版社、好书店、认定著名作者以及文献引用率的角度判断图书的质量。二是开展多种形式的读书活动，形成立体阅读框架（如同济大学图书馆）。三是馆员以推荐好书为己任，在读好书、选好书、向学生推荐好书这三个方面，图书馆内部可以搞一些考核评比等。

参考文献：

[1] 李鹤,邓晓霞. 危机与希望并存 国民阅读在路上[N]. 人民日报,2008-04-08(15).

[2] 清华自查学情:年级越高与美国大学的差距越明显[EB/OL]. [2010-05-11]. http://news.china.com/zh_cn/domestic/945/20091111/15697832.html.

[3] 王秀平. 北京市大学生学情调查报告[J]. 中国大学教学,2008(9):21-23.

[4] 周松青. 我国在校大学生读书表现存在的问题及对策分析——对上海市在校1305名大学生的调查[J]. 中国青年研究,2008(9):47-51.

[5] 唐淑香,孙娟. 湖南省大学生课外阅读调查与分析[J]. 图书馆建设,2009(3):63-66.

[6] 郝明义. 读书 中国大学生比美国大学生落后几步[J]. 大学生,2008(5):56-57.

[7] 朱永新. 阅读与中国教育改造[EB/OL]. [2009-01-10]. http://book.sina.com.cn/news/c/2008-05-05/1514235162.shtml.

[8] 腾矢初. 读书与人生[J]. 图书馆杂志,2007(6):81-88.

[9] 费希尔. 阅读的历史[M]. 李瑞林,贺莺,杨晓华,译. 北京:商务印书馆,2009:314-316.

[10] 刘尧. 新世纪:中国高等学校的十大关系[EB/OL]. [2002-01-21]. http://www.edu.cn/te_bie_tui_jian_1073/20060323/t20060323_23269.shtml.

[11] 新东方创始人俞敏洪在北大演讲[EB/OL]. [2008-10-11]. http://blog.sina.com.cn/s/blog_4711b54e0100ayhp.html?tj=1.

[12] 张贺. 中国会沦为低智商社会吗[EB/OL]. [2011-06-17]. http://news.xinhuanet.com/politics/2011-06/17/c_121546324.htm.

作者简介

张康华,男,1957年生,副教授,发表论文30余篇。

赵　岚,女,1958年生,副研究馆员,采编部主任,发表论文数篇。

徐军英,女,1958年生,研究馆员,发表论文40余篇,出版著作2部。

从视觉文化素养谈高校图书馆的视听服务

钟进华

(西安石油大学图书馆 西安 710065)

摘 要 论述"读图时代"大学生视觉素养缺乏,高校图书馆作为素质教育的"第二课堂"在大学生视觉素养培养上发挥着重要作用,它可以帮助大学生适应视觉文化时代生活、有效促进学习和个人审美能力的发展以及提高"看"的能力。针对如何提高大学生视觉文化素养的问题,提出具体的策略。
关键词 视觉文化素养 图书馆 视听服务
分类号 G252.62

1 当代视觉文化素养的内涵与要求

人类从古到今一直与图像为伴,透过图像领会意义的基本视觉文化素养早已有之。只是,从手绘图画、印刷插图到海德格尔时代的摄影图片和电影,再到今天的电视、视觉广告、画报、卡通、MTV、DV 影像,视觉文化素养所应包含的内容范围发生了巨大变化,当代社会对公众的视觉文化素养提出了更高的要求。国际视觉文化素养协会(International Visual Literacy Association,IVLA)对视觉文化素养的定义是:"人类通过'看'(同时运用其他各种感官)所发展起来的综合视觉能力;这种综合能力的发展是人类认知的先决条件之一;一个具备视觉文化素养的人可以辨别、理解周围环境中的天然事物或人为的动作、符号"[1]。由此我们可以看到:视觉文化素养,强调的不仅是"看懂",而是要求公众具有把握图像与现实世界关系的能力。

1.1 解读图像的能力

国外媒介素养教育中有一个提法:"帮助孩子们看穿广告",目的就是着眼于儿童解读图像能力的培养,从而教会他们理性地对待广告。人们在"读图"上多有肤浅的缺憾,其根本原因不在于图,而是缺乏基本的解读图像的能力。解读图像应该借助于语言的帮助。

1.2 把握图像"再现"与客观真实之间关系的能力

首先,应该知道图像对现实的再现是经过压缩的,面对一个历史的过程,人们只能用"蒙太奇"、分镜头或一组图片,来断断续续地把这些不连续的片段连缀成历史;其次,公众由于没有时间和机会亲身体验各种社会活动,因此只得依赖媒介来获取信息建构对世界的认识,图像自身的形象性使得它比文字更使人感到真实;再次,明白所有图像都是某种编排、设计的结果,以使新闻价值、商业价值、文化内涵等都渗透到了图像最后的表现形态中。

1.3 自主控制图像观看和使用的能力

当今,日常生活中的信息越来越来多地是通过图像来传播的,"媒介素养的养成就是试图解构这些隐藏在媒介背后的机制,让人们了解为何会呈现这样的媒介面貌,从而相对地、更加真实地了解世界的原貌"[2]。因此,公众必须正视图像文本的传播特性。在了解的基础上,把视觉文化素养落实到图像观看和使用行为上,即每天看多少时间,看什么和怎么看。

2 高校图书馆对于大学生视觉素养培养的重要性

近十年来,视觉文化的时代特征日益显现。很多大学生患上了"图像依赖症",他们"习惯于图像化故事化的叙事方式,只有图像才能焕发他们的思想活力。他们对富于内涵的视觉资源却难以解读,被浅薄直白的图像迷惑了眼睛,相伴形成的思维无深度,对文字阅读的兴趣减弱,造成他们的审美感知层次往往处于较低层次的粗浅状态"[3]。这些现象都是大学生视觉素养缺乏的真实写照,视觉文化素养教育已成为当下一个迫切的社会问题。由于目前国内高校开展视觉文化素养教育的课程还比较缺乏,图书馆作为高等学校的三大支柱之一,拥有丰富的信息资源和庞大的大学生受众群体,因此应该肩负起大学生视觉文化素养的培养重任。

2.1 帮助大学生适应视觉文化时代生活

由于缺乏视觉文化素养,大学生在面对良莠不齐的视觉信息时,常常处于一种被动接受的表层阶段,缺乏辨别是非真假和利害优劣信息的能力。图书馆是大学生学习的重要场所,拥有丰富、优秀的信息资源和各类具有专业信息素养的图书馆员,可以通过各种方式来帮助大学生提高视觉文化素养,帮助他们正确对待视觉信息及视觉信息所传达的意义,让他们从中感受到祖国文化的丰富性和人类文化的多样性;帮助他们理解中国民族文化,学会尊重其他外来文化;帮助他们提高批判解读的能力,更好地适应视觉文化时代的生活。

2.2 有效地促进大学生的学习和个人审美能力的发展

研究表明，视觉素养训练是开发右脑的最好方式之一。它包括多项内容：如视觉观察、视觉感受、视觉思维、视觉理解、视觉沟通与传达等。视觉素养训练能帮助激活右脑细胞，促进右脑思维，对于提高大学生的创造性思维有直接帮助，同时通过对视觉艺术的解读和学习也可以提高个人的审美鉴赏能力。

2.3 帮助大学生提高"看"的能力

人类理解图像的能力是需要后天培养的。一个健康人从诞生开始就具备看的能力，但是心理学研究表明，每一个人看到什么、看到多少、看的正确与否都需要通过后天的培养才能获得。不同文化背景、知识层次的人对同样一副图像的理解是不同的。因此，全面准确地把握视觉信息传达的意义需要不断的学习和培养。

3 高校图书馆的视听服务策略

资料表明，现代中国人一天所接触到的各种信息，相当于20多年前的一个月甚至更长时间所接触的信息总量，尤其是大学生，他们看电影、电视、使用计算机与上网的时间几乎超过了在教室上课的时间。也不可否认，随着社会的发展和变化，影视传播已成为读图时代一种最主要的视觉艺术。当代大学生成熟早，作为高校图书馆的工作人员，有必要在他们人生观和世界观形成的重要时期，加强引导，不失时机地给予他们一种塑造人格魅力的素质教育，用丰富多彩的视听文化资源激发他们浓厚的学习兴趣。

3.1 构建科学合理的视听资料分类收藏体系，全面提高大学生的视觉文化素养

- 影视类：如著名经典影片、各国获奖影片、文学名著影片、国产优秀电视剧等，这些影视作品不仅可以让大学生了解到更多的中外文化，还可以提升他们的艺术品位和视觉素养。因为影视作品的优势，就在于它是一门完全融合了文学、音乐、戏剧、舞蹈、美术、建筑和摄影等诸多艺术元素的艺术作品，它所提供的全部的审美信息是通过视听语言在同一时间里喷涌而出的，观众在观看时需要耳目并用，调动各种感官去体会其间的无穷魅力。一部经典的影片，能够让人去感动、去思索，能够使人心灵最深处的情感得到释放，能够成为人群中不朽的话题和独处时的自我修行宝典，甚至还能改变他们的一生。

- 自然科普类：如电视科教片：发现之旅 Discovery 系列、地球水之旅、海底奇观、科学改变人类、BBC 动物集锦、国家地理杂志百年珍藏、世界旅游杂志等。这类视听资料以精湛的摄影技术，独具匠心的拍摄角度，向人们展示了大自然的魅力，它不仅能使大学生开扩视野、了解世界，还能提高他们的视觉素养和外语水平。在收藏的过程中，应着重收藏英国广播公司（BBC）制作的作品，因为 BBC 的制作严谨，措辞正式，专有名词使用频繁，话题多样，涉及科学前沿比较深，视觉冲击大，比较适合大学生及研究生以上的文化水平。

- 人文历史类：如伟人传系列、百家讲坛系列、财富人生系列、世界经典广告、战争纪实录、音画中国、布达拉宫、圆明园和江南等。这类视听资料是民族精神宝库的组成部分，它可以使大学生品味文化、了解历史的同时增加他们的民族感和荣誉感。

3.2 提高馆员的专业素养，适应大学生的时代特征和心理特征

视听资料的管理与利用是高校图书馆为读者提供的一项特殊的服务，这种服务与传统的借阅服务不一样，它对工作人员的素质提出了更高的要求。首先，工作人员应具备对各种媒介信息的选择能力、理解能力、质疑能力和评估能力；其次，要具备丰富的影视知识和较高的视觉素养能力，也就是理解和交流视觉信息（包括照片、绘画、电影、电视等）的能力；再次，工作人员要具备一定的心理学知识，能够及时察觉学生的情绪和心理状况的变化，针对不同的情况，提供个性化的服务。如临近考研期间，许多同学都会因为身心极度疲惫、学不进去而感到焦虑，这时可以推荐他们观看励志电影《肖申克的救赎》，与说教相比，用适合的电影来教育并鼓励学生，往往会达到事半功倍的效果。

3.3 营造和谐的视听氛围，加强对读者的视觉艺术熏陶

正如人们就餐和购物时注重环境和服务质量一样，读者也非常注重工作人员的服务水平和阅读环境带来的感受，尤其是读者第一次到访的经历。因此，对于视听阅览室这个培养大学生视觉素养的服务窗口来说，就更要彰显个性。首先，环境布置要整洁、舒适，光线调整要强弱适中，电影宣传海报的张贴还要具有特色；其次，为读者提供方便快捷的查询目录。如：影片摘要目录、每周新片介绍、EXECL 分类（年代、国别、主演、导演、获奖情况、片长、类型等）查询目录，这样可以使读者各取所需，减少等待的时间，并以一种愉悦的心情欣赏影片，达到更好的效果；再次，提供与视听资料有关的书、刊及报纸，使读者更好地理解影视作品。如名著电影《简·爱》、

《飘》,电视剧《红楼梦》、《水浒传》等,可以将这些影视作品的原著收藏在视听阅览室,以便学生加深对作品的理解;此外,还可以收藏一些既有影视视觉特征,又有图书阅读价值的休闲式书、刊品种,如《百年经典电影》、《电影艺术欣赏》、《电影评介》、《大众电视》等,这些书、刊图文并茂、风格独特又兼备文化品位,使学生在休闲阅读中获得乐趣和知识,在不知不觉中提高文化品位和视觉素养。

图书馆是一个没有门槛的公共学习场所,也是学生最喜欢光顾的场所,在这里可以定期请专家举办各种讲座,如电影介绍、音乐欣赏、摄影知识等,以大众的、娱乐的视觉样式来普及现代科学技术知识,以达到知识、娱乐和教育的融合。另外,在图书馆还可以开辟一个专门的展览室,定期、分类地展出广大学生和教工的各种作品,如书法、绘画、手工、摄影和动漫等,以各种具体的、符合审美规律的视觉符号吸引读者关注,向他们传递健康向上、积极进取的价值观和审美经验,使其在潜移默化中接受高尚情趣的熏陶。

3.4 正确指导学生观看图像文本,提高视听服务的效果

在学习的过程中我们发现,多读多写可以提高读写素养,而多看图像并不能直接提高学生的视觉文化素养。对于世界观、人生观和价值观正在形成之中的青年学子来说,多元的大众传媒形态、数字化的虚拟世界、光怪陆离、鱼龙混杂的传媒信息,不可避免地带来诸多的负面影响。尽管大学生有一定的鉴别力,但自觉或不自觉还会受到不良传媒信息的影响。因此,大学生必须在一定的指导下接受视觉传播内容,才能提高视觉文化素养。面对各种各样的视听资料和视觉素养水平参差不齐的学生,如何指导就显得十分重要,重要性主要集中在以下两个方面:

• 慎重选择视听资料:不同年级、不同专业、不同背景的学生对于视听资料的需求是不同的,因此指导他们也要有所区分。例如新生,由于他们刚刚摆脱沉重的应试压力,步入想象中轻松自由的大学校园,他们对于视听资料的观看是盲目和随意的,针对这种情况,工作人员首先应该让他们了解视听资料的分类情况,教会他们如何利用这些视听资料,然后推荐一些思想健康、时代感强、能震撼心灵的经典影视作品,培养他们的兴趣;对于毕业生来说,由于就业压力的增大,他们情绪波动也较大,尤其临近毕业,困惑、茫然、激动、失望和喜悦等各种情感交织在一起,针对这种情况,可以推荐他们看《阿甘正传》、《梦想奔驰》、《马语者》等励志类电影,还有《形象、礼仪知识讲座》、《陈安之成功法则》、《财富人生——榜样的力量》、《韩巧云论宏观经济》等人文类教学片;而对于艺术类的学生,则可以建议他们看一

些《世界广告杰作选》、《莫扎特传》、《凡高传》、《放牛班的春天》等艺术片，使他们开阔思路，并从大师的风范中获得启示。

● 定期专题播放。可以在每周免费举办不同类型的影视欣赏，如科幻类、爱情类、剧情类、喜剧类和历史类等专场，播放《指环王》、《乱世佳人》、《走出非洲》和《辛德勒名单》等具有代表性的、经典的和有憾人心力的视觉效果的影视作品，这样做不仅可以使学生获得感官层面的愉悦和心理满足，并且还能在这种不断深化的娱乐当中，将他们潜藏在内心深处丰富的情感挖掘出来，使他们在享受艺术的同时，全面了解中外电影文化，从而陶冶他们的艺术修养。

3.5 建立良好的沟通渠道

为了更好地为读者服务，工作人员不仅要加强自我学习，拓宽自己的知识面，还要了解和研究读者，使用他们熟悉的语言，并深入到他们的内心世界，了解他们的特点和需求，为他们提供针对性的服务，使他们能够全面、准确地把握视觉信息所传达的意义。如从农村来的新生，由于他们的初中和高中阶段都是在紧张、繁重的学习和劳动中度过的，没有精力阅读文学名著，没有条件欣赏经典电影，他们的视觉素养就显得相对偏低。因此，对于他们的初次到访，工作人员要加倍耐心地和充满热情地为他们服务，使他们感到温暖和放松，并给他们推荐一些通俗易懂、视觉冲击力强的视听资料，使他们在辨别真伪、善恶、爱憎等的体悟中，感悟到深刻的人生哲理和体味出高尚的情操。

另外，工作人员对学生的要求应及时做出反应，并将有关信息及时反馈给学生，尤其要关注学生提出的意见和建议，让学生感到被关注，以形成进一步的参与兴趣，使视听服务日趋完善。

3.6 努力完善视听阅览室

为了满足多元化的信息需要，充分发挥视听资源的作用，图书馆应努力实现视觉与听觉服务模式并存、多种学习平台集于同一空间的全方位立体服务，建立相应的信息服务平台来拓展读者服务。

● 建立自由点播视频信息服务系统。这套系统由有线数字电视光纤、视频转换器、高清晰度显示器、DVD播放机等构成，大学生不仅可以自由选看馆藏的各种视听资料，如奥斯卡获奖影片、经典影片和科普片等，还可以利用开通的数字电视节目频道，观看上百套电视节目，使读者在体验时代最新技术成果的同时，及时了解国内外的时事和最新文化信息。

● 建立音频信息服务系统。在图书馆建筑物内布置音频网络线路，通过功放机建立音频播放系统,不间断地循环播放英语听力、背景音乐、名曲欣赏、经典电影英语对白等音频资料,学生可以利用自带无线音频接收耳机在图书馆内的各个阅览室自由收听。这样既不影响其他读者学习,又可利用图书馆丰富的语音学习资料。

4 结 语

视听文献因其信息存贮量大、制作周期短、生动形象、读者易于接受等特点,在多媒体技术普遍应用的今天,显示出了强大的生命力和广阔的发展前景。鉴于视听资源对于提高大学生视觉文化素养的重要作用,高校图书馆和图书工作人员,应不断拓展视听服务的功能,建立优良的视听服务平台,提供新颖高效的服务机制,为大学生素质教育发挥更大的作用。

参考文献:

[1] 陈龙,陈一. 视觉文化传播导论. 上海:上海三联书店,2006:250.
[2] 陈龙. 媒介全球化与公众媒介素养结构的调整. 现代传播,2004(3):26-29.
[3] 张舒予,王帆. 视觉素养培养与民族文化传承. [2006-05-18]. http://www.fromeyes.cn/Article_Show.asp?ArticleID=550.

作者简介

钟进华,女,1967生,馆员,发表论文10余篇。

广东省职业技术院校学生信息素质调查研究*

回雁雁 张 静 蔡奕强

(广东技术师范学院图书馆 广州 510665)

摘 要 以对广东省8所职业技术院校的1 900名学生为样本进行的问卷调查为基础，从信息意识、信息知识与能力、信息道德这三个方面对职业技术院校学生信息素质现状进行分析，并对信息素质的影响因素进行相关性和差异性分析。最后提出应从提高对信息素质教育的重视程度、为学生创造良好的教育环境、开设适合职业技术院校学生的信息素质教育课程等几个方面努力提高学生的信息素质。

关键词 信息素质 调查 职业技术院校 发展对策

分类号 G252.7

1 研究背景

知识经济时代，信息素质已成为当代劳动者的基本素质能力，信息素质是职业技术院校学生能力体系的重要组成部分，信息素质教育也是职业技术院校素质教育的重要内容之一。笔者于2010年9月登录中国期刊全文数据库（CNKI），以"题名=（信息素质或者信息素养）并且题名=（高职或者中职或者职业技术）"为检索式进行模糊检索，检索到相关文献156篇。相关文献发文量呈逐年递增的趋势。从2005年开始，相关文献数量明显增加，2009年后的相关文献为69篇，占总量的44.23%。可见，当前国内职业技术院校的信息素质教育研究已逐渐引起学界关注。本文试图通过调查，了解职业技术院校学生信息素质现状和影响因素，从而提出我国职业技术院校学生信息素质的发展对策。

---

* 本文系2008年度教育部人文社会科学研究规划基金项目"职业技术院校学生信息素质研究"（项目编号：08JA870004）研究成果之一。

2 研究设计

2.1 研究方法

本研究采用问卷调查法和统计分析法，使用的数据分析工具为 SPSS17.0 软件，主要对问卷数据进行信度和效度检验、描述性统计分析、相关性分析、差异性分析。

2.2 调查对象

本研究主要调查广东省不同类型院校、性别、年级、专业的职业技术院校学生的信息素质水平。以广东轻工职业技术学院、广东工贸职业技术学院、广东理工职业技术学校等 8 所不同类型的高职、中职院校的学生为对象进行抽样调查。

2.3 调查问卷设计

笔者在整体把握信息素质的内涵及深入考察国内外信息素质标准的基础上，利用德尔菲专家调查法，建立了职业技术院校学生信息素质评价指标体系。信息素质评价指标体系包含了信息意识、信息知识与能力和信息道德 3 个准则层，准则层下面包含 9 个指标层和 25 条描述性指标。

根据职业技术院校学生信息素质评价指标体系的 25 条描述性指标，对每个指标编制了 1 至 2 个问项，共 39 个问项，并且设计了个人基本情况表，得到前测问卷。问卷选项采用里克特五点量表编制而成，为了保证量表的可靠性和有效性，在进行正式问卷调查之前，采用抽样方法，进行了前测，并对各分量表进行信度、效度分析。根据信度与效度的分析结果，对问卷的题项进行调整与修改，调整后的问卷用于测量是可靠、有效的。

2.4 问卷发放与回收

正式调查中，共发放调查问卷 1 900 份，回收 1 805 份，其中有效问卷 1 736 份，问卷有效率为 91.37%，问卷具备统计意义。

3 调查结果与分析

3.1 描述性统计分析

正式调查问卷量表分为信息意识、信息知识与能力、信息道德三个构面，各构面得分取值范围分别为 5 – 25、18 – 90、10 – 50，总分范围在 33 – 165 间。信息素质总分的平均值为 116.68，中位数为 118 分，最高分为 155，最低分为 56。信息意识、信息知识与能力、信息道德三个构面最高分分别为 25、

85、50，最低分分别为8、18、12，平均分分别为19.37、59.79、37.52，中位数分别为19.00、60.00、38.00。

3.1.1 信息意识

调查显示，87.5%的学生认识到及时掌握信息非常重要；48%的学生认为自己遇到问题有意识通过寻求信息来解决；90%的学生认识到具备信息素质非常重要；57.2%的学生能够经常关注并了解与其工作、生活、兴趣爱好相关的信息。调查结果表明，职业技术院校绝大多数学生都能够认识到信息的重要性，但在遇到问题的时候，仍有相当一部分学生没有利用信息来解决问题的意识。本次调查之前，多数学生不知道什么是信息素质。

3.1.2 信息知识与能力

调查显示，在信息需求与信息源方面，48.1%的学生能够根据具体问题明确自己需要哪些类型的信息；40.3%的学生对从哪些渠道获取与学习、兴趣爱好相关的信息熟悉或比较熟悉；在信息检索技能方面，有73.1%的学生能够熟练使用图书馆的馆藏书目检索系统检索所需书目信息，有32.9%的学生能够较熟练使用图书馆的数据库检索平台检索电子信息资源，90%的学生能够熟练地使用网络搜索引擎来检索网络信息资源；在信息获取技能方面，34.1%的学生能够利用图书馆提供的信息服务来获取信息，25.1%的学生能利用信息服务机构提供的信息服务来获取信息，28.3%的学生能够通过观察、实验、模拟、实地调查和实际操作等方式或方法获取信息，但大多数学生并没有形成利用信息服务来获取信息的意识和习惯，33.6%的学生能够比较客观的评价信息及信息源；在信息技术利用方面，28.4%的学生能够比较熟练地利用常用的信息技术或工具（word、excel、ppt、Photoshop等），31.4%的学生能够利用知识理论和信息工具来创作各种类型的信息产品，如文本、幻灯片、图片、音频、视频、网站网页等；91.2%的学生能够通过使用电子邮件、QQ、MSN、博客、BBS等进行信息交流；57%的学生认为自己能够利用信息解决学习或生活中的实际问题。

调查结果表明，职业技术院校学生的信息获取与利用能力水平不容乐观。①学生对自身信息需求的认识能力不强，半数学生不能根据具体问题确定自己的信息需求，这直接导致了学生不能成功利用信息来解决实际问题。②学生能够利用的检索工具单一，信息检索能力较弱。很多学生检索信息尚停留在利用公共搜索引擎的层面，对于利用跨库检索平台来检索信息则比较生疏。大多数学生在自己检索信息时，不能客观地判断、有效地选择有价值的信息；获取信息有困难时，并未意识到通过利用图书馆提供的服务来获取信息。还有相当一部分学生不能较好地将信息技能应用到专业学习当中,不能有效的获取和利用专业知识、信息来解决学习、工作中的问题。

3.1.3 信息道德

调查显示,46.5%的学生了解或比较了解网络环境下存在着的信息隐私与安全问题,58.7%的学生了解或比较了解信息服务中的费用问题,74.6%的学生会通过合法的途径获取所需信息,83.8%的学生会通过合法的途径合理地传播各种类型的信息,81.5%的学生能够自觉抵制不良或有害信息的侵蚀和干扰,14.6%的学生了解或比较了解信息使用过程中涉及的知识产权的相关知识,47.9%的学生在引用他人具有知识产权的信息时,会列明出处,标记引用。职业技术院校学生信息道德总体平均得分不高。在获取、传播与利用信息时,大部分学生都能遵守基本的道德规范,能够做到合法合理获取、传播信息。但是,由于多数学生对于知识产权相关知识不了解,因此他们在引用他人具有知识产权的信息时,不懂得列明出处。

3.2 相关性分析

本研究利用两变量相关性分析来探讨院校、性别、年级、专业、家庭所在地、是否拥有个人电脑、是否受过相关培训等影响因素与信息素质各个要素的相关性。表1表明,学生的信息素质与学校、年级、教育类型、专业、是否拥有个人电脑和是否受过相关培训等影响因素具有显著的相关性,与性别、家庭所在地等因素的相关性不显著。

3.3 差异性分析

在相关性分析的基础上,利用独立样本T检验和单因素方差分析(One-way ANOVA)来探讨院校、年级、专业、是否拥有个人电脑、是否受过相关培训等人口统计变量的差异是否会对信息素质水平的高低产生显著性影响。

由表2可知,高职院校与中职院校的学生在信息意识、信息知识与能力、信息道德上存在显著性差异,高职学生的信息素质水平明显高于中职学生的信息素质水平;拥有电脑对学生在信息知识与能力上存在显著性差异;是否受过信息检索相关培训对学生在信息意识、信息知识与能力、信息道德上存在显著性差异,受过相关培训的学生信息素质明显高于没有接受过培训的学生。由表3可知,不同院校的学生在信息意识、信息知识与能力、信息道德上存在显著性差异,深圳信息职业技术学院的学生信息素质明显高于其他院校的学生;不同年级的职业技术院校学生在信息知识与能力上存在显著性差异,在信息道德方面的差异性不大,三年级学生的信息素质最高。不同专业的职业技术院校学生在信息意识、信息知识与能力、信息道德上存在显著性

表 1 相关性分析结果

相关分析方法	控制变量		学校	性别	年级	教育类型	家庭所在地	专业	是否拥有电脑	课程或培训
Kendall 的 tau_b	信息意识	相关系数	-.478**	.119**	.154**	.647**	.038*	-.120**	.363**	.125**
		Sig.(双侧)	.000	.000	.000	.000	.047	.000	.000	.000
	信息知识与能力	相关系数	-.309**	.035	.130**	.452**	.007	-.196**	.303**	.125**
		Sig.(双侧)	.000	.082	.000	.000	.006	.000	.000	.000
	信息道德	相关系数	-.124**	.067**	.037	.184**	.040*	-.101**	.110**	.072**
		Sig.(双侧)	.000	.001	.058	.000	.029	.000	.000	.000
Kendall 的 rho	信息意识	相关系数	-.648**	.139**	.187**	.755**	.049*	-.146**	.423**	.146**
		Sig.(双侧)	.000	.000	.000	.000	.041	.000	.000	.000
	信息知识与能力	相关系数	-.427**	.042	.161**	.545**	.008	-.249**	.365**	.151**
		Sig.(双侧)	.000	.082	.000	.000	.743	.000	.000	.000
	信息道德	相关系数	-.163**	.079**	.046	.219**	.052*	-.127**	.132**	.086**
		Sig.(双侧)	.000	.001	.058	.000	.029	.000	.000	.000

**在置信度(双侧)为 0.01 时,相关性是显著的。* 在置信度(双侧)为 0.05 时,相关性是显著的。

表 2 独立样本 T 检验结果

对比项目		方差齐性检验		均值方程的 t 检验					差分的 95% 置信区间	
		F	Sig.	t	df	Sig.(双侧)	均值差值	标准误差值	下限	上限
教育类型	信息意识 假设方差相等	2.453	.117	-45.044	1 734	.000	-3.928 19	.087 21	-4.099 24	-3.757 15
	信息意识 假设方差不相等			-45.034	1 730.820	.000	-3.928 19	.087 23	-4.099 27	-3.757 11
	信息知识与能力 假设方差相等	.339	.561	-25.239	1 734	.000	-9.513 60	.376 95	-10.252 92	-8.774 28
	信息知识与能力 假设方差不相等			-25.259	1 731.487	.000	-9.513 60	.376 64	-10.252 32	-8.774 87
	信息道德 假设方差相等	127.524	.000	-10.944	1 734	.000	-2.816 54	.257 37	-3.321 33	-2.311 75
	信息道德 假设方差不相等			-10.999	1 522.751	.000	-2.816 54	.256 08	-3.318 86	-2.314 23
是否拥有电脑	信息意识 假设方差相等	1.889	.169	18.677	1 733	.000	2.190 26	.117 27	1.960 25	2.420 26
	信息意识 假设方差不相等			18.675	1 730.908	.000	2.190 26	.117 29	1.960 22	2.420 29
	信息知识与能力 假设方差相等	3.518	.061	15.595	1 733	.000	6.439 86	.412 93	5.629 96	7.249 77
	信息知识与能力 假设方差不相等			15.618	1 716.977	.000	6.439 86	.412 33	5.631 14	7.248 59
	信息道德 假设方差相等	68.047	.000	7.298	1 733	.000	1.913 72	.262 21	1.399 43	2.428 00
	信息道德 假设方差不相等			7.326	1 601.059	.000	1.913 72	.261 23	1.401 33	2.426 10
是否上过信息检索课程或受过相关培训	信息意识 假设方差相等	6.415	.011	5.736	1 734	.000	.811 84	.141 54	.534 23	1.089 45
	信息意识 假设方差不相等			5.508	820.856	.000	.811 84	.147 40	.522 51	1.101 18
	信息知识与能力 假设方差相等	4.314	.038	6.228	1 734	.000	3.019 65	.484 82	2.068 75	3.970 55
	信息知识与能力 假设方差不相等			6.512	978.000	.000	3.019 65	.463 74	2.109 62	3.929 68
	信息道德 假设方差相等	6.288	.012	3.858	1 734	.000	1.136 90	.294 70	.558 90	1.714 90
	信息道德 假设方差不相等			4.102	1 015.872	.000	1.136 90	.277 17	.593 01	1.680 79

差异，理科专业类的学生信息素质最高。

表3 单因素方差分析

项目	学校		年级		专业	
	F	Sig.	F	Sig.	F	Sig.
信息意识	298.657	.000	1.442	.050	3.846	.009
信息知识与能力	104.027	.000	17.575	.000	5.000	.002
信息道德	24.663	.000	3.008	.237	2.950	.032

通过上述相关性分析和差异性分析，得出以下结论：①受过培训的学生和信息类专业的学生的信息素质明显高于其他学生；②随着学生年龄的增加、学识的增长、技能的增强，信息能力也明显增强；③具有较好学习条件的学生的信息素质明显要高。

4 职业技术院校学生信息素质发展对策

4.1 提高重视程度，为学生创造良好的教育条件和学习环境

在1 736个调查样本中，仅有28.1%的学生得到过相关的培训。一方面，由于职业技术教育院校的教学特点、学制以及学时等方面的原因，还没有将学生的信息素质教育纳入到教学计划中；另一方面由于很多职业技术院校并没开设信息素质相关培训，学生因学习环境、条件所限，信息素质水平普遍偏低。因此，应出台相关政策，提高对职业技术院校学生信息素质教育的重视程度，为学生创造良好的教育环境和学习环境。

首先，职业教育的主管部门应当出面制定相关政策，鼓励并支持职业技术院校开展信息素质教育。其次，院校领导应提高重视，加强财力物力支持，为信息素质教育所必需的信息基础设施、各种软硬件环境提供良好的保证[1]。同时，采取有效措施进一步加强校园信息化建设，提高网络传输速度，重视多媒体教学环境的建设，为学生提供更好的学习环境。第三，挂靠在教育主管部门的高校图书馆组织，如高校图书馆工作委员会，可牵头建立一个教育学术性组织，主要负责职业技术院校学生信息素质教育的交流与协作活动。

4.2 改善图书馆信息服务，加强图书馆信息资源建设

调查发现，多数学生不太了解图书馆的信息资源和信息服务，图书馆利用率低。图书馆具有丰富全面的信息资源、较为完善的信息设备、浓厚的学术氛围、整洁安静的学习环境，为开展信息素质教育提供了良好的条件。由

于学生不了解图书馆,没有较好的利用图书馆,图书馆重金购置的信息资源成为摆设,学生信息素质发展有限[2]。

应当改善图书馆信息服务的方式,充分利用各种资源,积极开展宣传教育活动,加强与学生的沟通,促进学生对图书馆信息服务和信息资源的认识与了解,吸引更多学生主动利用图书馆。充分利用图书馆网站开展信息素质宣传与教育,通过图书馆网站进行知识导航,上传各种讲座、培训、展览资料等向用户普及和传播科学文化知识、辅导和传授学习方法,培养读者良好的信息能力[3]。

还应进一步加强图书馆信息资源的建设,提高学生对图书馆的利用率。优化馆藏资源,加强电子信息资源的建设,重视特色数字资源的建设,深入开展包括自建特色数据库在内的校内学习资源建设,结合院校专业特色,广泛搜集整理纸质和网络多媒体资源为我所用,形成专业优势,为学生提供满足个性化需求的信息资源,为各专业教育与信息素质教育相结合提供有力的资源保障[4]。

4.3 开设适合职业技术院校学生的信息素质教育课程

要从根本上提高学生的信息素质,必须开设适合职业技术院校学生的信息素质教育课程,使学生获得系统的训练。

信息素质教育包括基础性、通用性、专业性和研究性教育。基础性包括基础图书馆应用技能和基础信息技术应用技能;通用性主要涉及学习、工作与日常生活问题信息的检索、评价能力;专业性是基于学科的专门信息素质。[5]由于与普通院校在培养目标和培养模式上的差异,在学生基础信息素质和通用信息素质培养的基础上,应重点培养职业技术院校学生的专业信息素质。同时,由于高职、中职两类院校办学层次、学生知识结构水平存在差异,信息素质教育的侧重点也应有所不同。尝试采用分层次信息素质培训的方法,依据前面提及的职业技术院校学生信息素质评价指标体系,对学生进行信息素质能力评估,根据评估的结果,确定学生的能力级别,分级别设计教学内容,分班培训,形成阶梯式培训体系,真正提高学生的信息素质。

4.4 加强合作,将信息素质教育嵌入专业课程体系中

调查发现,有的学生虽然受过信息素质相关培训,但不能较好的将信息技能应用到专业学习当中,这和传统的信息素质教育方式有很大关系。传统的信息素质教育方式已无法满足信息社会发展的要求,运用合作与协作的方式开展多层次、多形式、全方位的信息素质教育,是彻底改进我国传统信息素质教育的重要举措[6]。

借鉴发达国家信息素质教育的先进经验,加强职业技术院校教学、管理部门、图书馆之间的合作与协作,将信息素质教育嵌入到学科课程教学当中。图书馆学科馆员在了解到课程建设体系后,和教师协商,由学科馆员专门讲授信息素质相关内容,使学生在专业学习的过程中,逐步掌握信息技能,提高信息素质。

同时,还要积极努力的分层次逐步嵌入到专业课程体系当中。对于基础性信息素质教育,如图书馆基础知识等内容可以嵌入新生入学教育课程中;对于通用性信息素质教育,主要包括基础性的信息检索和评价能力以及资料收集和整理的基本方法等,可以与课程体系建设中的课程论文、课程设计等内容结合在一起;专业性信息素质教育,主要包括对于本学科专业的数据资源使用及评价、综述撰写、正确使用等,可以作为毕业论文或毕业设计的一个组成部分开设[7]。

4.5 注重信息道德教育

调查发现,部分同学在获取、传播与利用信息时,仍有违规违法行为出现,多数学生在引用他人具有知识产权的信息时,不懂得列明出处,只有少数学生了解信息使用过程中涉及的知识产权的相关知识。因此,信息素质教育的内容不仅要涉及信息检索,信息技术及多媒体,计算机操作与网络知识,信息的组织、利用及评价教育,还要包括信息道德教育和知识产权及相关信息法律知识教育等。借鉴世界发达国家信息道德教育的成功经验,根据我国法律、伦理道德、文化的基本国情,制定符合信息时代特点与要求的信息道德教育内容,在职业技术院校中进行信息道德与法律的普及教育[8]。在教学过程中,应改变单纯讲解法律规范的授课方法,加强学生的参与性,注重学生违法行为案例的分析,调动学生的积极性,提高学生的学习兴趣,加深学生的印象[9]。此外,还可利用校园网开展在线信息道德教育,可将相关信息法律法规和条例挂在信息资源入口最显著的位置上,对学生合法、合理地获取、利用信息资源有一个警醒作用。

参考文献:

[1] 莫铄. 高职高专学生信息素养调查研究. 桂林:广西师范大学,2007.
[2] 陈健宇. 大学图书馆与信息素质教育. 农业图书情报学刊,2010,22(8):230-231.
[3] 吴昌政. 信息化时代公共图书馆读者信息素质教育模式研究. 图书馆论坛,2010,30(2):9-11.
[4] 杨旭. 职业技术学校学生信息素质的培养策略研究. 兰州:西北师范大学,2007.
[5] 王黔平,朱洪瑞. 高校图书馆实施信息素质教育"多层次、全方位"的模式研究. 现代

情报,2007(7):205-207.
[6] 邱翠云,赵利萍.学科教师参与高校图书馆信息素质教育探讨.图书馆理论与实践,2009(9):93-95.
[7] 回雁雁,周雪虹.将信息素质教育嵌入高校课程体系的研究.图书馆论坛,2010(2):124-126,131.
[8] 张瑜.对当代大学生信息道德教育的思考.科技情报开发与经济,2006,16(7):248-250.
[9] 王磊.网络时代高校信息检索呼唤信息道德教育.图书馆学刊,2006(3):16-17.

作者简介

回雁雁,女,1966年生,研究馆员,发表论文20余篇,出版专著1部;

张　静,女,1985年生;

蔡奕强,男,1964年生,馆员,发表论文5篇。

穗港两地中小学生信息素养教育比较研究*

杨恒平

(广州大学人文学院 广州 510006)

摘 要 在回顾穗港两地中小学生信息素养教育发展概况的基础上,对二者在信息素养教育体系规范、运作模式、推行策略和师资培训等方面的异同进行比较,指出广州可以通过制定切合地方特点的信息素养标准、采取多元化信息素养教育策略、改变传统教学方式和健全教师信息素养教育机制的措施,实现中小学生信息素养教育水平的全面提高。

关键词 信息素养 香港 广州 中小学生

分类号 G459

随着信息与通讯科技的迅速发展,掌握搜集、评估、组织和表达等信息处理的能力,即信息素养已成为目前中小学校教育重点内容之一。作为华南中心城市,广州的中小学信息素养教育在国内一直领风气之先。香港在中小学信息素养教育方面承袭了西方主流教育模式,有许多成功经验。对地缘相近、语言相通、关联度很高的穗港两地中小学信息素养教育进行比较,较具现实意义,对国内其他区域中心城市也有参考价值。

我国信息素养教育起步较晚,从 2000 年才开始有学者关注国内外中小学信息素养的比较研究,主要侧重于美国、日本、英国及澳大利亚诸国与我国中小学信息素养教育现状的分析或具体措施的比较,对国内外信息素养教育体系的整体比较研究不够。香港与内地的比较研究较显薄弱,且主要集中于高校信息素养教育,对中小学信息素养及信息技术课程教育的关注基本处于空白。其实,通过对香港与国内中心城市信息素养教育的系统分析,尤其与香港有较高关联度城市的比较研究,可以对地方信息素养教育中的问题有更

---

* 本文系广州市教育科学"十一五"规划课题"穗港未成年人网络信息素养教育比较研究"(项目编号:09A013)研究成果之一。

清醒和全面的认识，使区域性中小学信息素养教育策略的制定更具针对性。

1 香港关于信息素养内涵的解析

在香港，信息素养被视为终身学习的基本人权以及消除数字鸿沟的方法，是有助学生终身学习的较全面的学习技能。香港对信息素养内涵的解析与其提倡的学会学习的理念相符，认为信息素养可从四大学习层面来分类，即认知层面、后设认知层面、情感层面及社会文化层面。认知层面就是让学生掌握必要技能，借以理解、找寻、分析、审慎评估及综合信息以及运用知识作出适当决定和解决问题；后设认知层面是培养学生的反思能力，使其能在变化迅速的信息环境中规划、思考和控制自己的求知过程；情感层面是让学生了解到自主学习能力有助于个人发展，增加学习乐趣；社会文化层面则使学生在自主学习或群体学习过程中，增强信息运用的自主能力，承担更多社会责任[1]。

由于香港信息素养内涵的解析与其课程改革紧密相连，具体落实到课程教学中，信息素养被认为是教师构思学习及教学活动的架构，并适用于香港课程改革的四个关键项目：从阅读中学习、专题研习、运用信息技术进行互动学习及德育及公民教育[1]。可见，香港的信息素养教育并非仅仅是有关信息检索或信息技术的技能，而是将信息技术作为基础手段，通过这种途径，使学生自行以批判的态度处理信息及展开探究式学习，并会自觉主动学习，增强学习的自主能力，进而承担社会责任。

2 穗港两地中小学信息素养教育发展概况

信息素养教育首先是信息技能的提高，穗港两地中小学校都是从信息技术教育开始着手的。

2.1 香港中小学信息素养教育发展概况

香港信息素养教育始于20世纪70年代，经历了技术学习、信息技术教育应用和与课程整合三个阶段。

1982年，决定在中学课程中引入信息技术教育，增设电脑科。1986年，举办中学会考电脑科考试。为满足师资需要，香港教育局资助现职教师到英国学习，他们大多都参与了后来香港中学电脑科教材的开发。1988年，开设初中生电脑认知科，教授基本电脑认知和使用技巧。1990年，A–Level电脑科及AS Level的电脑应用科成为高等程度会考内容[2]。此时的特点是着重于电脑科学的学习，集中发展有关信息科技应用程序的理论知识及操作技巧。

1998年，实施首个信息技术教育五年策略（1998/1999至2002/2003），将计算机科改为信息技术课程，归入于信息技术教育体系，以推进硬件及网络基础建设，教师掌握信息技术技能和在学校课程中加入信息技术成分为主要任务，推动全港中学从以教师为中心向以学生为中心的教育范式转换，开始着重于信息技术的应用，集中发展中学生运用信息技术处理信息及学会学习的能力。2000年，发布《电脑认知课程指引》，开始筹划小学相关的信息技术课程，并挑选部分小学作为电脑认知课程的先导学校。

2004年和2007年，先后颁布第二份和第三份信息技术教育策略文件，注重落实将信息技术融入各课程教学，加强培养学生的信息素养能力。2005年制定了《香港学生信息素养架构》，香港信息技术教育应用进入更高层次，即信息素养教育与课程进行整合阶段，重点是在进一步加强基建环境、信息技术教育应用和学习资源的基础上，结合新学制和课程改革，探索信息素养如何与课程融合的学习方法[1]。2009年8月，教育局委托香港大学进行为期一年的"发展课堂活动及评估工具通过科学科（常识科）提升学生信息素养"研究[3]，来探索中小学科学科（常识科）与信息素养教育的融合。目前，又推行为期三学年的针对电子学习资源库建设的"电子学习试验计划"[4]，探索如何在不同学校推行电子学习以照顾学生学习差异以及学生如何实行自主学习和终身学习。

2.2 广州中小学信息素养教育发展概况

广州于1994年在中小学开设了计算机课程，是国内较早开始普及信息技术教育的中心城市之一。2002年和2003年先后颁布《关于加快推进我市教育信息化工作意见的通知》和《广州市教育信息化发展规划》，提出教育信息化发展"三个阶段"理论，即基础设施建设阶段、探索与推广阶段及信息技术真正融入教学阶段，切实加强基础设施建设、资源建设、师资培训及课程整合。

2004年10月，根据"三个阶段"理论，旨在加强基础设施建设、整合教学资源和推动信息技术在教学中应用的广州市"教育e时代"工程启动。同年，《广州市九年义务教育阶段信息技术课程实施纲要》颁布，规定中小学需开设信息技术课程，所有初二学生须参加广州市信息技术结业考试，高中生要参加信息技术等级考试，考试成绩作为学分认定的依据和综合素质评价项目之一。

截至2011年底，广州建成了全国基础教育规模最大的光纤城域网，覆盖城乡各级各类学校，市本级教育信息资源总量达到65TB，全市中小学（含中等职业学校）的计算机生机比为7.3∶1，师机比为0.92∶1，全市76%的学校建立了校园网，多媒体教学平台进课室达87.25%；创新信息技术运用，建设了"同步教学资源包"、"师生多媒体创作天地"、"网络教研系统"、"教育资源搜索引擎"等一批特色项目[5]。

广州市现已进入"信息技术真正融入教学"阶段，一方面以"依托教育信息化促进区域教育均衡发展"国家教育体制改革试点项目为突破口，推进各区县中小学信息技术教育平衡发展[6]；另一方面与企业联手建设广州市教育云实验平台，建设"广州数字教育城"，将教育宽带网和教育移动网有机融合，使教育信息网络覆盖到城乡各级各类学校，延伸到家庭和社区，帮助学生利用数字化的学习环境改变现有的学习方式，使他们学会学习。

3 穗港中小学信息素养教育之比较

3.1 信息素养教育体系规范的比较

在信息素养教育体系建设方面，香港有着一套严密的、循序渐进的实施规范，主要由政府主导，社会各界广泛参与，与教育、课程改革紧密联系，以构建信息素养培养架构为核心。如20世纪90年代中期，鉴于香港信息素养教育已落后于日本，社会各界建议加强中小学信息技术教育，1997年特区行政长官的首份《施政报告》中对此作出回应，提出要发展信息技术教育。教育局于当年发表信息技术教育策略咨询文件，结合社会各界建议，制定了第一份信息技术教育五年策略文件。香港课程发展议会先后于2000年、2001年发布中小学《信息技术学习目标》、《学会学习－学习领域科技教育咨询文件》和《学会学习－课程发展路向》，将信息技术课程归入于科技教育学习领域，对中小学信息素养培养架构进行初步规范。2002年，发布《基础教育课程指引》，"运用信息技术能力"被确定为学生应具备的"九种共通能力"之一，而"运用信息技术进行互动学习"被确定为基础教育"四个关键项目"之一，为后来具有香港特点的信息素养架构的建立奠定基础。2005年，香港参考美欧等发达国家的多种信息素养架构，制定了具有香港特点的信息素养架构，提出了学生信息素养11项标准32项指标[1]。这一架构现已成为香港中小学全面开展信息素养教育的重要依据。

广州市对其信息素养教育体系的规范化设计是在教育部、广东省教育厅的指导下进行的，自主灵活性不足，颁布实施的如《广州市九年义务教育阶段信息技术课程实施纲要》等政策性文件，多是直接沿用教育部、广东省教育厅的文件精神，未能全面考虑广州信息技术教育发展的实际水平，缺少地方特点，且内容较为单一。虽然广州市一直鼓励和推动信息素养培养架构方面的科学研究，也有专家提出了切实可行的培养学生信息素养的目标体系[7]，对广州市信息素养教育体系的构建有一定的指导作用,但仅限于理论探讨层面,并未结合广州实际发展水平来制定出有地方特色的信息素养培养架构。

3.2 运作模式的比较

穗港两地在信息素养教育体系规范化设计方面的不同,决定了二者在推行中小学信息素养教育的运作模式上也表现各异。

香港中小学信息素养教育与教育改革紧密联系,为保证策略的多元化和普遍使用性,一项具体措施的落实,往往要经过调查研究、意见征询、确定方案、实验计划、普及推广、监督评估和改进完善等一条龙式运作。如第一份信息技术五年策略文件的颁布就是如此。1997年,特区首份《施政报告》提出利用信息技术提高教与学质量。1998年6月,教育局发布《应用信息技术,发展优质教育1998/99至2002/03学年五年策略咨询文件》[8],向社会各界征询意见。根据各界建议,发布第一份信息技术教育五年策略文件。为保证成效,政府委托英美信息素养专家任荣誉顾问、香港理工大学及香港中文大学的信息技术专家为主要研究团队、中小学校长广泛参与,组成专责研究小组,对信息技术教育五年策略开展"信息技术教育计划进度初检研究(2000年12月至2001年8月)"[9]和"1998至2003年信息技术教育计划进度检视及成效评鉴的整体研究"[10],检视进度及其成效。

在具体的推进过程中,香港中小学信息素养教育由一线教育工作者、家长、政府、高等院校、IT界及相关青少年服务团体等社会整体力量互相支持和配合来完成。如2009年启动的"电子学习"计划,首先于2008年10月成立成员包括政府官员、信息技术界专家、教师、家长及出版商的课本及电子学习资源发展专责小组,通过组织学生论坛、公开研讨会、学校网上问卷调查、网上家长意见收集等方式,广泛征求意见;立法会教育事务委员会也收集了专业团体、社区组织的书面意见。2009年10月,专责小组发布研究报告,并制定了相关策略、措施和执行方案。在此基础上,香港教育局才正式启动"电子学习实验计划"。

青少年服务团体的直接参与也是一大特色,如香港青年协会为配合推动中小学信息素养教育,从1993年开始,通过个案研究或大型调查,向社会发布了《信息技术教育与中学生学习的研究》(1999年10月)、《教与学数码化研究》(2004年5月)和《中学生网上欺凌研究》(2010年9月)等研究报告,并直接参与策略文件意见征询、实验计划推进等工作。

由于教育体制的不同,广州市一直采取政府主导和指导、学校实施的传统运作方式,在制定政策时,多是以召开专家研讨会或成立专家组的形式来进行，较少能够像香港那样，在制定政策之初，首先广泛征询各界意见；制定的政策多是沿用上级的政策文件，较为注重文件精神的连贯性。虽支持相关的科学研究，相关的研究成果也不少，但理论探讨成份较多，未能与中小学信息素养教育实践全面结合，对广州市中小学信息素养教育实践的影响与推动作用不明显。

3.3 推行策略的比较

由于信息素养是一种共通的能力，学生可以通过各种不同的学科领域促进信息素养的发展。穗港中小学都设有专门的电脑室、多媒体教育室，但香港中小学的一般课室中也都设有多台学生用电脑，方便学生使用。在推行策略上，穗港中小学都以信息技术课作为培养学生技能和信息素养知识的主阵地，但香港比广州灵活，会考虑学生的生理发展阶段、不同学校之间差异而采取各种灵活的策略，更加注重电脑科与其他学科的融合，且会随着实际情况的变化而及时改变策略。

香港中小学信息素养教育是根据学生成长阶段采取由试点到普遍推广的方式逐步推进；从学科参与来看，主要采取一科试点、学科与电脑科配合及跨学科三种模式[3]。以一科为试点的模式在中学较为普遍，因教学安排灵活性的限制，教师多采取将信息素养知识融入一个教学单元中的传统教学策略；学科与电脑科配合是中小学较为普遍的做法。中学一般由电脑科老师讲授相关信息素养知识和技能，学科老师为学生提供展示信息素养技能的机会。小学是通过电脑科和学科老师共同备课来完成；跨学科模式主要存在于小学，灵活的教学时间表和课程安排，可以在诸如常识科、中文、德育及公民教育、计算机科、图书馆学及课外活动中多元化推行。

从实施范围来看，香港中小学一般采取以一班为试点、全级推行和小组抽离式三种策略。其中，采取一班为试点的做法在中学最为普遍。在老师看来，因它涉及较少的人力资源，是在学校实施新教学模式时所采用的最简单的方式。全级推行的做法主要存在于小学，因为多数小学有同年级共同备课的文化，选择在整个年级推行此计划，使教师们更能分担工作。而小组抽离式，由于要从各班级抽取资优生组成小组来进行，不太具操作性，学校一般不愿意采用这种方式。

广州是由教育部门统筹安排，按照既定的课程设置和教学计划来推行信息素养教育，各学校的自主性不足。目前，广州推行信息素养教育的策略，只是将信息技术课作为一门孤立的课程开设，缺乏同现行中小学其他课程的整合。政府鼓励有条件的学校进行与课程融合的探索实践，但由于升学等方面的压力,各学校的积极性并不高。广州"教育e时代"工程的"实验学校计划"也是由政府积极倡导的,应该是在某种程度上借鉴了香港的做法。

在具体推行者中,穗港最大的不同点是中小学图书馆馆员(主任)的作用。香港认为未来教育是引导学生学会学习,为达到此目标,学校必须为学生提供充裕的信息知识,协助他们养成阅读习惯,图书馆主任恰恰在推动阅读风气和培养学生信息素养方面扮演着重要角色。所以,图书馆主任不但要承担相关课程,在专题研习课程中更充当资源利用引导者的角色,通过推行各种有关图书馆或阅读计划来提高学生信息素养。而广州市中小学图书馆馆员,与国内其他中心城市一样,并未充分发挥应有作用。曾有专家批评说:"许多学校尤其是乡镇学校,设置学生专用的书刊阅览室只是为了应付上级教育行政部门的检查"[11]。条件较差的乡村学校图书室甚至没有馆员进行管理。广州市下辖花都、从化及增城等区县,教育发展水平不一,这种情况也在一定程度上存在。

3.4 教师培训的比较

教师信息素养水平的高低直接影响到学生信息素养培养效果。因此,穗港都十分注重教师信息素养知识和能力的培训。

香港以定期培训为主,远程网络培训为辅。按香港相关规定,教师入职前全部要接受职前信息技术能力和素养的培训。入职后的教师培训,分作基本程度、中级程度、中上程度和高级程度四个级别,不同级别对接受培训时间和培训内容的要求也各异。针对中小学教师设置的信息技术教育课程,主要分作"教学法的课程"、"科技为主的课程"和"电子领导和信息技术管理课程"。其中"教学法的课程"又分作"科目为本"和"跨学科",每两月将根据不同的学科开设的课程目录发表在香港教育局"信息技术校园"网站。教师通过校长报名,并在截止日期前通过电子办公系统"电子化服务入门网站"将报名表递交给教育局信息教育组,并根据先到先得和最大限度让更多学校参与的原则进行录取,培训资料在培训成功完成后全部通过电子化服务入门网站的"个人资料概览"显示[12]。

网上远程教育主要通过教育局网站来完成,所有网上平台都是免费开放的,如果有互动环节,则需要设置登录名和密码,这种学习方式没有硬性指标的规定,主要依靠自主学习。内容包括"具有成效的信息技术教育案例互动平台"、"电子学习版权信息通"、"安全上网信息频道"和教育局信息技术教育组开发的教育软件以及香港教育城提供的"发展教学软件奖励计划下成功开发的教材套"等。

广州则是将教师培训纳入到中小学教育继续教育体系当中,信息技术课被要求作为公共必修课之一。培训模式则采取"全员培训以远程培训为主、骨干培训以面授培训为主、个性化培训以校本培训为主"的教师继续教育模式[13]。教师全员培训主要采用中小学教师继续教育网络平台的远程培训方式进行,《中小学教师教育技术》即采用此方式。学员根据广州市中小学教师继续教育网上公布的课程,自行选课,并按培训单位的安排参加集中面授。校本培训主要是根据学校的可持续发展和教师的专业化成长需要而开展的培训。广州中小学教师培训没有程度高低之明确标准,只是在教师职称晋升中,根据职称级别的不同,要求学习不同的计算机知识模块。

4 思 考

广州市在国内已算是中小学信息素养教育水平较为发达的城市之一。2004年启动的"教育e时代"工程及目前正在进行中的"广州数字教育城"计划,为广州中小学信息素养教育搭起了一个更为广阔的平台,但如何充分利用这一平台,更好地促进广州中小学信息素养教育发展,值得深入思考。香港的信息素养教育的成功经验给了我们很好的启示,特别是其灵活的运作模式和信息素养教育推行策略,令人印象深刻。

4.1 制定切合广州特点的信息素养培养架构

制定广州学生信息素养培养架构,要考虑不同阶段学生的信息素养实际水平,按照学生年龄差异,提出不同层次的具体且明确的架构标准。制定过程中,首先要对广州各区县中小学生及其教师信息素养现状进行调研,全面掌握广州中小学信息素养实际水平。在此基础上,结合国内外已有的信息素养培养标准,重点借鉴国内有影响力的研究成果,如李克东的信息素养"三要点"论述、桑新民的信息素养"三个层次、六个方面"的内在结构和目标体系及张义兵等对信息素养的多学科综合分析[14],进行广州学生信息素养培养架构论证和建构。参与的成员,不仅要包括著名专家、IT界和图书馆界及政府主管部门人士,更要选取不同层次学校的校长和教师代表直接参与,使未来的广州学生信息素养培养架构更具普遍意义。

4.2 利用一切可用资源,全面推动信息素养教育

中小学信息素养教育是一项系统性工程,仅靠政府和学校来推动,是远远不够的。首先,随着家庭互联网接入的逐步普及,家庭辅助教育作用不容忽视,家长要配合学校,引导学生正确认识和利用网络信息。所在社区要与学校、家庭形成良性互动,利用社区教育资源,尤其可以利用社区图书馆,通过开展各种阅读或导读活动来提升学生的信息能力,推动学生信息素养的

提高。另一方面，在一些有关信息素养教育的重大举措或实验计划中，可以借鉴香港的做法，由政府来把握政策方向和资金投入，社会各界广泛参与实施，调查分析、意见征询及效果检视等可交由科研机构或高等院校完成，相关专家提供理论指导，IT界和相关社会团体进行技术支援及新技术实践，相关企业则参与信息素养教育的硬件建设和维护。

4.3 加强信息素养与课程融合，改革传统教学方式

目前，广州中小学培养学生信息素养的途径只是开设一门信息技术课，且绝大多数是让学生学操作技术，缺乏与其他课程的整合，在培养目标上基本没有区分不同层次，小学、初中和高中几乎都是同样的内容和要求。随着计算机技术的迅速发展，特别是软件技术的广泛应用，信息素养教育的内容、形式和普及程度也随之变化。因此，要根据学生不同的年龄阶段，改变以往注重显性教育的弊病，考虑内容的层次性和手段的灵活性，加强与其他课程的整合。小学可考虑不再单独开设信息技术课程，采取信息技术与学科教学密切配合或跨学科方式，将信息技术作为基本认知工具应用于各学科教学中，以培养学生基本的信息意识为主；中学开设信息技术课程，同时要全面与学科课程融合，将信息能力培养与知识学习紧密结合，老师在学科教学中采用以学生为中心、个性化学习与协作学习相配合的探索式教学，注重实践能力与反思意识的培养，将信息技术从教学的辅助工具转变为学生自主学习、协作学习的认知和创新工具。

4.4 提升教师信息素养水平，健全教师信息素养教育机制

目前，广州市中小学教师信息素养的提升主要是通过广州市中小学教师继续教育的方式来进行。与信息素养相关的仅有《中小学教育技术》一门是公共必修课，这门课以教授技术能力为主，缺乏信息技术与课程整合的培训，忽略了信息素养其他范畴，而且入职前的信息素养教育培训基本处于缺失状态。因此，首先要重视教师的职前培训，可结合其即将主讲学科的特点，进行针对性培训，并制定不同层次的评价考核办法，对其入职时的信息素养水平进行评估，作为将来在职培训的最初依据。考虑到教师的课业压力，在职培训可采取远程网络教育和定期现场培训并重的方式，有条件的学校还可进行校本培训，但要改变过去内容单一、缺乏与课程整合、无互动协作的弊病，多开展一些旨在提升信息素养的专题研习和协作学习实践活动。根据不同学科、不同教学阶段，对所要掌握的内容和程度提出不同的要求，制定出一整套可操作性强的不同层次的教师信息素养教育目标及评估体系，更好地为提升教师信息素养水平服务。

参考文献:

[1] 香港教育局. 香港信息素养架构:信息年代学生学会学习能力的培养[EB/OL].[2012-03-21].http://www.edb.gov.hk/FileManager/TC/Content-1619/il-chi.Pdf.

[2] 伍学龄. 香港中小学信息技术教育的概况与思考[EB/OL].[2011-12-18].http://kj.wzu.edu.cn/isd/course/expert/wxl.ppt#258,2.

[3] 香港大学教育应用信息技术发展研究中心."发展课堂活动及评估工具通过科学科/常识科提升学生信息素养"研究计划[EB/OL].[2012-03-21].http://resources.edb.gov.hk/~scil-tools/.

[4] 香港教育局. 课本及电子学习资源发展专责小组报告[EB/OL].[2012-03-21].http://www.edb.gov.hk/FileManager/TC/Content_689/wg%20final%20report_c.pdf.

[5] 广州年鉴编纂委员会. 广州年鉴2011[M]. 广州:广州年鉴社,2011:433.

[6] 广州市教育局. 关于印发依托教育信息化促进区域教育均衡发展改革试点项目实施方案的通知[EB/OL].[2012-03-21].http://www.gzedu.gov.cn/gov/GZ04/201104/t20110428_13600.html.

[7] 桑新民,从印刷时代走向信息时代——推动人类学习方式与教育模式的历史性变革[J]. 广东教育·综合版,2001(2):32-35.

[8] 香港教育局. 应用信息技术,发展优质教育:1998/99至2002/03学年五年策略咨询文件[EB/OL].[2012-03-21].http://www.info.gov.hk/archive/consult/1998/ited-c.pdf.

[9] 香港教育局. 信息技术教育计划进度初检研究(2000年12月至2001年8月)[EB/OL].[2012-03-21].http://www.edb.gov.hk/index.aspx?nodeID=7286&langno=2.

[10] 香港教育局. 1998至2003年信息技术教育计划进度检视及成效评鉴的整体研究[EB/OL].[2012-03-21].http://www.edb.gov.hk/index.aspx?nodeID=7286&langno=2.

[11] 张国. 谁来唤醒沉睡的中小学图书室[EB/OL].[2012-03-21].http://news.qq.com/a/20090506/000629.htm.

[12] 香港教育局. 信息技术教育课程[EB/OL].[2012-03-21].http://www.edb.gov.hk/index.aspx?nodeID=2287&langno=2.

[13] 广州市教育局. 广州市中小学教师继续教育管理办法[EB/OL].[2012-04-07].http://cms.eecn.cn/cms/portal/jxjy2/__info/21676.htm.

[14] 李艺. 信息技术课程:设计与建设[M]. 北京:高等教育出版社,2003:54-55.

作者简介

杨恒平,男,1976年生,副研究馆员,发表论文10余篇。

评 述 篇

国内信息素质教育课程评析与建议*

林 芳

摘 要 从课程目标与教学内容两方面对当前国内高校的信息素质教育课程进行分析,指出当前信息素质教育课程存在三方面不足:大学生信息素质教育忽视对信息管理与交流能力的培养;信息素质教育对本地资源依赖度过高;欠缺信息环境意识与对个人信息空间构建能力的培养。提出信息素质教育课程可以围绕一个中心两个基本点进行改革:转变以信息源为主导的教学模式,以人为中心,进行生本教育;以个人信息空间构建能力和个人信息管理能力的培育为基本点。

关键词 信息素质教育 课程目标 教学内容 生本教育 信息环境意识 个人信息空间 个人信息管理

分类号 G252

信息素质(information literacy,也称为信息素养)是当代公民应具备的基本素质,是个人有效融入信息社会的先决条件[1],是终身学习的核心[2]。信息素质教育有多种方式,但以独立课程的方式进行信息素质教育目前在国内仍是一种主要方式。国内高校的信息素质教育课程是沿袭传统的文献检索课而来的,而时代的发展又促使信息素质教育课程突破文献检索课的传统,提升课程目标,更新教学内容,创新教学模式,以适应信息社会和终身学习的需要。笔者从信息素质教育课程的目标和教学内容入手,探讨当前国内信息素质教育课程存在的不足和需要改善的方面,以期对信息素质教育课程的改革有所启示。

1 当前信息素质教育课程的教学目标与教学内容

从信息素质的各种定义[3-14]、宣言[1-2]、标准与评价指标体系及模型[7,15-26]来看,当前信息素质的基本内涵包括信息意识、信息能力和信息道

---

* 本文系广西人文社会科学发展研究中心"科学研究工程"2013年度一般项目"基于PKM的高校信息素养教学模式构建与实践研究"(项目编号:ZX2013054)研究成果之一。

德,它是个体作为独立的终身学习者所必备的技能。这些内涵体现为一种能力,所包含的具体内容是个体应具备对信息的以下能力:

● 识别和表达(recognize——识别,identify——识别,formulate——表达,determine——确定,define——明确,articulate——表达)信息需求;

● 查找(search——搜索,locate——定位,find——查找,retrieve——检索,access——存取);

● 评估(select——选择,evaluate——评估,compare——比较,appraise——评价,filter——过滤);

● 组织与管理(organize——组织,manage——管理,classify——分类,store——储存);

● 使用(integrate——整合,use——使用,apply——应用,synthesize——综合,incorporate——合并,produce——创作,create——创造,manipulate——操作,redraft——改写);

● 交流(share——共享,communicate——沟通,disseminate——传播)。

信息素质教育的目标就是培养受教育者具备和提升这些能力,从而以批判性思维解决问题,完成特定任务。

国内开设的信息素质教育课程可分为面向本科生和面向研究生两个层面。面向本科生的信息素质教育课程,其教学目标从信息检索的国家级精品课程在教学内容中的陈述可见一斑。山东理工大学葛敬民老师在其主持完成的2007年国家级精品课程《信息检索与利用》中指出,"文献检索课的课程目标是强化学生们的信息意识,增强信息道德观念,提高获取、利用信息的能力以及自学能力和知识更新能力,实现大学生综合素质的提高"[27]。中南大学罗爱静老师主持的2009年国家级精品课程《文献信息检索》的课程目标是"培养学生的信息意识、信息能力和信息道德,使学生掌握文献信息检索的基本理论、基本知识和基本技能,从而培养学生检索、筛选、分析、评价、管理和综合利用文献信息的能力,创新能力和终身学习能力"[28]。武汉大学黄如花老师主持的2010年国家级精品课程《信息检索》和西南交通大学高凡老师主持的同名课程都将课程的目标定位为培养学生通过信息检索解决学习、生活与研究中的问题的能力[29-30]。

本科阶段的信息素质教育课程一般作为大学生素质教育的公共课程。从上述信息检索国家级精品课程的教学内容来看,本科生信息素质教育课程侧重于讲授各类型信息源及其检索方法,这部分内容约占总课时的64%–74%(根据上述课程的课时安排计算得出)。相较于2006年王立学[31]对186种面向高等院校信息素质教育和文献检索课的公共教材的知识单元所进行的统计,近年来面向本科生的信息素质教育的教学内容并无多大变化。表1是王立学统计时出现频率超过40%的知识单元。

表1 教材中出现频率超过40%的知识单元[31]

知识类别和知识单元		频次	频率
信息概念	信息检索概述	119	64.0%
	信息资源分类	87	46.5%
	信息资源评价	102	54.7%
检索理论和方法	检索原理	91	48.8%
	检索语言	106	57.0%
	检索技术	102	54.7%
	检索策略、方法	136	73.3%
	检索系统和检索工具	128	68.6%
常见信息源及其检索工具	综合数据库	115	61.6%
	图书检索	110	59.3%
	中外文期刊	149	80.2%
	著名检索系统	132	70.9%
	科技报告	87	46.5%
	会议文献	119	64.0%
	学位论文	128	68.6%
	知识产权	154	82.6%
	标准文献	119	64.0%
常见工具书	百科全书	102	54.7%
	年鉴	78	41.9%
	字、辞典	82	44.2%
	名录、手册	78	41.9%
	联机数据库 DIALOG/STN/OCLC	78	41.9%
	网络信息检索搜索引擎	154	82.6%
	信息交流利用论文写作	78	41.9%

在研究生层面，2009年中国科学院研究生院开设了《科技文献》课程，对课程目标描述如下：①有效发现和描述科研过程中的信息需求；②了解国家科学数字图书馆的资源与服务，具有信息获取的方法与技巧；③培养信息

的筛选与评价能力；④初步建立信息的管理、交流和利用技能[32]。该课程共10讲，侧重于对研究生科研过程中信息素质的培养，教学大纲中专门设置了"信息的追踪、管理与评价"、"信息的阅读、交流与传播"两讲。中国科学技术大学的罗昭锋老师及其教学团队自2008年秋正式开设《文献管理与信息分析》课程[33]，他认为，"关于文献信息我觉得要掌握三方面的能力：一是文献信息的获取能力；二是文献信息的管理能力；三是文献信息分析和利用的能力"[34]。2012年秋季该门课程主要介绍四方面的内容[35]：文献信息的获取、文献信息管理以及知识管理工具、文献信息分析、分享协作和创新。研究生阶段的信息素质教育更重视信息管理与分析能力的培养。

2 信息素质教育课程设置中存在的不足

当前高校的信息素质教育课程总的来说注重三方面技能的培养：信息检索技能、信息管理技能、信息分析技能，本科阶段和研究生阶段各有侧重。笔者认为当前的信息素质教育课程从教学目标和教学内容的设置来看还存在一些不足。

2.1 本科阶段的信息素质教育忽视对信息管理与交流能力的培养

当前本科阶段的信息素质教育课程中信息检索技能的培养是重点，有的课程通过科技查新、课题检索等环节来培养大学生的综合信息能力，通过论文写作等内容的讲授来进行信息交流能力的培养。论文写作与发表是一种正式的学术性交流途径，大学生有必要掌握这种交流的方法和规范。但非正式的交流途径和非学术性的交流内容是当前大学生信息交流的主流，信息素质教育课程应融入大学生当下所处的信息交流环境。随着信息量的激增，个人信息管理也凸显出其重要性和必要性，个人信息管理能力将成为个人的一种核心竞争能力，大学生信息素质教育不应忽视个人信息管理能力的培养。

2.2 信息素质教育对本地资源依赖度过高

当前信息素质教育课程的设置中，本科阶段以信息检索技能为重，研究生阶段在提升信息检索与获取技能的基础上，更强调信息管理与分析技能的培养，但两个阶段的信息素质教育对本地/本校资源的依赖度都过高。信息素质教育课程中信息检索技能的培养一般贯穿于常用检索工具检索与利用的授课内容之中，图书馆资源的检索与利用是其中的重要内容；信息管理技能的培养依托于EndNote、NoteExpress等文献管理软件的讲解；信息分析依托于Web of Science等数据库，信息分析技能的培养受到所分析数据来源的限制。图书馆的数据库资源、文献管理软件、信息分析数据这三方面的资源在很大程度上依赖于本校数字资源的购买实力，它们作为信息素质教育的资源基础，体现出课程教学对本地资源的高度依赖性，不利于学生全局信息环境意识的培养。信息素质教育的最终目标是培养独立的终身学习者，信息环境在不断变革，学生们有寒暑假，他们总有一天要毕业离开校园，当他们步入社会，他们不应因所处信息环境的变化而无所适从，他们的信息能力也不应因外部信息环境的变化而减弱。

2.3 信息素质教育欠缺对信息环境意识与个人信息空间构建能力的培养

由信息素质教育课程对本地资源的高度依赖性产生出另一个问题：当前本科阶段和研究生阶段的信息素质教育课程都忽视了对宏观信息环境和个体微观信息环境意识的培养。信息素质的定义指出，具备信息意识的人能认识到何时需要信息，需要什么信息，信息意识包括"信息主体意识、信息获取意识、信息传播意识、信息保密意识、信息守法意识、信息更新意识等多种形式"[36]。信息意识的培养体现在信息素质教育课程的教学中，是将信息意识的培养穿插于对信息源的检索与利用的讲授之中，同时培养学生的信息伦理与信息道德。这是一种信息本位的教育模式，这些信息源以本地资源为主，没有把本地资源放在当下的信息整体环境中去考虑，忽视了对宏观信息环境意识的培养。信息本位的教育观念也导致受教育者个体需求差异被忽视，在信息素质教育课程中欠缺对个体微观信息环境意识和个人信息空间构建能力的培养。

3 对信息素质教育课程目标与教学内容改革的建议

针对当前信息素质教育课程设置中存在的不足，结合笔者在信息素质课程教学中的体会，笔者认为信息素质教育课程教学目标与内容的改革可以围绕"一个中心两个基本点"来进行。一个中心指以人为中心，两个基本点即信息素质教育课程以个人信息空间构建和个人信息管理能力的培养为基本点。

3.1 以人为中心，以生为本

信息服务理念要从"信息本位"向"用户本位"转变[37]，信息素质教育也需如此。当前的信息素质教育课程的教学是依托在本地信息源基础上的以信息源为主导的教育模式。笔者认为应转变这种教育模式，让信息素质教育回归到素质教育的本质，以寻求知识的主体为课堂的主体，构建以生为本的信息素质教育模式。信息素质教育以生为本，就是以学生的信息素质培养和提升为本，培养学生的信息意识、信息能力和信息道德，使他们成为终身学习者。生本教育是以学生为中心的教育，不是本校图书馆有哪些资源就介绍哪些资源的检索与利用，而是学生现实需求和未来发展需要什么样的技能，教师就朝着那些方向去培育。信息素质教育的重点应该是"素质"，而不是"信息"[38]。

3.2 培养学生的个人信息空间构建能力

以信息源为主导的教育模式是资源发散型的，学生缺乏对信息环境全局的审视，教师在课程教学中也不注重对学生个人信息空间构建能力的培养。笔者认为应将现在课程中介绍的信息源放到整体信息环境之中，培养学生们构建以人为中心的资源汇聚型的个人信息空间。个人信息空间（personal information space，PIS，此处笔者认为它与个人信息环境（personal information environment，PIE）是同义语）是"与个人信息需求相关的信息资源、信息交流渠道等各种要素的总和"[39]，是"以用户为中心、用户可操作的、专属的信息获取、存储和利用的通道，是用户驱动的个性化集成定制系统"[40]。个人信息空间构建的目的，是让信息检索、信息获取、信息共享和交流能够随时随地且高效地进行。

信息意识应该包括信息环境意识，个人信息空间构建能力的培养首先要培养学生对所处信息环境的识别能力，让学生们对当前的信息环境有全局观，而不局限于本地信息源。信息环境可以分为宏观、中观和微观三个层次。宏观信息环境是我们所处时代的全球信息环境，中观信息环境可视为本地/国内信息环境，微观信息环境则是个体信息环境。在信息素质教育课程中，我们经常无意识地把图书章节、期刊论文、报纸文章、专利文献、视频等狭义上的信息资源理解为信息环境，在培养信息环境意识时应转变这种观念，信息环境除了信息资源外，还包括信息技术等动态变化的要素。信息环境意识的培养，是要让学生们对信息资源的分布有所体知，对信息交流与传播环境的变化有所体察，对信息技术服务于学习、科研与生活的有效性有所体验。

培养个人信息空间构建能力其次要让学生动手构建自己的信息空间。个人信息空间的构建，可以依托于某个（些）软件或平台，也可以由学生自主构建。构建个人信息空间依托的软件或平台有传统的个人数字图书馆（如图书馆的 MyLibrary）、2.0 个人数字图书馆（如 360doc 的"我的图书馆"）、2.0 个人门户产品（如 Netvibes、中搜 IG 门户）等[40]。随着信息技术的发展与变革，构建个人信息空间有了更多的工具和平台，个人信息空间不仅仅是依托于单一工具或平台构建的个人信息门户，更多的情况下，个人信息空间是依托于多种工具构建的模块化的个体信息环境，例如，博客可以作为个人信息门户，Evernote 可以作为协作与信息共享平台，Dropbox 用于知识储存，

Google Drive 用于在线作业，多种资源和工具组合成为个人信息空间。笔者认为，在信息素质教育课程中应鼓励学生利用他们最熟悉的平台和工具自主构建个人信息空间，一个按用户习惯组织的常用资源链接文档所构建的简单信息门户，也许比借助于功能繁复的软件所构造的信息空间更实用和高效。

3.3 培养学生的个人信息管理能力

个人信息管理（personal information management，PIM）具有"P IM"和"PI M"两方面的含义，前者强调以个人为主体开展信息管理活动，后者重点是个人信息的管理[41]。本研究的 PIM 取前者之含义。个人信息管理通过信息获取、组织、集成、交流与共享等环节，实现信息、知识的共享与创新，它以个人为中心，以信息为基础，以知识共享与创新为目标[42]。

个人信息管理是建立在个人信息空间的基础上的，两者的关系就好比是个人对自己房间的布置，在自己的房间里，主人可以根据自己的喜好和需要来决定摆设哪些物品，如何摆设。管理是一种风格，个人信息管理是一种策略或习惯的一以贯之，它实施的场所是个人信息空间。两者的最终服务目标都是解决实际问题，实现共享、交流与创新。两者的区别在于，从信息素质教育课程的教学角度来看，个人信息空间构建侧重于培养信息意识、信息查找与获取的能力，个人信息管理侧重于培养信息组织、信息分析与评估、信息交流与共享的能力。

个人信息管理能力的培养，应在本科阶段就予以重视和加强，越早形成良好的个人信息管理风格和习惯，就越有利于学生未来的发展。在个人信息管理教学内容的安排上，除依托于 Endnote 等文献管理软件外，可以更多地结合 Web 2.0 理念的发展所催生的新工具和新平台，但最重要的是让学生们意识到个人信息管理能力的重要性，超越具体工具的使用，将使用方法和流程上升为自己的信息管理风格。

4 结 语

信息素质教育课程的最终目标是让受教育者具备终身学习的信息素养。笔者对当前国内信息素质教育课程设置中存在的问题进行了分析，提出信息素质教育应该是生本教育，在原有教学内容的基础上，将培养学生构建个人信息空间和个人信息管理的能力作为两个基本点。斯金纳先生曾说过，教育就是学过的东西被遗忘时仍保留下来的东西[43]。希望信息素质教育能使信息素养成为保留下来的东西伴随终身学习者一生。

参考文献：

[1] UNESCO. The Prague Declaration: Towards an information literate society[OL]. [2013 - 02 - 16]. http://www.unesco.org/new/fileadmin/MULTIMEDIA/HQ/CI/CI/pdf/Prague-Declaration.pdf.

[2] IFLA. Beacons of the information society: The Alexandria Proclamation on information literacy and lifelong learning[OL]. [2013 - 02 - 16]. http://archive.ifla.org/III/wsis/BeaconInfSoc.html.

[3] ACRL. What is information literacy? [OL]. [2013 - 02 - 16]. http://www.ala.org/acrl/issues/infolit/overview/intro.

[4] Southern Association of Colleges and Schools Commission on Colleges. Criteria for accreditation, section 5.1.2. 10th ed. [OL]. [2013 - 02 - 16]. http://www.wsulibs.wsu.edu/li/information - literacy - program.

[5] ALA Presidential Committee. Presidential committee on information literacy: Final report [OL]. [2013 - 02 - 16]. http://www.ala.org/acrl/publications/whitepapers/presidential.

[6] The Librarians' Information Literacy Annual Conference. What is information literacy? [OL]. [2013 - 01 - 29]. http://www.lilacconference.com/WP/.

[7] State University of New York Council of Library Directors. Final report: Information literacy initiative[OL]. [2013 - 02 - 16]. http://www.sunyconnect.suny.edu/ili/final.htm.

[8] Doyle C S. Outcome measures for information literacy within the national education goals of 1990: Final report of the National Forum on Information Literacy. Summary of findings [EB/OL]. [2013 - 02 - 16]. http://www.eric.ed.gov/PDFS/ED351033.pdf.

[9] Johnston B, Webber S. Information literacy in higher education: A review and case study [J]. Studies in Higher Education, 2003, 28(3): 335 - 352.

[10] Wisconsin Educational Media Association. Position statement on information literacy[OL]. [2013 - 02 - 16]. http://ictnz.com/articles/Infolit.htm

[11] Lenox M F, Walker M L. Information literacy in the educational process[J]. The Educational Forum, 1993, 57(2): 312 - 324.

[12] CILIP. Information literacy: Definition[OL]. [2013 - 02 - 16]. http://www.cilip.org.uk/get - involved/advocacy/information - literacy/Pages/definition.aspx.

[13] Tirado A U, Muñoz W C. Information literacy competency standards for higher education and their correlation with the cycle of knowledge generation[J]. Liber Quarterly: The Journal of European Research Libraries, 2012, 22(3): 213 - 239.

[14] Zurkowski P G. The information service environment: Relationships and priorities[OL]. [2013 - 02 - 16]. http://www.eric.ed.gov/ERICWebPortal/contentdelivery/servlet/ERICServlet? accno = ED100391.

[15] ACRL. Standardized assessment of information literacy skills[OL]. [2013-02-16]. https://www.projectsails.org/IndividualTest.

[16] ACRL. Information literacy competenccy standards for higher education[OL]. [2013-02-16]. http://www.ala.org/acrl/standards/informationliteracycompetency.

[17] ACRL. Objectives for information literacy instruction:A model statement for academic librarians[OL]. [2013-02-16]. http://www.ala.org/acrl/standards/objectivesinformation

[18] ANZIIL/CAUL. Australian and New Zealand information literacy framework[OL]. [2013-02-16]. http://edu.lib.tsinghua.edu.cn/InformationLiteracy/literature review/CAUL standards.pdf.

[19] CAUL. Information skills survey. Technical manual [OL]. [2013-02-16]. http://archive.caul.edu.au/info-literacy/ISSTechnicalManual2005.pdf.

[20] Catts R, Lau J. Towards information literacy indicators[OL]. [2013-02-16]. http://www.ifla.org/files/assets/information-literacy/publications/towards-information-literacy_2008-en.pdf.

[21] SCONUL. Information skills in higher education:A SCONUL position paper[OL]. [2013-02-16]. http://392274175.webhosting.wanadoo.nl/informationskillsUK_SCONUL.pdf.

[22] Education Testing Service(ETS). iSkills™ assessment content[OL]. [2013-02-16]. http://www.ets.org/iskills/about/content/.

[23] American Association of School Librarians and the Association for Educational Communications and Technology. Information literacy standards for student learning:Standards and indicators[OL]. [2013-02-16]. http://www.ilipg.org/sites/ilipg.org/files/bo/InformationLiteracyStandards_final.pdf.

[24] 北京地区高校信息素质能力指标体系[OL]. [2013-02-16]. http://edu.lib.tsinghua.edu.cn/InformationLiteracy/information%20literacy%20competency%20standards.doc.

[25] Wang Li. An information literacy integration model and its application in higher education [J]. Reference Services Review,2011,39(4):703-720.

[26] 中国科学院国家科学图书馆. 信息技能框架[OL]. [2013-01-27]. http://il.las.ac.cn/index.php/技能导航.

[27] 葛敬民. 2007年国家级精品课程《信息检索与利用》[OL]. [2013-01-27]. http://course.jingpinke.com/details/contents? uuid=8a83399b-19cc4aab-0119-cc4aac01-0053&courseID=B070051&column=content.

[28] 罗爱静. 2009年国家级精品课程《文献信息检索》[OL]. [2013-01-27]. http://course.jingpinke.com/details/contents? uuid=e9bc73ca-123a-1000-8559-144ee02f1e73&courseID=K090294&column=content.

[29] 黄如花. 2010年国家级精品课程《信息检索》[OL]. [2013-01-27]. http://

[30] 高凡. 2010年国家级精品课程《信息检索》[OL]. [2013-01-27]. http://course.jingpinke.com/details/contents? uuid = 4ac417ff - 1292 - 1000 - 0a9f - b7b5f3b2d8d7&courseID = K100250&column = content.

[30] 高凡. 2010年国家级精品课程《信息检索》[OL]. [2013-01-27]. http://course.jingpinke.com/details/contents? uuid = 8a833999 - 221c4794 - 0122 - 1c479533 - 04cf&courseID = S0701040&column = content.

[31] 王立学. 信息素质教育知识单元的科学化选择及教学模块现代化手段的实现[D]. 淄博:山东理工大学,2007.

[32] 林佳. 信息素质教育规划与实施[OL]. [2013-01-24]. http://calis.lib.sjtu.edu.cn/ot/link.asp? id = 14.

[33] 罗昭锋. 课程志愿者招募——《文献管理与信息分析》[OL]. [2013-01-29]. http://bbs.sciencenet.cn/blog - 304685 - 608561.html.

[34] 罗昭锋,韩敏义. 文献管理与文献信息分析——EndNote, RefViz, Quosa 入门指南[OL]. [2012-09-10]. http://biotech.ustc.edu.cn/upimg/endnote/infomanual.pdf.

[35] 罗昭锋. 欢迎选修《文献管理与信息分析》[OL]. [2013-01-29]. http://bbs.sciencenet.cn/blog - 304685 - 608525.html.

[36] 马海群. 论信息素质教育[J]. 中国图书馆学报,1997(2):84-87,95.

[37] 王知津,徐芳. 论信息服务十大走向[J]. 中国图书馆学报,2009(1):52-58.

[38] Trevor B. Information literacy: A definition & a technique[OL]. [2013-02-04]. http://ictnz.com/articles/Infolit.htm.

[39] 郭家义,张晓林. 个性化信息环境研究[J]. 中国图书馆学报,2004(3):26-31.

[40] 包冬梅,邱君瑞. 个人科研信息空间构建模式及其目标功能定位分析[J]. 数字图书馆论坛,2012(6):8-12.

[41] 占南,谢阳群,汪传雷. 从国际个人信息管理专题研讨会(ISPIM)看当前个人信息管理研究的热点[J]. 图书情报工作,2011(24):6-14.

[42] 柯平,高洁. 信息管理概论[M]. 北京:科学出版社,2007:383.

[43] Skinner B F. New methods and new aims in teaching[J]. New Scientist,1964,122(5):483-484.

作者简介

林芳,广西师范大学图书馆学科馆员,副研究馆员,E - mail:linfang@ gxnu.edu.cn。

英国高校信息素养标准的改进与启示*
——信息素养七要素新标准解读

杨鹤林

摘 要 认为英国SCONUL的信息素养七要素标准是世界上最具影响力的信息素养标准之一。简述其发展历程,在剖析其新版标准具体内容的基础上,分析英国高校面对的新学术形势,以及该标准据此在可迁移性技能、学术技能、嵌入教学、学术生态和可视化效果等领域所进行的改进,以期为中国高校的信息素养标准研究提供参考。

关键词 英国 信息素养 标准 图书馆 高校
分类号 G252

信息素养作为信息时代个人终身学习的基础能力,其教育实施和成效都需要一定的标准进行指导和衡量。英国SCONUL(Society of College, National and University Libraries,国立和大学图书馆协会)制定的信息素养七要素标准(the Seven Pillars of Information Literacy)是世界上最具影响力的标准之一,虽然国内文献屡见报道,但解读有待深入。笔者以为,2011年4月发布的最新版本,其内容有相当程度的变化,既反映出图书馆界从实际出发对信息素养教育的反思与完善,也折射出英国高等教育大环境的变革,很有仔细研读的必要。

1 信息素养七要素标准的背景

英国图书馆界开展信息素养研究历史较久,但长期都以信息技能(information skills)冠名。1978年纽卡斯尔理工学院图书馆在一个针对文献检索课教学的调研中探索了生物、机械工程、社会福利三个专业学生的信息技能,并指出学生在检索书目时客观评估活动不足[1]。1987年一份针对高校图书馆读者教育的研究表明,读者面对新兴的电子文献时表现出较强的犹豫和焦虑,对信息的选择、获取及评价都比较主观,可见图书馆员应当充分注意用户在这方面的新需求,尽快完善读者教育[2]。

---

* 本文系暨南大学教学改革研究项目(项目编号:51061160)和暨南大学学位与研究生教育教学研究和改革项目(项目编号:12MS24)研究成果之一。

到20世纪90年代中后期,高校信息素养教育已经呈现出跨学科发展趋势,越来越多的教育学、计算机学、电化教育学的科研人员开始关注这一领域,图书馆存在被弱化甚至边缘化的隐忧。现实迫切需要图书馆界尽快提出科学合理的指导意见,从而将传统的文献检索课提升到信息素养教育高度,进一步提高教学效果,巩固图书馆在高校信息素养教育中的地位。为此,SCONUL 从1997年起着手研究,1999年发布了指导文件,文中仍使用"信息技能"一词,提出"七项重要技能"(the Seven Headline Skills),阐述了其重要性并绘制出模型(见图1),这就是最初的标准(以下简称旧标准)[3]。2004年 SCONUL 对这套标准进行了改善并更改为现名,此后其在高校中的应用逐渐增多。随着理论和实践的发展以及网络的不断普及,SCONUL 意识到当前已是一个非常不同的信息世界,从而再度推出新标准,更新了模型(见图2)和具体指标(见表1)(以下简称新标准),以更准确地体现新时代背景下信息素养的内涵[4]。

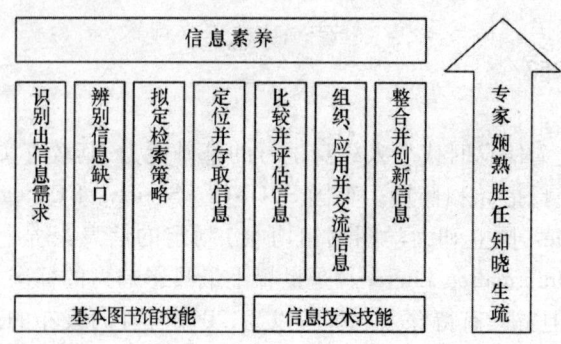

图1 旧标准模型

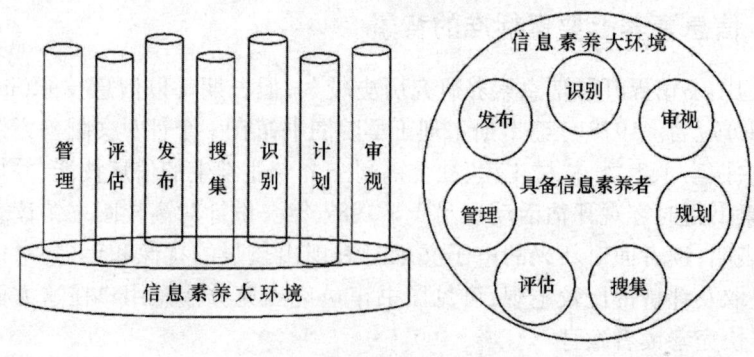

图2 新标准模型

表 1 新标准具体指标

指标	应 知	应 会
识别	·新信息和数据将持续产生 ·信息素养要求持续获取新信息的学习习惯 ·通过探求信息才能获得科研思路和机遇 ·对正式信息和灰色信息规模有一定概念	·识别自身在某研究领域中缺乏的知识 ·识别自身检索需求并用简洁术语表达 ·清楚自身已具备的知识 ·清楚对信息和数据的需求度以确定检索深度和广度 ·利用参考资料辅助检索 ·自己能有效率地完成检索
审视	·当前可获取信息的类型 ·不同类型信息(数字型、印刷型)的特点 ·有哪些参考咨询服务可用及如何获得	·明确自身信息空白点 ·明确哪种类型信息最符合需要 ·明确可获取的通用或学科专用检索工具 ·明确所需信息可能的类型(数字型、印刷型) ·可以自行试用新检索工具
规划	·检索信息所需的不同技能 ·不同检索工具的区别及优缺点 ·可使用复杂检索策略调整检索结果的深度和广度 ·积极尝试新检索工具而非依赖某些常用资源的必要性 ·根据检索结果不断调整检索词和检索策略的必要性 ·受控词和分类表的价值	·用合适词语概括检索需求 ·用合适的关键词、限定项等制定检索策略 ·选出最合适的检索工具 ·用受控及分类表辅助检索 ·检索技巧的运用(简单如查索引,复杂如数据挖掘) ·根据具体检索需求不断换用合适的检索工具
搜集	·数字及印刷型信息与数据的组织方式 ·图书馆提供的资源入口 ·网络和电子技术是信息生产和共享的重要工具 ·数据收集和数据监护方面的问题 ·引文各部分的含义及其提供的信息 ·文摘的作用 ·免费及收费资源的区别 ·网络环境的风险防范 ·甄别和评估检索结果的必要性	·有效使用必要的检索工具和资源 ·进行数字及印刷资源组合检索 ·获取数字或印刷资源全文,阅读并下载网上资源及数据 ·使用合适技能去收集新数据 ·进行信息追踪 ·积极与同行分享信息 ·明确信息需求是否已满足 ·使用数字或印刷型帮助文档,并寻得专业人士相助

续表

指标	应　知	应　会
评估	·自身学习、科研环境中信息和数据的宏观情况 ·不同信息源、数据源之间质量、准确度、可信度、相关性、偏重等方面的差异 ·依据信息从评审到出版的流程制定自评过程 ·持续收集数据的重要性 ·引文在科研、学习环境中的重要性	·区分不同信息资源及其所提供的信息 ·用适当的原则筛选合适的素材 ·测评信息的质量、准确度、可信度、相关性、偏重 ·测评数据的可信度 ·批判性阅读、找出重点内容和争议之处 ·根据检索结果反思检索策略 ·认真比对自己与他人检索结果的异同 ·懂得控制检索的规模
管理	·在信息运用及传播中的知识产权责任 ·采用合适方法处理数据 ·积极、合情合法地帮助他人查找及管理信息 ·有条理地保存检索结果 ·合情合法地存储及分享信息和数据 ·专业人士(数据管理员、图书馆员等)能提供重要的建议和帮助	·使用文献管理软件 ·使用合适的软件和方法管理数据 ·使用合规的格式撰写参考文献 ·对信息和数据的知识产权保持清醒意识 ·依学术道德准则行事 ·寻找数据监护机会以确保数据的再利用
发布	·区分信息概括和信息整合 ·针对不同受众采用合适的撰文、发布方式 ·数据可通过多种途径发布 ·个人有责任存储、分享信息和数据 ·个人有责任传播信息和知识 ·科研成果的考评体系和出版流程 ·论文权责归属问题 ·个人可凭借纸质文献和电子技术(博客、维基等)在信息创造过程中成为积极角色	·运用检索到的信息和数据解决问题 ·对文档进行口头或文字的归纳总结 ·将新信息融入现有知识体系 ·准确地分析并发布数据 ·整合不同途径获取的信息 ·使用适当的体裁和文笔进行有效沟通 ·有效进行口头沟通 ·选择合适的出版和传播渠道 ·构建人际网络,在学术圈中提升个人知名度

2　新标准各要素扩展

2.1　要素一:识别(identify)

能意识到信息需求并将其识别出来(包括信息的定位、深度、广度等),这是信息素养至关重要的第一步。学生在处理作业及课堂练习时都会产生信息需求,但他们很可能发觉仅依靠文献中出现的遣词造句去锁定信息需求并非易事。研究表明,在从业环境中这个问题更加严重,职场人士在面对工作问题时,甚至无法识别出真正需要的信息。

2.2 要素二:审视(scope)

能明确自身现有信息及差距。学生在明晰自身知识空缺后,应能规划从多个途径满足信息需求,包括纸质文献、电子期刊、网络资源、相关机构和人员等,要能确定其中可用的信息源,并筛选出最佳者。

2.3 要素三:规划(plan)

能制定查找信息和数据的策略。学生要明白没有万能的查找策略,要学会在面对新信息源时积极思考如何从中获取最佳结果。Google 与图书馆目录的检索策略并不雷同;在文献中查找信息,或通过邮件咨询专家更需要别样的技巧。本部分的技能包括掌握各信息源的运作模式以及将其与自身需求相匹配,获得有用的结果。

2.4 要素四:搜集(gather)

能找到并使用所需的信息和数据。在确定最佳信息源和检索策略后,学生应能访问信息源并获取信息,这涉及培养一套相关学术技能,包括使用通信工具、合理做笔记等。学生应能娴熟运用多种检索技巧,例如根据按相关性排序的搜索引擎以及使用布尔逻辑运算的搜索工具的不同特性,分别编制合理的检索式。学生还应懂得不同类型的信息源在检索的不同阶段各有用途,例如文摘和引文索引能高效地找出重要文献。本部分不仅要求进行信息搜集,更要求熟练有效,如高效地浏览网页、利用 RSS 开展课题跟踪等。

2.5 要素五:评估(evaluate)

能反思研究过程,对信息和数据进行对比和评估。信息不可能千篇一律,不同的信息源、作者及出版者会带来不同角度、不同层次的信息,学生应能基于需求对信息进行准确的评估和扬弃。要具备这种能力,学生需要对学术媒介的运作有一定了解,尤其要熟悉同行评审制度、论文发表程序等。具体专业的学生还应了解一些必要的特殊格式信息(数字或化学结构等)能够使用特定软件对其进行处理。

2.6 要素六:管理(manage)

能合情合法地娴熟运用信息。学生在一些具体任务环境里,例如共同开展科研项目、写作毕业论文时,应能有效地组织信息,使之易于检索和交流,应懂得利用文献管理软件实现知识管理和共享。此外,查找信息都带有目的性,通常交流与分享也是目的之一。在学术环境里,这涉及导师和学生之间的沟通;在实际工作和生活中,这又涉及管理人员、用户、家庭或者公众的沟通。一个具备信息素养的人应能够因地制宜地使用书面形式、面对面交流、网上聊天、发 E-mail 等交流方式。最后,该部分还包括在不同的环境里、基于不同目的对信息进行应用,例如解决问题和支持决策等。

2.7 要素七:发布(present)

能通过确定、选择、对比和分析实现对信息的综合和创新,提出新观点或创建新知识,发布自己的科研成果并通过多种途径传播出去。例如在综合分析信息后完成一份观点新颖、具有前瞻性的严谨报告;也可以创建一个网站,不仅给出其他信息的链接,还能发布新内容,提供独一无二的信息成果。

3 新标准的改进与启示

旧标准发布已逾 10 年,其定位、内容、指标和模型等方面已难以全面体现当代对信息素养的要求,为此 SCONUL 立足英国高等教育现状,对上述几个方面进行了较大程度的改进,具体包括:

3.1 强调可迁移技能,提升价值定位

可迁移技能(transferable skills)是指从业生涯中除专业能力之外的基本能力,可迁移应用于不同的工作环境,包括批判思维、团队合作、独立工作等方面,是个人最能够持续运用和依靠的技能。目前,西方各国对可迁移能力的培养越来越重视,2010 年英国大学联盟(Universities UK,UUK)指出,英国高等教育过于强调专业知识而忽视可迁移能力,其实大部分供毕业生选择的职业并无苛刻的成绩要求,甚至有近半职位连专业都没有限制。企业真正重视的是毕业生的发展潜力,要求雇员能够很好地与他人交流,通过积极进修及生产实践不断提高自身知识技能,将潜质和能力更好地发挥出来[5]。

在当今信息社会,能否了解信息、找出信息并有效利用来解决问题,是衡量人们是否适应信息化社会的标准之一,因此,信息素养理应被视为一种重要的可迁移能力。B. Johnston 等就呼吁图书馆员应当提高认识,从培养学生可迁移能力的高度去宣传和推广信息素养教育,才能避免最终被认为仅是一套检索技巧的下场[6]。目前,学生获取信息的渠道不断拓宽,但培养其信息评估、管理、有效使用的能力则变得更加紧迫。从未来就业角度看,为了将这种能力迁移到工作环境中,学生不仅要具备使用信息的能力,还要对其重要性有积极正确的认识。这远比掌握一些零散而难以迁移的检索方法要重要得多[7]。S. Markless 将这一要求明确为:"信息素养教师应激励学生温习并思考如何运用技能,引导

他们学会制定一个目标实施计划,在解决问题的过程中完成困难预估、进程掌控、信息有效获取、信息评估等任务,并最终培养出一套适合自己的信息处理风格"[2]。

旧标准完全未提及可迁移技能,而且从模型中不难看出其对信息素质的认知停留在"基本图书馆技能"、"信息技术技能"两方面。而新标准则清晰而积极地响应了培养可迁移技能的需求,模型中已取消上述两个模块的认知限制,取而代之的是统一的"信息素养大环境",而且特意将原线性模型更换为循环型模型,强调了应把信息素养视为持续性的、始终贯穿整个科研乃至终身学习和工作过程的一种重要可迁移技能,而不再仅仅是图书馆使用方法。同时将标准重点定在培养以产生新知识为目标、能从多个信息源中严谨筛选信息的学生。其指标几乎全是关于信息获取活动、批判地评估和筛选信息、构建人际网络进行信息交流与传播等可迁移能力的细致要求,仅在要素四"搜集"中提及要懂得使用检索工具和资源,但强调是"有效的、必要的",不把具体数据库使用方法作为信息素养要求的重点。

3.2 积极吸纳学术技能,丰富教学内容

英国高校所谓的学术技能(academic skills)是指能巩固本科生及研究生学业发展的技能,包括探究、沟通、合作、写作等,这些技能可使学生自信、独立地进行严谨思考和积极反馈。以往这些技能被纳入语言修养范畴,放在科技写作课程里教学;一些图书馆员也觉得如何完成科研论文应当是另一门课,纳入信息素养教育比较牵强。但随着多年的教学实践,人们越来越意识到论文写作不应被视为单纯的文笔问题,而是学生信息获取、管理、利用、传播等一系列能力的集中运用,将信息素养与学术技能割裂的思维会导致学生在自主规划、应用信息、管理时间、发布成果时出现疑惑。目前英国不少大学正在修改学生核心能力标准,其中就有项目明确提出要进一步加强对学生文献运用能力的教学与测评[8]。

旧标准虽然提及了"学习技能"(study skills),但对此的诠释是"可使用本机构图书馆及其资源完成学习,可完成不同深度和广度的文献检索",没有完全摆脱传统文献检索课视阈。新标准则明显反映出要抢占学术技能教育制高点的思维,较之前纳入了更多与学术技能相关的内容,更注重对整个科研过程的体现,不仅细化出大量使用文献管理软件、知识产权、文字和口头归纳、撰文、了解出版流程等契合学术技能的要求,而且还将要素七定为"发布",这实际上是使信息素养完整地嵌入了整个学术交流过程,即不仅要求学生吸收信息、创新信息,还要他们懂得传播信息,成为学术链条上的一个活跃节点。

考察新标准发布的时机,就不难发现其对学术技能内容的补充有相当程度的现实考虑:由于经济持续低迷,英国政府宣布从2012年秋季开始英格兰地区大学学费上涨近三倍,这在高校引起了强烈反响:一方面读大学人数减少,另一方面入读学生面临严峻的学费问题。这使得学生在选择课程和学校时变得格外审慎,浪漫主义正在褪色,大多数学生直言读书就是为了增加就业机会[9]。有报告指出,2012年之后那些能明显提升就业能力的课程将不断发展,反之则将被取消[10]。利兹大学图书馆认为面对当前的严峻形势,信息素养教育只有拓宽视野,主动吸纳更多学术技能内容,才能保证自身含金量,避免被取消的命运。该馆通过调研发现,不少学生缺乏一系列与信息素养关系密切的学术技能,包括论文写作、阅读及严谨思考等。有证据证明将信息素养与其他学术技能联合教学不仅能开拓学生思路,而且能提升学习效果。为此,该馆在新制定的信息素养教学方案里增添了学术写作、阅读法与笔记法、备考方法、协同合作、发布与演示技巧、参考文献与反剽窃、时间管理以及批判思维等学术技能内容[11]。

3.3 灵活调整项目指标,契合学术生态变化

所谓学术生态,是一个由学术环境和学人共同构成,通过探究和实验实现学术创新的系统。从1999年"七项重要技能"提出至今,网络发展已经极大地改变了学术环境和学者行为。E-Science时代学术资源大部分以电子形式存在,学者搜索、交流、实验、调查、阅读、记录等行为几乎都通过计算机完成。2008年的一篇论文将当代学生称为"谷歌一代",获得了英国高校普遍认可[12]。J. Heinstrom认为学生的信息行为可划分成三种:"快速浏览"、"广泛查阅"和"深度研判"。快速浏览型轻质量重易获取性,用最少的时间和精力进行检索,但在后期客观评价信息素材时有障碍;广泛查阅型机会主义表现明显,对大量资源进行检索,倾向于发现开放获取这类"惊喜"资源;深度研判型采用教科书式的检索策略和步骤,方案完善,在强烈求知欲驱使下花大量精力去收集高质量信息。不少图书馆员出于习惯思维,力图把学生都培养成深度研判型,但J. Heinstrom认为,面对信息爆炸、信息获取节奏不断加快的新现实,信息素养的标准应更具有弹性,建议要同时培养这三种信息行为,让学生根据实际需求灵活运用[13]。利兹大学的图书馆员则从另一个出发点得出了类似结论:为了将信息素养教学融入大通识教育体系中去,他们强调信息素养要保持足够的开放性,不能定位成曲高和寡的精英辅导计划,内容也不应纠缠于对某个数据库刨根问底,而是要能支持继续教育、短期课程这类学习[11]。

不难发现,新标准已经针对学术生态做出了调整,首先就学者行为而言,旧

标准模型中明确有"生疏—专家"的上升图示,内容也提出"研究生要以成为专家为目标"。但现在多个指标都修改得更务实和更具弹性,如提出信息活动要适度适量,要"懂得控制检索规模",另外还建议信息的管理、交流活动应更多地与图书馆员等专业人士合作。相比之下,美国 ACRL(the Association of College and Research Libraries,大学与研究图书馆协会)的标准中虽然也有要与图书馆员沟通的要求,但焦点集中在馆际互借和文献传递,仅是解决几个具体业务而已。此外,新标准还添加了一些与学术环境相关的指标,例如近年来科研创新越来越依赖于系统的科学数据,新标准就在多处增加了与数据相关的要求,从上下文判断此处数据明显是指科学数据而非计算机科学中以数字化形式编码的数据,要素六中更明确要求"寻找数据监护机会以确保数据的再利用",将这种图书馆的新服务也纳入了指标体系内。相比之下,美国 Big 6 模型中所谓"数据"仍是指下载的电子文档,这显示出新标准在制定时对学术科研的新发展给予了较充分的关注。

3.4 优化表述方式和模型,确保用户体验良好

就表述方式而言,新标准力图通过良好的用户体验加强信息素养的嵌入性和可用性。目前,嵌入式信息素养教育已是图书馆界的共识,旧标准中虽然提及信息素养人最终应该"能在特定学科领域创造新知识",但内容欠缺体现,要素七"整合并创新信息"仅是一句话,没有具体和学科相关的指标。实践中,不少馆员也视信息素养为图书馆提供给学生的"独门秘技",教学中过多运用图书情报术语,对于专业科目词汇和热点又不甚了解,不仅教学难以引起师生共鸣,甚至会在正疲于应付大量新术语的新生中引起反感,使之一开始就对信息素养教育有了成见。可见信息素养教育应该紧密围绕学术发展主题展开,而不是将其作为一门孤立课程进行教学,信息素养只有在被师生认可为学习生涯的一个有机部分时,才会获得足够的重视[2]。故此,新标准不仅用"管理"替换了要素六"信息组织"这类图书情报色彩浓厚的措辞,还推出了"核心模型+分类模型"体系,根据具体使用环境发布了多个分类模型(lens),目前有高等教育研究、开放内容和数字化素养三个,除核心模型较多使用正式术语外,其他都力求浅显易懂,而且重点不同,各有侧重,使标准易于被用户接受。

就视觉效果而言,新标准力图用最少的文字进行阐述,最终形成了简洁的模型和表格化内容。但这种大幅度简明化的改动却在英国图书馆员中引起了争议:2011 年 4 月召开的英国图书馆员信息素养年会(Librarians' Information Literacy Annual Conference,LILAC)上,有声音质疑这种简化模型将一系列精密的知识降格成了类似清单的技能考核表,使知识体系变得脆弱[14]。其实,新标

准的简明化是符合英国高等教育新形势的:如前所述,在经济不景气的大环境下,高校开设的课程越来越重视职业能力培养,而雇主对学生的评估必将是以职业化的考核表形式进行,表格化的信息素养标准正好切合其需求,学生也能根据表格轻松进行自评,做到心中有数。而且仔细研读就能发现,新标准并没有削减信息素养的具体内容,反而比之前更加全面:正如 S. Markless 指出的大多数希望继续深造的学生都需要具备一定的信息素养基础,这个基础不仅包括知识、技能以及策略,还包括态度及价值取向,以使学生更高效地应对学术问题[2]。旧标准中仅要素一提出"识别出信息需求",此处用词识别(recognise)更多是一种感受而非价值观;新标准创造性地把每一要素都划分出应知(understands)、应会(is able to)两部分,将意识要求和技能要求分别列出,使价值要求贯穿于信息素养教育始终,突出了培养信息意识和价值观的重要性,为教育过程提供了清晰直观的参考。相较之下,其他多种信息素养标准都以大段文字呈现,如 ACRL 的科技信息素养标准就是一个多达 5 个层次、24 个项目、104 个指标的纯文字架构,使用起来较为不便,影响了易操作性[15]。

4 结　语

新标准发布时间不长,还在不断推出新的分类模型,如威尔士地区在新标准基础上构建了威尔士信息素养框架,阿卡迪亚基金会正资助一项采用新标准为未来 5 年入学的本科新生设计新信息素养课程的研究[4]。英国图书馆界对其的讨论也在持续,虽存在批评声音,但在笔者看来情况可喜:一个标准只有保持开放、接受大众评议,才能持续受到关注并不断完善,也才真正有了生命力。

目前我国关于西方发达国家和地区信息素养标准的研究多是报道性质,不少文献中提及的信息素养七要素标准还是 10 余年前的旧版本,未能留意其变革,更缺乏对变革背后新社会环境、学术生态、用户行为的解读,难免导致结论仍是要加快制定国家标准,要构建网络平台等旧格调。笔者从内容层面探析新标准,尝试发现英国图书馆界在信息素养建设中关注的焦点,希望能为国内同行提供一些有益的参考。

参考文献:

[1] Werking R H. Evaluating bibliographic education: A review and critique[J]. Library Trends, 1980, 29(1): 153 – 172.

[2] Markless S. Three decades of information literacy: Redefining the parameters[EB/OL]. [2012 – 02 – 01]. http://www.informat.org/pdfs/Streatfield – Markless.pdf.

[3] Information skills in higher education: A SCONUL position paper[EB/OL]. [2011 – 12 –

20]. http://www.sconul.ac.uk/groups/information_literacy/papers/Seven_pillars.html.

[4] The seven pillars of information literacy[EB/OL]. [2011-11-15]. https://www.sconul.ac.uk/groups/information_literacy/.

[5] Universities U K. Changes in student choices and graduate employment[EB/OL]. [2012-01-15]. http://www.universitiesuk.ac.uk/Publications/Documents/ChangesInStudentChoicesAndGraduateEmployment20100907.pdf.

[6] Johnston B, Webber S. As we may think: Information literacy as a discipline for the information age[J]. Research Strategies, 2005,20(3): 108-121.

[7] Webber S. Information literacy for the 21st century[EB/OL]. [2012-01-15]. http://www.inforum.cz/pdf/2010/webber-sheila-1.pdf.

[8] King's-Warwick Project. Creating a 21st century curriculum[EB/OL]. [2012-03-04]. http://kingslearning.info/kwp/attachments/134_KWP%20-%20Creating%20a%2021st%20Century%20Curriculum%20-%20summary%20report.pdf.

[9] National Union of Students. NUS student experience report[EB/OL]. [2012-01-16]. http://www.nus.org.uk/PageFiles/4017/NUS_StudentExperienceReport.pdf.

[10] Securing a sustainable future for higher education: An independent review of higher education funding and student finance[EB/OL]. [2012-01-17]. http://www.independent.gov.uk/browne-report

[11] Howard H. Looking to the future: Developing an academic skills strategy to ensure information literacy thrives in a changing higher education world[J]. Journal of Information Literacy, 2012,6(1): 72-81.

[12] Rowlands I, Nicholas D, Williams P, et al. The Google generation: The information behaviour of the researcher of the future[J]. Aslib Proceedings,2008,60(4) 290-310.

[13] Heinstrom J. Five personality dimensions and their influence on information behaviour[J]. Information Research, 2003,9(1):165-170.

[14] Zazani E. Trends on information literacy[J]. Journal of Information Literacy, 2011(1): 91-94.

[15] Information literacy standards for science and engineering/technology[EB/OL]. [2012-01-24]. http://www.ala.org/acrl/standards/infolitscitech.

作者简介

杨鹤林，暨南大学图书馆馆员，硕士研究生，E-mail：80943694@qq.com。

信息素养研究领域全景分析*
——以 1990—2009 年 SCI、SSCI 和 A&HCI 发表论文为例

吴 鸣 张杰龙 王 丽 刘艳丽 欧阳峥峥

（中国科学院国家科学图书馆　北京 100190）

摘 要 利用 TDA 分析软件对 1990—2009 年期间三大引文数据库 SCI、SSCI 和 A&HCI 收录的信息素养研究领域的论文进行多角度、多侧面的分析与比较，揭示信息素养研究领域发表论文的年代趋势，以及信息素养研究领域的 TOP 国家、机构、学科、期刊及作者和高频关键词分布情况，以期为信息素养研究领域研究人员提供领域全景分析。

关键词 信息素养　SCI　SSCI　A&HCI　TDA 分析

分类号 G252

　　1974 年美国信息产业协会主席 Zurkowski P 首次提出信息素养概念："人们解决问题是利用信息的技术和技能"[1]。1989 年美国图书馆协会（ALA）发表《信息素养总统委员会报告》，给出信息素养的定义："作为具有信息素养能力的人，必须能够充分地认识到何时需要信息，并有能力去有效地发现、检索、评价和利用所需要的信息"[2]。2000 年美国大学与研究图书馆协会（ACRL）发布了《高等教育信息素养能力标准》[3]：标准一是能确定所需要的信息的本质和范围；标准二是能有效地、有能力地获取所需要的信息；标准三是能批判地评价信息和信息源，并能将经过选择的信息融入自身的知识库和价值体系；标准四是能独立地或者作为小组成员有效地利用信息来完成特定的任务；标准五是了解信息利用过程中的诸多经济、法律和社会问题，在信息获取和利用时自觉遵守道德规范和有关的法律。因此信息素养的内涵涵盖了信息意识、信息知识、信息能力和信息道德四个方面。随着互联网的

---

* 本文系《图书情报工作》杂志社 2010 年出版基金重点资助项目"嵌入研究生学位论文研究过程的信息素养教育研究"（项目编号：2010CB02）研究成果之一。

普及、海量可获取信息的增长，人们对信息素养能力的需求也变得越来越强烈。2001年美国教育技术CEO论坛第4年度报告中，已将信息素养能力列为了21世纪重要能力素养之一（其他有：基本学习技能（读、写、算的能力）、信息素养、创新思维能力、人际交往与合作精神、实践能力）。发达国家对提升人们信息获取技能和终身学习能力高度重视，开展了大量与信息素养教育相关的研究[4]。

鉴于文献计量学分析法能够从宏观层面上客观定量反映研究领域具有重要参考价值的全景概括，为研究领域的研究人员快速了解学科领域前沿，明晰信息素养的研究目标，集中有限力量在重点领域有所突破等，起到积极的促进作用，本文利用ISI Thomson公司的TDA（Thomson Data Analyze）软件对1990—2009年期间三大引文数据库SCI、SSCI和A&HCI收录的信息素养研究领域论文进行多角度分析，包括信息素养研究领域发表论文的发展趋势，国家、期刊、学科、作者和高频关键词的分布情况，以期对信息素养研究领域提供多角度的全景分析。

1 方法与数据源

1.1 方法

TDA（Thomson Data Analyze）是美国Thomson公司开发的数据分析软件，该软件具有自动化程度高，界面友好、直观的特点，能提供一种轻松的方法，对文献数据进行深度挖掘和分析。使用TDA的一般步骤：①导入数据：确定一个研究领域，收集该研究领域内的文献信息数据，包括题目、摘要、参考文献等，将这些信息导入TDA；②清理数据：将因标引格式不一致、写法不同、输入错误等数据不一致或错误现象进行规范清理；③分析数据：选择列表、比较或不同算法，对数据进行有效的分析；④生成报告：对导入的文献数据生成分析报告。

1.2 数据源

选择美国科学情报研究所ISI（International for Scientific Information）三大引文数据库：科学引文索引扩展版（SCIE）、社会科学引文（SSC）和艺术人文引文索引（A&HCI）为数据源，以"information literacy"为主题检索词，语言选择英语，出版年代范围选择1990—2009年，检索出1990—2009年20年期间发表的研究论文（article）和评论文章（review），共计491篇论文（检索时间为2010年4月9日），引文文献为11 784篇。491篇文献的总被引频次为2 007次。下载491条以"information literacy"为主题词的文献全记录数据,利用 TDA 软件对 20 年期间信息素养研究领域内的文献数据进行多角度的数据挖掘和领域全景分析。

2 信息素养研究领域的论文分布情况

2.1 时间分布

1990—2009 年期间信息素养研究领域发表论文情况见图 1。从图 1 可知,1990—1996 年间,信息素养研究领域发表的论文都是以个位数计;1990—2009 年间,信息素养研究领域论文总体呈现逐年上升和较快速发展的趋势,2007 年达到高峰值,论文数量为 81 篇。

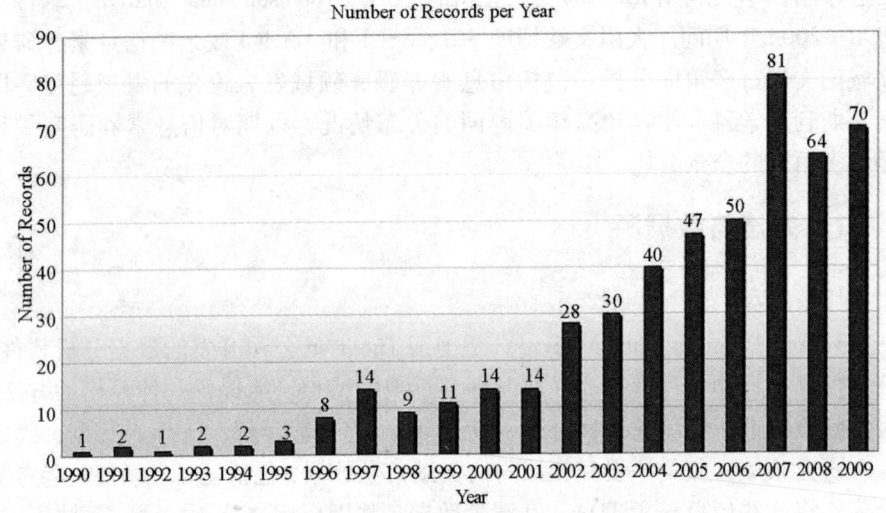

图 1 SCI、SSCI 和 A&HCI 收录信息素养研究领域论文的年代分布

信息素养发表论文数量的增多也验证了面对信息社会的巨大挑战,信息素养正逐步成为"21 世纪的五种重要能力素养之一(基本学习技能、信息素养、创新思维能力、人际交往与合作精神、实践能力)",成为信息科学、教育学、图书馆学等多学科领域专家和学者竞相研究和关注的热点。

2.2 国家分布

对信息素养研究领域发表论文 TOP10 的国家分析(见图 2)发现:美国以绝对的优势名列所有国家之首,发表论文总数为 255 篇,占全世界发表论文数量总数的 51%,遥遥领先于其他国家,显示了美国在信息素养研究领域研究的核心地位。早在 20 世纪 80 年代中期,美国政府和相关组织就开始关注和重视信息素养教育，出台了相关的信息素养标准和指导方针，大力推行和实施信息素养教育，近年来依托网络和信息技术，美国高校在信息素养教育方面更是开展了深入的研究和实践[5]，因此深入的研究与论文成果产出相吻合也是必然的结果。英国、澳大利亚、加拿大和南非位居论文排名第2-5位，中国排名第9位，论文数量与美国相比还有很大差距。

对信息素养研究领域发表论文TOP10国家研究论文中出现的关键词分析发现：美国研究论文中出现的关键词主要有：循证实践、图书馆指导、评估和交流技术；其他各国研究论文中出现的关键词还涉及：高等教育、互联网、教学策略、用户研究、教育平台、知识共享等，由此可以看出信息素养的研究与图书馆、教育、网络技术密不可分，同时也更注重理论研究与实践效果的结合。值得注意的是中国论文中出现的关键词只有信息素养，因此无论从研究论文数量，还是研究内容覆盖度方面，还有较大的研究空间，需要结合我国国情的同时，能够更多地借鉴其他国家在信息素养方面的研究成果，如表1所示：

表1 TOP10国家及其研究论文中出现的关键词

国家	论文篇数	关键词
美国	255	循证实践、图书馆指导评估、交流技术
英国	47	高等教育、信息研究信息检索、互联网 学习、学术图书馆评估、信息策略
澳大利亚	31	教育平台
加拿大	28	可信度、评估
南非	16	教学策略、互联网知识共享
苏格兰	15	教师、学习寻证实践
新西兰	10	互联网、电子出版物
西班牙	9	用户研究、学术门户
中国	8	信息素养
威尔士	7	协同支持、馆藏发展

2.3 机构分布

信息素养研究领域发表论文TOP10的机构见图2。分析发现TOP10发文机构均集中于各国的大学，其中位于前5名大学的分别是：美国ILLINOIS大学、英国SHEFFIELD大学、加拿大的ALBERTA大学、澳大利亚的CHARLES

STURT 大学和南非的 CAPE TOWN 大学。通过对这 5 所大学图书馆网站的调研发现，图书馆均专门设立在线信息素养教育平台（见表 2）。在线信息素养教育平台不仅给出信息素养定义、标准要求、案例研究和网上资源介绍，而且针对教与学两方面，提供从最基本的图书馆导航、检索技巧讲解，到提供明确的界定需求、查找信息、评价信息、合理利用信息、交流信息等具体技能方面操作步骤，以及多媒体课件下载、信息共享和协作学习空间和技术，为提升综合信息素养提供全方位指导。为建立和完善我国形式多样、内容丰富多彩的在线信息素养教育提供了非常重要的借鉴。

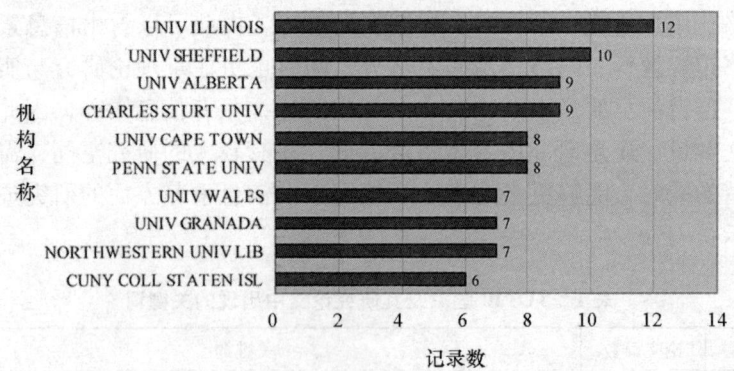

图 2　SCI、SSCI 和 A&HCI 收录论文的信息素养研究领域 TOP10 机构分布

表 2　五所大学图书馆在线信息素养教育平台链接

机构	论文篇数	信息素养教育在线平台
UNIV ILLINOIS	12	http：//www. library. illinois. edu/infolit/
UNIV SHEFFIELD	10	http：//www. shef. ac. uk/infocommons/students
UNIV ALBERTA	9	http：//guides. library. ualberta. ca/content. php？ pid = 58054&sid = 425432
CHARLES STURT UNIV	9	http：//www. csu. edu. au/division/library/research/info – lit/
UNIV CAPE TOWN	8	http：//www. lib. uct. ac. za/infolit/prephase. htm

2.4　学科分布

信息素养研究领域发表论文 TOP10 的学科分布见图 3。其中情报学与图书馆学是信息素养研究领域中最为活跃的学科，其他比较活跃的学科还包括：计算机科学与信息系统、教育和教育研究、护理学、科学学科教育、计算机

科学交叉学科应用等多个学科，体现了信息素养研究领域学科分布的多样化，以及相互之间的交叉和融合。针对不同学科研究领域特点，有机地将信息素养教育融入到专业课程教学和课题研究过程中，帮助教学者和研究者掌握有效地获取、筛选、评价、管理信息的理论、方法和技巧，也将是信息素养研究者需要面对的重要课题之一。

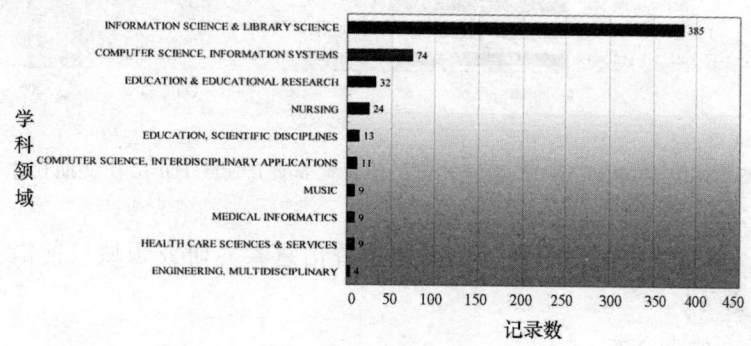

图3　SCI、SSCI和A&HCI收录论文的信息素养研究领域TOP10发文期刊分布

2.5 发文和引文期刊分布

信息素养研究领域发表论文TOP10的发文和引文期刊分布如图4、图5所示：

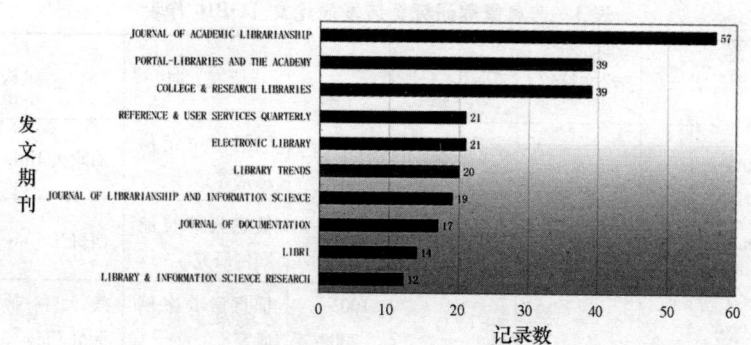

图4　SCI、SSCI和A&HCI收录论文的信息
素养研究领域TOP10引文期刊分布

将前五位的发文和引文期刊相比较，发现Journal of Academic Librarianship、College & Research Libraries 和 Reference & User Services Quarterly 三种期刊是相同的，说明这三种期刊是信息素养研究者关注最多、认可度最高的三

271

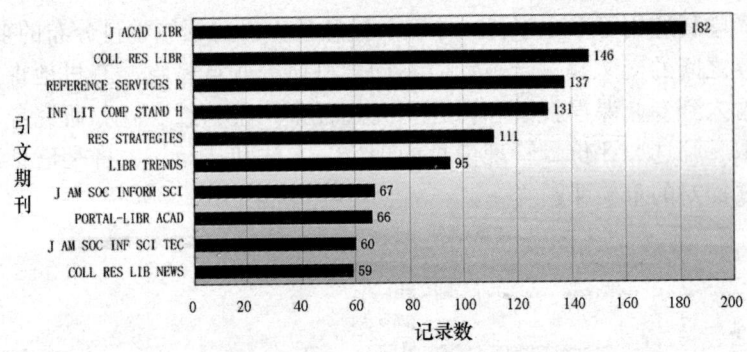

图5 SCI、SSCI 和 A&HCI 收录论文的信息素养研究领域 TOP10 引文期刊分布

种期刊，重点关注可以快速、全面地把握信息素养研究领域最前沿的研究成果。

2.6 作者分布

信息素养研究领域发表论文 TOP10 的作者见表 3。其中发表论文数量最多的 5 位作者分别是：加拿大的 Julien, H、西班牙的 Pinto, M、澳大利亚的 Lloyd, A, 以及美国的 Arp, L 和 Woodard, B S, 他们的研究方向主要集中于网络图书馆指导、信息素养指导、信息素养技能、案例研究等方面。

表3 信息素养研究领域发表论文 TOP10 作者

编号	作者	论文篇数	总被引频次/H指数	发文年限	研究方向	机构
1.	Julien, H	9	54/4	1997—2009	网络图书馆信息素养指导	加拿大 Univ Alberta
2.	Pinto, M	8	19/3	2007—	信息素养技能案例研究	西班牙 Univ Granada
3.	Lloyd, A	7	67/5	2003—2009	信息素养案例研究	澳大利亚 Charles Sturt Univ
4.	Arp, L	7	13/2	1990—	信息素养网络图书馆指导	美国 Northwestern Univ
5.	Woodard, B S	6	13/2	2002—	信息素养网络图书馆指导	美国 Northwestern Univ
6.	Owusu-Ansah, E K	5	38/3	2001—	高等教育图书馆	美国 CUNY Coll Staten Isl

续表

编号	作者	论文篇数	总被引频次/H指数	发文年限	研究方向	机构
7.	Mansourian, Y	5	19/3	2006—	互联网	伊朗 Tarbiat Moallem Univ
8.	Crawford, J	5	16/3	2004—2009	信息素养案例研究	苏格兰 Glasgow Caledonian Univ
9.	Oakleaf, M	4	5/1	2008—2009	信息能力	美国 Syracuse Univ
10.	Fourie, I	4	14/2	1999—2009	终身学习	南非 Univ Pretoria

从高产作者的论文产出的年代来看，西班牙 Pinto, M 和美国 Oakleaf, M 的发文分别从 2007 和 2008 年才开始，应该是信息素养研究领域的新生力量，但是他们引入了信息素养案例、信息素养技能和能力等新的研究视角，对于信息素养研究人员，尤其对初入信息素养领域的研究人员，有较高的参考价值。

加拿大的 Julien, H 和澳大利亚的 Lloyd, A 所发表的论文被引频次及 H 指数较为突出，也就是说他们的论文被关注程度较高，是信息素养研究领域的领军人物。分析 Julien, H 和 Lloyd 发表论文的关键词，可以揭示出信息素养研究领域的研究热点主要分布：信息素养案例、网络图书馆以及信息素养指导等方面研究。

3 信息素养研究领域的研究热点分析

信息素养研究领域发表论文中出现的 TOP10 高频词，及其出现频次和出现年限，以及近 3 年的突现词

分析结果如表 4 和表 5 所示：

表 4 1990—2009 年信息素养研究领域论文 TOP10 高频词

编号	高频词（英文）	高频词（中文）	出现频次	出现年限
1.	information literacy	信息素养	198	1990—2009
2.	library	图书馆	59	1991—2009
3.	case study	案例研究	54	1998—2009

续表

编号	高频词（英文）	高频词（中文）	出现频次	出现年限
4.	information literacy skills	信息素养技能	46	1994—2009
5.	information literacy education	信息素养教育	46	1996—2009
6.	web–based library instruction	网络图书馆指导	45	1990—2009
7.	life long learning	终身学习	44	1997—2009
8.	information literacy program	信息素养项目	37	1995—2009
9.	higher education	高等教育	33	1997—2009
10.	baseline information literacy assessment	基准信息素养评估	30	1996—2009

表5 近3年信息素养研究领域的突现词分布（2007—2009年）

1	information literacy program	信息素养项目
2	users′ information behavior	用户信息行为
3	information literacy skills	信息素养技能
4	web–based library instruction	网络化用户教育

由表4、表5可以清晰地发现，信息素养研究领域出现频率较高的排名前10位的关键词为：信息素养、图书馆、案例研究、信息素养技能、信息素养教育、网络化用户教育、终身学习、信息素养项目、高等教育和基准信息素养评估；近3年信息素养研究领域的突现词为：信息素养项目、用户信息行为、信息素养技能和网络图书馆。这些出现高频次的关键词和突现词，在一定程度上揭示了近年在信息素养研究领域的研究热点，发现研究方向发生了以下转变：①在信息素养研究初期注重信息素养的理论基础研究，以指导性、标准化为重点；②在信息素养研究中期以信息素养教育为主，研究注重信息素养在高等教育中推广；③近年来信息素养研究逐步从理论向实践跨越，更加注重个人信息行为、技能的考量，注重信息素养的实证研究；④图书馆依然是信息素养研究和用户信息素养能力培养的重要单元；⑤近几年越来越重视信息素养的研究，成立专门项目对信息素养进行研究。因此，在互联网、信息时代，对于信息素养方面研究者而言，深入研究应更加关注：①网络图书馆的信息素养指导方式将具有更加广阔的信息素养教育发展空间；②对信息素养的研究需要注重信息素养培养对象的现有行为研究和未来技能培育；③多样化信息素养能力的培养与发展要取得良好的效果，不仅需要作为项目加以研究，更需要通过信息素养实践案例加以实证和推广。

4 小 结

在信息爆炸的网络时代，新的信息技术不断涌现，用户的信息行为不断变化，不仅作为人类生存与发展三大要素之一的信息变得越来越重要，而且人们对"获取信息"的信息素养能力的认识也发生了质的转变。信息素养已经不仅是人们具备简单的"理解以及与外界做有意义的沟通所需要的能力"，信息素养正逐步成为人们"适应知识社会、终生学习的基础"，个体的信息素养水平已经与国家整体获取信息的竞争力息息相关，信息素养教育越来越多地受到各国政府的重视，信息素养教育已经被列为欧美国家的重要教育发展策略之一[4]。

因此，本文以 SCI、SSCI 和 A&HCI 发表的信息素养研究领域论文为数据源，借助 TDA 分析软件，通过探索 1990—2009 年间信息素养研究领域发表论文的年代趋势，信息素养研究领域的 TOP 国家、机构、学科、期刊及作者分布，以及研究热点的分析，期望能够帮助我国信息素养研究领域的研究者快速了解信息素养领域的概况及研究热点。

参考文献：

[1] Zurkowaski P. The Information Service Environment Relationships and Priorities//Washington D. C. National Commission on Libraries and Information Science, 1974.

[2] Presidential Committee on Information Literacy: Final Report//Washington D. C.: American Library Association (ALA), 1989.

[3] Asscociation of College and Research Libraries(ACRL). Information Literacy Competency Standards for Higher Education. [2010-04-10]. http://www.ala.org/ala/acrl/acrlstandards/standards.pdf.

[4] 吴正荆,孙成江. 国外信息素养研究的发展轨迹及主要成果. Library and Information Service 2006, 50(4): 60-63.

[5] 张静波. 信息素养能力与教育. 北京：科学出版社, 2007: 16-20.

作者简介

吴 鸣，女，1964 年生，研究馆员，学科咨询部主任，发表论文 30 余篇；

张杰龙，男，1983 年生，助理馆员，发表论文 5 篇；

王 丽，女，1982 年生，馆员，发表论文 3 篇；

刘艳丽，女，1981 年生，馆员，发表论文 10 篇；

欧阳峥峥，女，1983 年生，馆员，发表论文 2 篇。

我国高校信息素质教育发展新动向

彭奇志　李　利　沈艳红　严而清　张逸新

(江南大学图书馆　无锡 214122)

摘　要　对我国高校信息素质教育的现状、教学内容和理论研究等三方面进行调查并分析其特点。最后归纳和总结出我国高校信息素质教育的发展新动向：强调学生信息素质的全面培养、注重培养创新思维和创新能力、重视教学内容及时更新、注重检索技能训练和实践教学、重视研究性学习和合作教学、倡导在线自主学习、重视信息素质教育理论研究。

关键词　高校　信息素质教育　发展动向

分类号　G252

随着信息技术、网络的快速发展以及信息资源的迅猛增长，我国高校信息素质教育的环境得到了较大的改善，信息素质教育活动正在朝着适应信息环境变迁、适应高校人才培养需求、适应社会需要的方向迅速发展并表现出鲜明的时代特征。本文试图从我国高校信息素质教育的实施现状、教学内容和理论研究三方面进行调查，洞悉、总结和分析我国高校信息素质教育的种种特点，真实客观地反映当前高校信息素质教育的新动向，旨在促进信息素质教育、研究及相关活动的深入实施和发展。

1　从抽样调查看信息素质教育的新动向

1.1　高校信息素质教育现状调查

2009年5月-9月，笔者对我国部分高校信息素质教育现状进行了调查。调查对象以"211"高校和普通理工类本科院校为主，这些高校往往具有较好的信息素质教育基础。调查方法以问卷调查为主，通过设计和发放纸质调查表和电子问卷60余份，收回有效答卷40份。该40所高校包括26所"211"高校和14所一般本科院校，分别分布在全国18个省市，因此抽样调查对象具有一定的广泛性和代表性。对返回的答卷进行统计，基本情况见表1。

1.2 当前我国高校信息素质教育的特点

1.2.1 图书馆资源是信息素质教育的主要源泉

我国高校普遍开展了"新生利用图书馆教育",82.5%的高校给新生发放《读者指南》等图书馆使用手册,90%的高校开设了新生入馆教育讲座,大部分高校带领新生实地参观图书馆,并把《入馆教育》讲座课件上传到网上,以便新生自学。信息素质教育教师主要为图书馆馆员,"文检课"实习场所大多由图书馆提供数字阅览室或专门的实习机房。

1.2.2 在线信息教育是新型自主学习模式

在线信息素质教育作为一种信息素质教育自主学习模式已经受到很多高校的重视,已有75%的高校利用网络开展在线文献信息检索培训、宣传,65%的高校有在线专题讲座内容及课件,55%的高校有在线用户教育专门栏目,40%的高校开发了在线《信息检索》课程教学平台,40%的高校图书馆主页提供新生入馆教育的虚拟导览服务。

表1 我国高校信息素质教育实施现状

序号	调查项目	高校(所)	百分比(%)
1	开展新生利用图书馆教育	40	100
1.1	给新生发放《读者指南》	33	82.5
1.2	每年开设新生入馆教育讲座	36	90
1.3	《入馆教育》讲座课件上传到网上	26	65
1.4	带领新生实地参观图书馆	28	70
1.5	主页提供新生入馆教育的虚拟导览服务	16	40
2	利用网络开展在线文献信息检索培训、宣传	30	75
2.1	有在线用户教育专门栏目	22	55
2.2	有在线专题讲座内容及课件	26	65
3	开展专题培训、讲座	38	95
3.1	对本校各院系教师开展培训及辅导	33	82.5
3.2	对本馆馆员开展培训、讲座	35	87.5
3.3	对外单位开展培训、讲座	15	37.5
4	开设《文献信息检索与利用》课程	39	97.5
4.1	对本科生开设文献信息检索课程	36	90
4.2	对研究生开设文献信息检索课程	28	70

续表

序号	调查项目	高校（所）	百分比（%）
4.3	本科生开课率在50%以上	28	70
4.4	列入必修课程	15	37.5
4.5	任课教师为本校图书馆教师	36	90
4.6	"文检课"教师参加进修、培训	31	77.5
4.7	教师的进修、培训由图书馆安排	27	67.5
4.8	讲授的课程内容全部为计算机检索内容	23	57.5
4.9	有在线《信息检索》课程教学平台	16	40
4.10	课件上传到网上供学生自学	24	60
4.11	网上课件设有习题、动画演示	12	30
4.12	讲授信息意识、信息分析方面的相关知识	33	82.5
4.13	讲授信息道德或知识产权等相关知识	29	72.5

1.2.3 全方位的教育与培训

当前我国信息素质教育形式多样，包括信息（文献）检索课程、各种专题培训、展览资料、导读导引、在线教育等。97.5%的高校开设了《文献信息检索与利用》课程，并有37.5%的高校列入必修课程，部分高校根据专业不同而分别列入必修课和选修课，95%的高校开展了常规专题培训与讲座。

1.2.4 教育内容的转型

由单一的信息检索技能培训向信息意识、信息道德教育和信息能力培养转型。调查显示，开设了《文献信息检索与利用》课程高校中，有近82.5%的高校讲授信息意识、信息分析方面的相关知识，约72.5%的高校讲授信息道德或知识产权等相关知识。

以上调查更多是了解信息素质教育的形式，对近年来出版的信息素质教育教材进行调查，能更加充分地了解当前信息素质教育的具体内容。

2 从教材内容构成看信息素质教育的内容特征

2.1 教材抽样

《信息检索》课作为大多数高校的必修或选修课程，是培养高校学生信息素质的重要渠道，为了解当前信息素质教育内容的特点，笔者对42种教材内容结构进行了调查。教材样本的选择原则有：①新颖性。选择的样本教材出版时间在 2007—2009 年之间。②权威性。涵盖各种规划教材和精品教材。③广泛性。样本大多是新版的教材，也有再版的教材；大多是本科生用教材，也有研究生用和高职高专用教材；既有综合性教材，也有理工科、人文社科和医学专用教材[1]。抽样教材具体构成如下：规划教材 12 种，占 29%，新编教材 37 种，占 88%，再版教材 5 种，占 12%，理工科与综合性教材 36 种，占 86%，医学和人文社科类教材 6 种，占 14%。

2.2 抽样教材的基本内容构成

根据 42 种抽样教材中具有独立章节题目的内容，大体上可以归纳为 23 个方面，如表 2 所示：

表 2　42 种样本教材内容构成

序号	教材内容	涵盖该内容的教材（种）	比例（%）
1	文献检索基础理论与基本原理	42	100
2	计算机检索系统	42	100
3	网络搜索引擎	39	93
4	信息检索技术	39	93
5	知识产权及特种文献检索	31	74
6	印刷型（手工）检索工具	20	48
7	文献信息利用（信息整理分析/评价、文献传递）	21	50
8	文献创作及发表（专利申请/情报分析报告/毕业论文写作）	19	45
9	实验题及思考题、关键术语	18	43
10	检索实例或案例	17	40
11	信息素养与信息意识/科技创新	16	38
12	免费资源（开放存取/学科门户/虚拟学科信息资源）	16	38
13	网上专题资料（主题网关）	12	29
14	信息道德/信息安全（学术规范/合法利用）	10	24
15	文献信息保障系统/数字图书馆	9	21
16	资源评估与选择	9	21
17	文献信息的著录与组织	8	19
18	信息服务（参考咨询/定题服务等）	7	17
19	多媒体信息检索	6	14
20	科技查新	6	14

续表

序号	教材内容	涵盖该内容的教材（种）	比例（%）
21	实用信息检索（电子商务/竞争情报/求职应聘/商情数据/考研信息/个人与机构信息等检索）	5	12
22	基于网格的信息检索	4	10
23	基于内容的检索	4	10

表中"比例"部分，反映了相关教学内容在整个样本教材中的分布情况。

2.3 当前信息素质教育课程教材的特点

从调查的情况可以知道，每一种教材都有"检索基础理论与基本原理"、"计算机检索系统"的章节内容，绝大多数教材有"网络搜索引擎"、"信息检索技术"的相关内容。与传统的教材比较，当前信息检索教材具有以下特点：

2.3.1 数字信息资源的检索成为主流

近三年出版的信息检索教材，全部都对计算机检索系统进行了较长篇幅的介绍，网络数据库、搜索引擎和网络信息资源是绝大多数教材的当然内容。只有部分教材（48%）用较少的篇幅仍然介绍了印刷型（手工）检索工具。

2.3.2 突出信息检索技术

在42种教材中，有39种教材用专门的章节介绍了检索技术，分别设立了"计算机检索技术"、"数据库检索技术"、"搜索引擎检索技术"，突出了检索技术的重要性，由检索技术和检索词构成的检索式犹如高楼的建筑设计图，是课题检索的理论方法和指导思想。

2.3.3 重视知识产权及特种文献检索

有31种教材介绍了知识产权及特种文献，而且大部分是用单独的一章予以介绍。充分强调了在当今知识经济条件下知识产权、专利的重要性。同时也说明学位论文、标准和科技报告信息不论在学术研究、还是科技、经济建设中都有重要的作用。

2.3.4 强调信息利用和创新能力培养

阐述有效筛选、正确评价、充分利用文献开展知识创新活动是当前教材的又一特点。样本教材中有21种分别阐述了文献信息利用，以"信息分析与利用"、"资源评价"、"选题与创新"等内容，凸显对培养学生信息综合利用能力、创新思维和创新能力的重视。19种样本教材分别以"综述、学术论文的选题、撰写与投稿"、"专利申请文件、情报分析报告的撰写"等章节予以陈述文献创作及发表。

2.3.5 突出信息意识和信息道德教育

在加强学生信息敏感度等信息意识培养，合理、合法、合乎道德地使用信息方面，做了专门的描述，例如有16种教材分别介绍"信息素质"、"信息意识的培养"。有10种教材分别以"写作规范"、"网络法规和网络道德规范"、"知识产权保护"等为章节题目，对尊重知识产权，遵守学术规范，培养良好的信息道德及相关的一些法律规范进行了阐述。

2.3.6 重视课程的学习效果

有大约43%的样本教材在相应的章节后编写了实验题及思考题、关键术语，有大约40%的样本教材在相应的章节后编配了检索实例或案例，对学生提高检索技巧、丰富检索经验提供了非常有效的帮助。

2.3.7 重视网上免费学术资源介绍

16种教材分别以"Open Access"、"免费电子期刊"、"重要学术信息的网络获取"、"网上参考检索工具"等为章节名，从不同角度、不同侧重点对网上免费资源的检索与利用知识作了比较详细的介绍。12种教材介绍了网上专题资料（主题网关）。

2.3.8 传承与革新，扩充新内容

样本教材中新编教材37种，占88%，再版教材5种，占12%。教材不断修订和更新，融入了新的信息资源和内容，如介绍电子商务、竞争情报、求职应聘、商情数据、科技查新以及多媒体信息检索等。

教材反映了教学的内容特点，而学术论文由于内容新颖且发表速度快，能反映学科专业的创新和前沿特点，因此对近年发表的有关信息素质学术研究论文进行了调查。

3 从学术研究看信息素质教育研究的新动向

从CNKI检索，我国高校2007—2009年间共发表有关信息素质（信息素养）的研究论文2 000余篇，其中既有理论研究和实践探索，也有宏观层面的论证和微观层面的实证，反映了我国信息素质教育研究的新动向。研究热点主要集中在以下几方面：

3.1 教学体系与教学改革

赵宁提出工科学生信息素质教育课程体系的框架结构包括确立教学目标、构建信息素质课程体系和探讨多元化教学模式等[2]。王浩、张琳琳指出应建立具有多层次教学目标，包含多层次教学内容，提供多种教育方式的教学体系，建立起更为开放、交互式的教学结构，改变传统的教学方式，激发学生学习兴趣，增加实习环节的比重，改变传统的考核方式，将重点从考核理论知识转移到考核实际能力上来[3]。刘石泉提出在实习中培养学生的创新意识[4]。陆华娟提出课程体系全面革新，重新确定教学目标，改革创新课程教材，充分发挥图书馆的作用，学习国外先进的教学理论和方法[5]。

3.2 教学模式

近年探讨较多的教学模式有独立模式、混合模式和层次模式三大类，独立模式有：信息素质教育与学科课程整合教育模式、案例教学法、专业文献阅读与研讨模式、项目驱动和专业整合—基于科研的信息素养教育模式、自主学习模式、情境教学模式、网络交互式教学（在线教育）模式[6]等；混合模式是两种或两种以上独立模式的整合，有"5E"教学模式、"五个结合"模式、"四位一体"教学模式等；层次模式有三级教育模式、"三层次四年一贯制"模式、"三层次一体化"培养模式等。

3.3 在线信息素质教育

黄如花对基于 Blackboard 的在线信息素质教育平台提出完善策略：丰富平台的内容、增强平台的交流功能、增强平台的友好性、加强教学环节的管理、开展更广泛的合作与交流[7]。邓发云提出"一核心二支撑三结合"建立以信息素质教育平台。宋琳琳从总体构架、用户层次、功能模块、技术支持、资源数据库5个方面介绍了大学图书馆在线信息素质教育平台的构成及功用；总结出4条主要的实现途径：与图书馆服务结合、远程教育平台、开放式课程、在线信息素质教育平台[8]。

3.4 信息素质教育与创新人才培养

邢燕丽认为创新能力也是高校学生最重要的素质之一，信息素质是大学生具备创新能力的基本要素。信息素质教育与创新能力的培养之间存在着密切的联系，创新意识是信息意识的源泉，是发挥信息能力的动力，信息意识是创新意识的加速器。信息能力是创新能力的重要组成部分，信息素质集中发挥和体现在创新过程中[9]。莫玉萍提出加快文献检索课程教学改革、应用现代信息技术，培养学生的科研能力、熟练运用工具获取信息资源、选择开拓性的课题等培养创新人才的重要途径。

3.5 中外信息素质教育比较研究

杜安平从信息素养能力标准、管理机制、课程策略、评估与评价等方面分析了澳大利亚高校的成功经验[10]。杨国庆介绍了英国高校信息素养教育管理组织机构、信息素养能力标准和模型等的特点。桂秀梅介绍了美国典型的信息素质教育合作模式：馆员—教师合作模式，依阿华大学的 TWIST 项目，华盛顿大学开展的多机构参与的 Uwired 项目；在线信息素质教育合作模式：德州大学奥斯汀分校图书馆牵头开发的 TILT，犹他州各个大学图书馆的网络导航课程[11]。方锦平、易斌介绍了美国信息素质教育的合作模式：各机构结成统一的联盟，图书馆之间的合作，图书馆与其他机构的合作[12]。

4 我国高校信息素质教育发展的新动向

4.1 强调学生信息素质的全面培养

信息素质的培养，包括对学生信息知识、信息意识、信息能力和信息道德的训练及提高，关系到学生是否具备创新能力和终身学习能力。突出信息意识的教育，提升对信息的敏感度和捕获信息的能力，强调信息利用和创新能力训练，宣传合理合法利用信息，是当前信息素质教育面向高校高素质人才培养的重要内容。

4.2 注重培养创新思维和创新能力

在创新型人才所需具备的诸多素质中，信息素养是其中的基本层面，信息素质教育在创新人才培养中起着首当其冲的作用。创新人才的培养过程也是创新人才信息素养的完善过程。创新意识源自信息意识，创新思维的训练离不开信息源的指引，创新能力的提高与信息能力的提高成正比。信息素质教育的最终目标是培养 21 世纪的创新人才。

4.3 重视教学内容及时更新

一是体现在信息素质教育教材得到较快的更新。教材的不断修订和涌现，融入了新的教学内容，也包含了新的教学理念和方法，适应了学术数据库、网上免费学术资源"Open Access"等的快速增长和教学需求。其次是图书馆各种专题讲座、教学课件和信息指南资料等也得到及时的更新。

4.4 注重检索技能和实践教学

在教学环节上，精简了基础理论知识内容，将重点放在检索技能的培养上，而且注重教学范例的演示，检索案例的分析，带着问题和任务完成实习，以实习促教学等是当前实践教学的具体体现。不仅让学生熟悉各种检索工具及其使用方法，还要激发他们的创新思维，将所学知识灵活运用于实际问题的解决。

4.5 重视研究性学习和合作教学

很多高校在教学中采用基于科研课题的教学方式，引导学生进行课题综述和科技查新报告的撰写等，有利于提高学生的科研兴趣，促进学术写作和参与科研的能力。信息素养教育与学科课程的整合教学，区域集群化在线信息素质教育平台和教学资源库的联合建设等逐步在部分高校展开。

4.6 倡导在线自主学习

在线信息素质教育作为一种良好的自主学习模式已受到国内愈来愈多高校的认同和重视，当前主要方式是利用校园网开发《信息检索》课程教学平台，开展在线文献信息检索培训、宣传，提供专题讲座内容及课件和视频，用户教育专门栏目，提供虚拟导览服务等，为学生的自主学习提供了良好的条件。

4.7 教学研究热点多

加强理论研究才能推动信息素质教育的发展，美国信息素质教育开展较好的重要原因是重视理论研究，形成一套符合本国实际需要的理论体系，并在多个项目的开发和实施中得到验证，大大发挥了理论对实践的指导和促进作用。近年我国信息素质教育研究的热点主要聚焦在教学体系与教学改革、教学模式、信息素质教育与创新人才培养、在线信息素质教育、中外信息素质教育比较研究等。

5 结　语

从以上我国信息素质教育的新动向可知，近年来我国高校信息素质教育得到了快速发展并取得了长足的进步。但是按国外信息素质培育标准的6大能力来衡量，要实现这些目标还有相当大的距离。只有不断追踪国内外信息素质教育的新动向，改革和创新教学活动，加强软硬件条件建设，加强理论研究和实践教学，才能更有效地推动我国高校信息素质教育又快又好地实施和发展。

参考文献：

[1] 徐庆宁,陈雪飞,江梅. 从文献课教材内容特点看高校信息素质教育发展新动向. 大学图书馆学报,2007(5):49-50.

[2] 赵宁. 工科学生信息素质教育课程体系的构建. 图书馆论坛,2009,29(1):70-71.

[3] 王浩,张琳琳. 论大学生信息素养培养与文献检索课创新. 大学图书情报学刊,2008,26(4):78-79.

[4] 刘石泉. 创新教育与文献检索课教学改革的探讨. 高教论坛,2008(4):79-81.

[5] 陆华娟. 从传统文献检索课向信息素质教育转型的思考. 医学信息学杂志,2009,30(7):89-91.

[6] 唐曙南. 论面向大学生的信息素养教育创新. 大学图书情报学刊,2009(6):60-62.

[7] 黄如花. 基于Blackboard的在线信息素质教育平台的完善. 图书与情报,2007(5):60-62.

[8] 宋琳琳. 大学图书馆在线信息素质教育平台的构建. 图书情报工作,2009,53(7):105-107.

[9] 邢燕丽. 信息素质教育改革与大学生创新能力培养. 图书馆工作与研究,2009(3):94-96.

[10] 杜安平. 澳大利亚高校信息素养教育剖析. 情报理论与实践,2008,31(4):637-640.

[11] 桂秀梅. 美国信息素质教育全程解读——兼论对我国信息素质教育发展的启示. 四川图书馆学报,2009,168(2):69-71.

[12] 方锦平,易斌. 美国信息素质教育的合作模式及其启示. 现代情报,2007(7):200-2004.

作者简介

彭奇志,男,1969年生,副研究馆员,硕士,发表论文40余篇;

李利,女,1977年生,馆员,硕士研究生,发表论文2篇;

沈艳红,女,1974年生,副研究馆员,硕士,发表论文10余篇;

严而清,女,1970年生,馆员发表论文多篇;

张逸新,男,1957年生,教授,馆长,博士,发表论文150余篇。

国内外信息素养标准研究现状与展望[*]

娜 日[1,2]　吴晓伟[1]　吕继红[1]

(1. 上海商学院商业竞争情报研究所　上海 200235；
2. 东华大学旭日工商管理学院　上海 200051)

摘　要　通过剖析国内外信息素养内涵的演变过程，总结信息素养的本质和发展规律；分析国内外经典的信息素养标准、信息素养模式，认为当前我国信息素养标准的研究有必要从大学生信息素养教育出发，并应对信息素养标准内涵与逻辑关系、信息素养标准建立的权威性、信息素养量表设计、信息素养模式设计等主题给予重要的关注。

关键词　信息素养　信息素养标准　信息素养模式　信息素养教育
分类号　G252

国外很多图书馆和地区都根据信息素养的概念纷纷制定了信息素养能力标准。信息素养能力标准作为评价个人信息素养能力、指导高校信息素养教育实践的指南，具有高层次的宏观指导意义[1]。对于信息素养本质的正确理解是信息素养标准研究的基础，在此基础上，通过比较国内外信息素养标准体系，找到制约我国信息素养标准研究的问题，为制定我国科学、严谨的信息素养标准和高校信息素养教育及实践做出贡献。

1 国内外信息素养内涵的研究

1.1 国外信息素养内涵的研究

信息素养的起源应该是早期的图书馆检索，这时期的信息需求相对简单，检索是由人们手工完成的。进入 20 世纪 70 年代后，随着计算机技术不断地发展和信息需求的日益膨胀，信息检索需要借助计算机辅助来完成，基于此，美国的 Paul Zurkowski 于 1974 年第一次提出了信息素养的概念。而对信息素

---

[*] 本文系上海市教委重点学科"商务传播学"（项目编号：J52001）和上海商学院重点教研项目"本科生信息素养现状及其提升策略研究——以上海商学院为例"（项目编号：09）研究成果之一。

养的概念进行准确表述的是来自美国图书馆协会1989年的定义,即具有信息素养的人能够判断何时需要信息,并懂得如何去获取、评价和有效地利用所需要的信息[2]。进入90年代后,随着网络技术的发展和以知识经济为主导的信息时代的到来,信息素养的内涵又有了新的解读。布拉格会议将信息素养定义为一种能力,它能够确定、查找、评估、组织和有效地生产、使用和交流信息,来解决一个问题[3]。

信息素养内涵的发展分为三个阶段:早期阶段、中期阶段和后期阶段。早期阶段的信息素养形态可称为图书馆素养,其内涵主要是强调图书馆手工文献检索技能。随着计算机等信息技术的迅速发展,信息素养的内涵被外延了,开始强调利用计算机进行信息检索的技能(信息处理)、对检索的信息进行评价,并重视了人的属性(态度和意识),这时期的信息素养形态可称为计算机素养。随着网络的发展和信息环境的变化,信息素养的内涵开始强调了信息素养中人的社会属性(如交流信息、传播信息的能力),充分重视了人的批判性思维能力和评价信息能力,并强调信息素养是终身学习的必然要求。

1.2 国内信息素养内涵的研究

国内开始信息素养内涵的研究比较晚,多是在国外信息素养概念的基础上进行延伸。国内的王吉庆于1999年第一次系统地介绍了信息素养理论,他认为信息素养包含了信息意识与情感、信息伦理道德、信息常识以及信息能力多个方面,是一种综合性的、社会共同的评价。2001年,钟志贤教授提出信息素养表现为8个方面的能力:运用信息工具;获取信息;处理信息;生成信息;创造信息;发挥信息的效益;信息协作;信息免疫[4]。这个观点的提出,强调了创新能力培养的重要性。2005年,孙平、曾晓牧认为,信息素养这种信息能力,包括信息智慧、信息道德、信息意识、信息觉悟、信息观念、信息潜能、信息心理等多个方面[5]。这个观点更强调了信息素养是一种系统知识结构。2007年,吕庆阳和刘孝文在对国内外信息素质概念的诸多说法进行了梳理和剖析后,给予了信息素养新的内涵,即信息素质是信息社会基本信息水准的测量尺度,包含信息意识素质、信息知识素质、信息能力素质等要素[6]。尽管,国内关于信息素养内涵的表述百花齐放,但是在内涵的本质上基本是统一的,即信息意识、信息知识、信息能力、信息道德。

综合国内外信息素质内涵的研究,可以得出:信息素养的内涵是基于时代特征对人的基本要求而言的;随着社会的变化、信息技术的变化、创新行为的变化、自主学习能力的变化等因素,信息素养的内涵不断地被赋予新的要求。

2 国内外信息素养标准的研究

2.1 信息素养标准的理论基础

2.1.1 国内外主要信息素养标准

国外的信息素养标准很多，其中以美国 ACRL 标准、澳大利亚与新西兰 ANZIIL 标准以及英国 SCONUL 标准最为著名。

- ACRL 标准。美国的大学与图书馆协会（ACRL）在 2000 年颁布的美国高校信息素质能力指标体系，共包括 5 个一级指标，22 个二级指标和 86 个项具体的三级指标构成[7]。
- ANZIIL 标准。澳大利亚与新西兰的高校信息素质联合工作组（ANZIIL）在 2004 年颁布的澳大利亚与新西兰高校信息素质能力指标体系，它由 6 个一级指标，19 个二级指标和 67 个三级指标组成[8]。
- SCONUL 标准。英国的国家与大学图书馆标准协会（SCONUL）在 1998 年提出的信息素质能力模式，该模式在名称上不是指标体系，但实际上是一个高校信息素质能力的指标体系，由 7 个一级指标和 l7 个二级指标组成[9]。

《北京地区高校信息素质能力指标体系》作为北京市高校学生信息素养评价的重要指标，由 7 个维度，19 项标准，61 条具体指标组成[10]，是我国第一个比较完整、系统的信息素养能力体系。

2.1.2 国内外主要信息素养标准比较

本文将国内外经典信息素养标准进行比较，如表 1 所示：

表 1 ACRL、ANZIIL、SCONUL 和北京标准一级指标比较

项目	美国 ACRL（2000 年）	澳大利亚与新西兰 ANZIIL（2004 年）	英国 SCONUL（1998 年）	北京地区高校信息素质标准
信息意识				维度 1：能够了解信息以及信息素质能力在现代社会中的作用、价值与力量。
信息需求	标准 1：能确定所需信息的种类和程度。	标准 1：能确认信息需要并决定所需信息的信息种类和程度。	指标 1：识别、明确信息需求的能力； 指标 2：有辨别信息源的能力	维度 2：能够确定所需信息的性质与范围。

续表

项目	美国 ACRL（2000 年）	澳大利亚与新西兰 ANZIIL（2004 年）	英国 SCONUL（1998 年）	北京地区高校信息素质标准
信息获取	标准 2：能有效地获取所需的信息。	标准 2：能够高效地获取所需信息。	指标 3：有拟定信息策略的能力；指标 4：检索并存取信息的能力。	维度 3：能够有效地获取所需要的信息。
信息评价	标准 3：能批判性地评价信息和信息源，并有选择地将信息融入自身的知识库和价值体系。	标准 3：能够批判地评价信息和搜寻信息过程。	指标 5：比较信息和评估信息的能力。	维度 4：能够正确地评价信息及其信息源，并且把选择的信息融入自身的知识体系中，重构新的知识体系。
完成任务	标准 4：能独立地或作为小组成员有效地利用信息完成特定的任务；			维度 6：能够有效地利用信息来完成一项具体的任务。
信息组织、管理		标准 4：能够管理所收集或者产生的信息。	指标 6：组织信息和应用信息的能力；	维度 5：能够有效地管理、组织与交流信息。
信息创新	标准 3：能批判性地评价信息和信息源，并能将所选择的信息融入自身的知识库和价值体系。	标准 5：能将初始信息和新的信息应用到构建新概念或者创新知识中。	指标 7：信息的整合和创新的能力。	维度 4：能够正确地评价信息及其信息源，并且把选择的信息融入自身的知识体系中，重构新的知识体系。
信息道德	标准 5：理解围绕信息和信息使用的经济、法律和社会问题，并能合理合法地获取和使用信息。	标准 6：能在使用信息时，懂得和遵守与使用信息有关的文化、道德、经济、法律和社会问题。		维度 7：了解与信息检索、利用相关的法律、伦理和社会经济问题，能够合理、合法地检索和利用信息。

对这三个标准的比较可以看出，几个标准共同的信息素养能力包括信息需求、信息获取、信息评价、信息创新。SCONUL 没有提出信息道德的指标，

而 ACRL、ANZIIL 强调了信息道德是构成信息素养能力的重要维度，这与网络信息安全面临的信任危机有关。ANZIIL 标准没有提出信息意识方面的考察。另外，可以发现 ACRL 标准中还有一项是考核利用信息完成特定任务能力，该项能力是信息创新能力的衍生，是信息应用能力具体衡量。北京的标准体系基于美国的 ACRL 标准的指标，细化了在信息意识方面的指标。

2.2 信息素养标准的实践基础

将信息素养标准转化为实践的过程中，还需要具体的信息素养模式来支撑。国内外对于信息素养模式的研究也有很多，如 Big6 网络主题研究模式、Webquest 信息素养培养模式和 SCONUL 的七柱模式等。其中 Big6 模式是由美国的 Mike Eisenber 博士和 Bob Berkowits 博士两位学者创立，旨在培养学生信息素养、基于批判性思维的信息问题解决系统方案[1]。WebQuest 模式是由美国的伯尼·道格（Bernie Dodge）和汤姆·马奇（Tom March）创立，旨在培养学生们通过各种网络资源获取信息来源和制定各种解决方案。SCONUL 的七柱模式[9]阐述了如何从简单的图书馆技能、IT 技能扩展到信息素质的技能。这个模式强调了信息的创新性，信息获取过程的动态性和周期性，如图 1 所示：

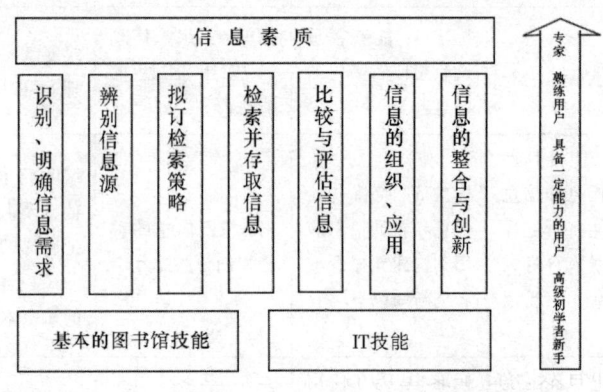

图 1　SCONUL 的七柱模型

3　我国大学生信息素养标准研究的展望

综合国内外信息素养研究进展，笔者认为我国信息素养标准的研究有必要从大学生信息素养教育出发，并对以下主题给予重要的关注。

3.1 信息素养内涵与逻辑关系

国内外已达成共识：信息素养的内涵应覆盖信息意识、信息知识、信息能力和信息道德四个层面的内容，本文将这四个层面称为四个要素。国内关于信息素养逻辑关系方面的研究寥寥无几。四要素之间存在什么样的制约关系？哪个是基础？哪个是核心？四要素的培养顺序是否有先后，四要素的关系是否受到外界因素的影响等系列问题，这些都需要经过大量的实证研究来给出结论。明确信息素养内涵与逻辑关系，才不能人为地割裂信息素养四要素之间的关系；才能为制定科学地、严谨的信息素养标准提供依据；才能使得高校能够有层次、有重点、分阶段地实施信息素养教育。

3.2 信息素养标准的权威性

欧美各国都是先制定了国家的信息素养标准，这个标准就成为了信息素养教育的宏观指导性文件，各高校根据标准制定各自的信息素养教育目标和信息素养教育内容。正是有了权威的保障，欧美国家的信息素养教育成效显著。我国至今没有一个统一的信息素养标准，这在很大程度上制约着高校信息素养教育在我国的发展。笔者认为，要制定我国的信息素养标准，首先成立一个信息素养权威机构，从根本上重视信息素养研究。其次，信息素养权威机构应该加大宣传力度，通过各种形式指导各高校的信息素养教育，支持更多的专业教师、图书馆从业人员参与到信息素养教育中。最后，信息素养权威机构通过整合各种研究成果，比较各经典的国外信息素养能力指标体系及它们的制定过程，制定出适用于中国国情的信息素养标准。

3.3 信息素养量表设计与开发

国内的一些学者通常采用量表法对高校信息素养教育的现状进行调研，然后分析结果，进而提出大学生信息素养提升的策略，但是大都没有说明量表的设计过程，无法确定量表的效度和信度。效度是指量表的各个变量的有效性有多大，信度是指量表的变量所采用的测量项的测量误差程度，同一变量各测量项测量结果的一致性、稳定性。在设计量表的各个变量时，应考虑各个变量是否都有效？各个变量的有效性是否重复？各个变量的重要程度如何？各变量是否随外界因素影响及各个变量是否适用于不同的教育对象等问题。一个设计合理的量表，它的结果应是可靠的，多次反复测量，其结果应该保持一致。

3.4 信息素养实践模式

国外大学实施信息素养教育的过程是结合信息素养的内涵，除了有信息素养能力指标体系的宏观指导外，还有信息素养实践模式的微观支撑。国内对信息素养模式的研究有三点不足之处：①信息素养实践模式的研究和信息素养的逻辑内涵、信息素养标准体系相分离，这势必导致信息素养模式的设计不合理,培养的学生的信息素养能力偏颇;②信息素养实践模式的研究没有结合大学生日常生活,这会导致信息素养教育无法顺利地贯穿于学生的整个学习生涯中;③信息素养实践模式单一,难以适应不同地域、不同专业、不同性别等差异的学生的需求。

4 总 结

当前,信息素养研究,特别是高校学生的网络信息素养研究日益迫切,这直接关系到学生的网络信息资源的综合利用和创新以及网络商务传播技能的掌握,最终将终生影响学生科研和创业活动。如何抓住契机,提升大学生信息素养教育,笔者认为必须加强我国信息素养标准的研究,着眼于高校信息素养教育,并对信息素养标准内涵与逻辑关系、信息素养标准建立的权威性、信息素养量表设计、信息素养模式设计等主题给予重要的关注。信息素质评价标准的建立必须遵循科学的、严谨的制作程序,以期得出具有共识的、经过论证的标准体系,其中量表的设计、评价因素的确立,信息素养实践模式的设计等问题还需要今后进一步的研究。

参考文献:

[1] 张晓娟. 信息素养:标准、模式及其实现. 图书情报知识,2009(127):17-21.
[2] 周健,张静波. 高校信息素养教学模式探讨. 情报教育,2006(10):133-135.
[3] 桑迪·坎贝尔. 21世纪信息素质概念的界定. 肖永英,译. 大学图书馆学报,2005,23(6):82-86.
[4] 钟志贤. 信息素养:培养你八大能力. 中国教育报,2001-03-01(2).
[5] 孙平,曾晓牧. 面向信息素养论纲. 图书馆论坛,2005,25(4):8-11,106.
[6] 吕庆阳,刘孝文. 国内外信息素质概念的界定. 河北科技图苑,2008,21(2):40-42.
[7] ACRL(2004,February). Information literacy competency standards for higher education. [2009-05-24]. http://www.ala.org/ala/mgrps/divs/acrl/standards/informationliteracycompetency.cfm.
[8] Bundy,A(2004). Australian and New Zealand information literacy framework:Principles,standards and practice. [2009-05-24]. http://www.anziil.org/resources/Info%20lit%202nd%20edition.pdf.
[9] Selena Lock S. A. Lock. Information skills in higher education:A SCONUL position paper. [2009-05-24]. http://www.sconul.ac.uk/groups/information_literacy/papers/Seven_pillars.html.
[10] 北京地区高校信息素质能力指标体系. [2009-05-24]. http://edu.lib.tsinghua.edu.cn/InformationLiteracy/information%20literacy%20competency%20standards.doc

[11] 张晓娟. 信息素养:标准、模式及其实现. 图书情报知识,2009(127):24-29.

作者简介
  娜　日,女,1977年生,讲师,博士研究生,发表论文10篇;
  吴晓伟,男,1972年生,副教授,博士后,发表论文30篇;
  吕继红,女,1956年生,教授,硕士,发表论文25篇。

医学领域信息素养的发展及其标准化评估实践研究综述[*]

杜 建 张士靖[**]

（华中科技大学同济医学院医药信息管理系 武汉 430030）

摘 要 对信息素养在医学领域的发展及信息素养标准化评估工具的研究现状进行综述，阐述医学信息素养标准化评估工具研究的必要性，并通过对比得出国内信息素养能力标准及评估研究中必须要解决的关键问题，指出应将中国特色的医学信息素养能力标准和标准化评估工具的研究设计以及公众的健康信息素养干预作为未来研究的若干方向。

关键词 信息素养 医学信息素养 能力标准 标准化评估工具 医学领域

分类号 G350

21 世纪，人口与健康问题成为全人类关注的焦点，医学科学整体化、综合化和多元化的长足进步使医学信息与知识正以惊人的速度增长。著名循证医学与知识服务专家 Muir Gray 指出，知识是疾病的敌人[1]，医学领域从业人员、患者更加依赖信息和知识更新来战胜疾病和伤残。纽约中华医学基金会（CMB）2001 年制定的《全球医学教育最低基本要求》在信息管理、批判性思维与研究两大领域对医学毕业生的信息素养做了详尽的要求[2]。至此，医学领域从业人员信息素养和终身学习能力的要求已经提上议事日程并成为全球执业医师的金标准。本文在对医学领域的信息素养发展进行概述的基础上，着重探讨了信息素养能力标准及其标准化评估实践情况，目的是为研究制定适合中国特色的医学信息素养能力标准及标准化评估工具提供参考和依据。

---

[*] 本文系教育部人文社会科学基金"基于构建主义理论和 E – Learning 构建专业信息素质教育平台"（项目编号：07JA870011）研究成果之一。
[**] 张士靖为本文通讯作者。

1 信息素养在医学领域的发展

信息素养是指能够认识到信息需求并有效地获取、评价和利用所需信息的能力[3]。在医学领域，Toups D M 于 1985 年发表的《医疗远程通信：医学科学与艺术的根本变化》一文中首次提出了"Information literacy"这一术语[4]。文章指出，计算机和医学信息检索系统的应用将对医学实践产生根本性和重要性的变革，信息素养应该是未来医生医疗实践中的必备技能。当时就已经强调了信息素养在医学领域的重要性。在 MEDLINE/PubMed 数据库中检索有关主题为"信息素养"的文献发现（检索时间为 2009 年 11 月 9 日），医学领域信息素养研究在 20 世纪 80 年代并不多，进入 90 年代特别是 21 世纪后，其研究活跃性迅速提高（见图 1）。值得一提的是，自 2001 年《全球医学教育最低基本要求》发布以来，对医生基本能力中信息素养能力的强调使得该领域的研究文献呈现迅猛增长的趋势（图 1 加粗折线）。

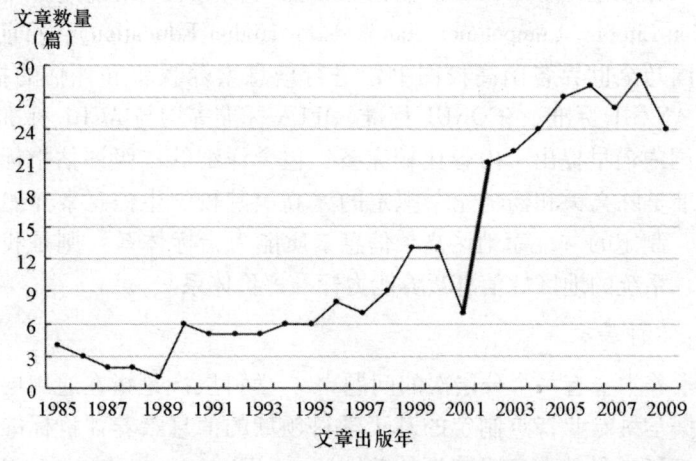

图 1　MEDLINE/PubMed 收录的主题为"信息素养"论文的时间序列分布

目前，国外学术组织或政府已经非常重视医学领域的信息素养研究。2003 年美国医学图书馆学会（MLA）成立了健康信息素养项目组（Health Information Literacy Task Force），致力于卫生保健专业人员的信息素养促进。2006 年 MLA 主席 Jean P S 将优先发展领域确定为 MLA 的成员必须要在提供面向公众的健康信息方面发挥更广泛的作用[5]，由此开始将信息素养的教育对象由卫生保健提供者拓展至患者与公众。2008 年，英国国家卫生服务系统（NHS）建立了一个促进苏格兰地区卫生保健的信息素养框架[6]，要求卫生和社会保健专业人员快速地获取信息并具有合理利用知识的技能。不仅如此，NHS试图创建一个国民健康信息支持服务系统，以确保患者和公众在查找所需信息、理解获取信息、培养有效利用信息的知识和技能等方面获得支持。信息和知识是可以用来改善患者护理和促进公众健康的有力工具，信息素养现已成为个人和社区促进健康、幸福以及改善生活环境的关键因素。

2 信息素养能力标准研究

2.1 通用层次

通用层次是对信息素养基本能力的研究，其内容主要涉及信息素养的内涵，即信息意识、信息能力和信息道德。国外关于信息素养能力标准的研究起步较早，美国、澳大利亚、英国、加拿大、德国、瑞典等国均拟定了自己国家高等教育信息素养能力标准。其中影响力最大的当属2000年美国大学与研究型图书馆协会（ACRL）批准并颁布的《高等教育信息素养能力标准》（Information Literacy Competency Standards for Higher Education），目前该标准已经成为美国乃至世界各国高校图书馆进行信息素养教育和评估的指导标准。其他如ANZIIL标准、SCONUL标准、IFLA标准等均与ACRL标准有着密切联系[7]。国内最早提出、内容比较完备、包含详细的二级评估指标的信息素养能力标准是陈文勇和杨晓光[8]拟定的《高等院校学生信息素养能力标准》，而孙平等[9]制定的《北京地区高校信息素质能力指标体系》则是我国第一个比较完整、系统的地区性信息素养能力标准评价体系。

2.2 学科层次

信息素养本身有一个分层次的问题[10]。学科层次是指在通用层次的基础之上，根据学科专业特点制定的基于学科领域的信息素养评价标准。Dorothy编著的《基于学科的信息素养评估蓝图》（A Disciplinary Blueprint for the Assessment of Information Literacy）一书中强调高等教育必须要教授学生所在学科领域所需的信息能力，必须建立学科领域的信息素养评估标准[11]。结合职业和专业背景，对特殊群体的信息素养进行更深入的研究，使其能够反映某一学科领域的专业素养要求，必将是未来信息素养研究的一个重要方向。ACRL近年来也逐步倾向于学科领域信息素养能力标准的研究设计，陆续出台了一系列专业信息素养标准或指南[12]，如2006年《科学、工程与技术领域信息素养标准》、2007年《英美文学专业研究能力指南》、2008年《人类学与社会学学生信息素养标准》和《政治学专业研究能力指南》。但医学领域信息素养能力标准或指南尚未见报道，国内仅有张宁[13]发表了题为《医学本科生信息能力评估指标体系建立》的硕士论文，遗憾的是该研究主要是针对信息素养的一个方面——信息能力，而提高信息素养是实践循证医学的基础，医学生的信息素养能力标准应该将循证医学的实践能力纳入其中[14]，张宁拟定的体系框架未能很好地体现医学教育的特点，因此学科特征并不明显。

3 信息素养标准化评估工具研究

信息素养标准化评估工具，是指以信息素养领域能力标准或结合学科专业领域能力标准为基础，研究设计并证明有较高的信度和效度，用来测量个体或群体信息素养能力的测试问卷[15]，它包括单项或多项选择题、评估量表或评价量规（Rubric）等形式。

20世纪90年代，国外就有很多研究者设计了用来评估图书馆信息素养干预后学生在认知和感情上的变化，但是这些工具大都只是局部应用，也没有经过详细的检验与测试，均未进行信度和效度分析。国外学者每当讨论到规范化的信息素养教育评估面临的困境时，一致结论为标准化评估工具的缺失是最大的障碍[16]。

2001年由美国肯特州立大学承担的SAILS项目（Standardized Assessment of Information Literacy Skills）解决了这一问题，并首次提出了对信息素养进行标准化评估这一术语[17]。它基于ACRL标准，是一个针对大学本科学生信息素养各方面能力指标的、以多项选择题为主要题目类型的标准化测试。2005年SAILS项目已经设计出一个包含大约150个信息素养测试题的题库系统，评估的是通用层次的信息素养。SAILS目前已成为信息素养标准化测试的典范[18]。基于ACRL逐步倾向于学科领域信息素养能力标准的研究设计，SAILS项目从2006年起开始致力于学科领域信息素养评估工具的研究，其中佛罗里达大学承担了教育学学科的信息素养标准化评估工具研制的任务。项目组在国际教育技术协会（ISTE）2000年制定的面向教师的《国家教育技术标准》和美国大学与研究型图书馆协会（ACRL）2000年制定的《高等教育信息素养能力标准》的基础上制定了衡量师范生信息素养水平的标准化评估工具，即教育学领域的信息素养评估量表[19]（Information Literacy Assessment Scale for Education，ILAS-ED）。这一项目是设计学科领域信息素养标准化评估工具的国家行动的一部分，ILAS-ED也是世界上第一个学科领域信息素养标准化评估工具。

同时，很多国外研究者也设计了医学领域信息素养评估工具。如Berner等人[20]设计了一个针对医学生关于网上资源与数据库检索技能以及批判性评价能力方面的评估模型，证实了评估者间的一致性信度。Ross 和 Verdieck[21]设计了一个针对家庭医生在循证实践中提出问题并进行批判性评价技能、以多项选择题为主要形式的调查问卷，并证明了其有较好的内容效度。Johnston 等人[22]设计了一个关于医学生对循证实践知识、态度、行为、利用以及未来应用认知的调查问卷，并证明了有较高的表面效度、内容效度、效标效度和结构效度，也有较好的信度。Ramos 等人[23]设计了一个关于在循证医学实践中提出问题、检索证据并进行研究设计所需知识和技能的开放式问卷，通过对 115 位住院医师、循证医学专家和家庭医生的评估，证明了该工具有较好的效度和信度。上述评估工具尽管均被证明具有良好信度或效度，但都是基于信息素养的个别方面进行的研究，主要涉及循证医学实践中数据库检索、信息源选择以及问题提出等方面。而目前对综合信息素养能力进行系统性评估的研究却往往缺乏对评估工具效度和信度的测试与描述。2007 年一项循证图书馆学研究显示，尽管医学图书馆员在医学生或医护人员信息素养干预方面倾注了大量的精力，但目前并没有充足的证据证明他们提供的干预措施在提高临床医生的信息技能方面是有效的并对患者护理产生积极影响。原因之一在于目前缺少一种用来系统性地评测医学信息素养并具有较高信度和效度的评估工具[24]。因此，研究医学信息素养能力标准并建立具有推广价值的科学、适度、可行的标准化评估工具，实现对医学领域不同从业人员信息素养水平客观、正确、全面、可靠的综合评价，从而发现个体或群体信息素养的关键影响因素以及信息素养教育的薄弱环节，对于医学领域从业人员信息素养缺失的预防、缓和和改革策略的制定实施具有重要意义。

4 结 语

4.1 我国信息素养能力标准及评估研究中必须要解决的关键问题

通过对国外信息素养能力标准及其标准化评估工具的综述，可以发现：①国外信息素养标准制定者都是享有很高威望的学会或专业机构，同时广泛吸纳各学科专家参与，使这些标准体现了一种全国共识，且具有很强的学术性、专业性，因而具有很高的参考价值。而我国信息素养研究的滞后以及相关部门的重视不到位，致使信息素养能力标准的研究尚处于起步阶段，局限于部分专业人员和学者的个人研究，且由于研究者对信息素养的理解和认识差异，评估标准中表述的信息素养能力缺乏具体的能够实际应用的评价指标，即可量化测量的指标项目太少，难以适应评估中精确测试的需要，缺乏可操作性。②国外学者强调信息素养测评所应用的工具应该是基于标准并且经过科学的信度和效度检验的。但目前我国的信息素养评价实践多用自行设计且缺乏信度和效度检验的调查问卷，强调结果，忽视过程；注重总结性评价，忽视形成性评价，缺乏导向性；注重横向的面上的评价，忽视纵向的立体的评估。这是今后我国信息素养能力标准及评估研究中必须要解决的关键问题。

4.2 重视国内医学信息素养的研究

信息素养对于医学生、卫生保健提供者、患者乃至公众的重要性已经受到了美、加拿大和英国等欧美国家的高度重视并已实施了相关行动。但医学信息素养能力标准和标准化评估工具的研究设计是目前国内外普遍存在的薄弱环节，国内目前在这一领域处于空白。结合国外通用领域及学科领域信息素养的发展及其标准化评估实践的研究成果，研制国内医学领域信息素养能力标准与评估工具是我们今后努力的方向。

4.3 重视公众健康信息素养的研究

世界卫生组织（WHO）预言，信息是通往健康的必经之路[25]。自2003年美国医学图书馆学会（MLA）首次提出健康信息素养（Health Information Literacy）的概念与促进策略以来，患者和公众的健康信息素养逐渐受到研究者和政府的重视，也使得卫生与健康领域信息素养的研究对象由医学生、卫生保健提供者以及卫生管理决策者向患者和公众过渡[26]。因此，公众的健康信息素养研究应该引起国内的高度重视。对于广大公众来说具备健康信息素养不仅能够帮助他们提高自身的预防保健意识，增强防病治病的能力，更能够为国家节省大量的卫生资源。

参考文献：

[1] Brice A, Gray M. What is the role of the librarian in 21st century Healthcare? Health Information and Libraries Journal, 2004, 21(2):81-83.

[2] 蒋开东,张龙禄,章锁江. 医学教育国际标准与医学生信息素质教育的路径选择. 中国高等医学教育,2005(6):7-8,31.

[3] Saranto K, Hovenga E J. Information literacy-what it is about? Literature review of the concept and the context. International Journal of Medical Informatics, 2004, 73(6):503-513.

[4] Toups D M. Medical telecommunications-fundamental changes in the art and science of medicine. American Journal of the Medical Sciences, 1985, 290(5):214-220.

[5] Jean P S, Carla J F. Teachers of health information literacy-Futureroles for librarian. [2009-11-02] http://www.ifla.org/files/hq/papers/ifla75/145-shipman-en.pdf.

[6] Craig E. Better informed for better health and better care: An information literacy framework

to support health care in Scotland. Health Information and Libraries Journal,2009,26(1):77-80.

[7] 张晓娟. 信息素养:标准、模式及其实现. 图书情报知识,2009(1):17-23.

[8] 陈文勇,杨晓光. 高等院校学生信息素养能力标准研究. 情报科学,2000,18(7):611-613.

[9] 曾晓牧,孙平,王梦丽,等. 北京地区高校信息素养能力指标体系研究. 大学图书馆学报,2006,24(3):64-67.

[10] 杨林,李秉严. 分层次制定高等教育信息素质评价标准的研究. 四川图书馆学报,2004(3):51-53.

[11] Lane D. Book review of "A Disciplinary Blueprint for the Assessment of Information Literacy(Dorothy Anne Warner)". Journal of the American Society for Information Science and Technology, 2009, 60(3):638-642.

[12] Association of College and Research Libraries(ACRL). standards and guidelines. [2009-10-10]. http://www.ala.org/ala/mgrps/divs/acrl/standards.

[13] 张宁. 医学本科生信息能力评估指标体系的建立与实施方法[学位论文]. 四川:四川大学,2004.

[14] Jacobs S K, Rosenfeld P, Haber J. Information literacy as the foundation for evidence-based practice in graduate nursing education: A curriculum-integrated approach. Journal of Professional Nursing,2003,19(5):320-328.

[15] Teresa Y N. Information literacy assessment: standards-based tools and assignments. Chicago: American Library Association,2006.

[16] Bober C, Poulin S, Vileno L, et al. Evaluating library instruction in academic libraries: A critical review of the literature, 1980-1993. New York: The Haworth Press, 1995:53-71.

[17] Project SAILS. [2009-06-10]. https://www.projectsails.org/.

[18] 燕今伟,刘霞. 信息素质教程. 武汉:武汉大学出版社,2008:12-13.

[19] Penny B. Development and validation of the information literacy assessment scale for education(ILAS-ED). [2009-10-12]. http://www.eric.ed.gov/ERICDocs/data/ericdocs2sql/content_storage_01/0000019b/80/1b/c0/81.pdf.

[20] Berner E S, Mcgowan J J, Hardin J M, et al. A model for assessing information retrieval and application skills of medical students. Academic Medicine,2002, 77(6):547-551.

[21] Ross R, Verdieck A. Introducing an evidence-based medicine curriculum into a family practice residency—is it effective? Academic Medicine,2003, 78(4):412-417.

[22] Johnston J M, Leung G M, Fielding R, et al. The development and validation of a knowledge, attitude and behaviour questionnaire to assess undergraduate evidence-based practice teaching and learning. Medical Education,2003, 37(11):992-1000.

[23] Ramos K D, Schafer S, Tracz S M. Validation of the fresno test of competence in evidence-

based medicine. British Medical Journal,2003,326(7384):319 - 321.
- [24] Brettle A. Evaluating information skill training in health libararies: A systematic review. Health Information and Libraries Journal,2007,24(1):18 - 37.
- [25] 徐勇勇,刘丹红,王霞,等. 健康信息模型与卫生统计工作展望. 中国卫生统计,2004, 21 (5):266 - 268.
- [26] Shipman J P, Kurtz-Rossi S, Funk C J. The health information literacy research project. Journal of Medical Library Association, 2009,97(4):293 - 301.

作者简介

杜 建,男,1986年生,硕士研究生,发表论文8篇。

张士靖,女,1958年生,副教授,硕士生导师,发表论文50余篇,主编教材3部。